biblioteche

architetture 1995-2005

biblioteche
architetture 1995-2005

Aldo De Poli

Federico Motta Editore

Direzione settore architettura
Marco Casamonti

Coordinamento redazionale
Massimiliano Falsitta

Prima edizione italiana: ottobre 2002
ISBN 88-7179-261-0

I testi relativi ai progetti, le biografie dei progettisti
e le schede tecniche sono scritti da Paola Curdo.

Referenze fotografiche

Javier Azurmendi, Madrid; Juan Navarro Baldeweg,
Madrid; Biblioteca Casanatense, Roma; Biblioteca
Medicea Laurenziana, Firenze; Bildarchiv der ÖNB,
Vienna; Bolles+Wilson, Münster; C+H+, Parigi;
Carmassi-Studio di Architettura, Firenze; Lluís Casals,
Barcellona; Nicolás Casla Uriarte, Madrid; Mario
Ciampi, Firenze; Cliché Bibliothèque nationale de
France, Parigi; Clotet, Paricio i Assoc., Barcellona; Cruz
y Ortiz arquitectos, Siviglia; Dedem Automatica S.r.l.,
Roma; Eun Young Yi, Köln; Foster and Partners, Londra;
Fratelli Alinari I.D.E.A S.p.A., Firenze; Michael Graves
& Associates, Princeton; Philippe Guignard, Parigi;
Timothy Hursley, Little Rock; Søren Kuhn, Copenaghen;
Legorreta + Legorreta, México; Lourdes Legorreta,
México; © Dieter Leistner / artur, Köln; José Ignacio
Linazasoro, Madrid; John Edward Linden, Woodland
Hills; Duccio Malagamba, Barcellona; Mecanoo
architecten, Delft; Office for Metropolitan Architecture,
Rotterdam; Otlinghaus Photo Design Studio, Biberach;
Dominique Perrault Architecte, Parigi; Boris Podrecca,
Vienna-Stoccarda; Ralph Richter, Düsseldorf; Christian
Richters, Münster; Moshe Safdie and Associates,
Somerville; Scala Istituto Fotografico Editoriale S.p.A.,
Antella (FI); Shmidt, Hammer & Lassen, Århus; Álvaro
Siza, Porto; Soprintendenza speciale per il Polo Museale
fiorentino, Firenze; Studio Architetto Mario Botta,
Lugano; Cornelia Suhan, Dortmund; © Copyright The
British Museum, Londra; Jørgen True, Sputnik,
Copenaghen; O.M. Ungers, Köln; Venturi, Scott Brown
and Associates, Philadelphia; View / Dennis Gilbert,
Londra; Matt Wargo for Venturi, Scott Brown and
Associates, Philadelphia; Olivier Wogenscky, Parigi.

Le riproduzioni provenienti dalle Biblioteche Statali
e dalle Soprintendenze sono state utilizzate su
concessione del Ministero per i Beni e le Attività
Culturali con divieto di ulteriore riproduzione
o duplicazione con qualsiasi mezzo.

L'Editore è a disposizione degli aventi diritto per
eventuali fonti iconografiche non individuate.

Indice

Prefazione

Una delle scoperte decisive dell'umanità è quella della scrittura. Nel IV millennio prima di Cristo, nella terra fertile bagnata dal Tigri e dall'Eufrate, e all'incirca contemporaneamente in quella irrigata dal Nilo, i popoli fondatori della civiltà, i sumeri e gli egizi, elaborarono l'idea di un sistema di segni atto a fissare il pensiero e a trasmetterlo a distanza, nel tempo e nello spazio. Divenne così possibile definire in modo certo i principi della convivenza civile; si stabilirono le regole dei rapporti interni ed esterni fra le comunità; si resero duraturi i frutti della creatività umana. Le incertezze della memoria erano vinte; un'era nuova si dischiudeva.

Ben presto si manifestò il bisogno di conservare opportunamente le tavolette di argilla o i fogli di papiro che racchiudevano i preziosi simboli: nacquero le prime biblioteche e i primi archivi, destinati questi a contenere i documenti di interesse giuridico e amministrativo. Si trattava ancora, dal punto di vista edilizio, di poca cosa: bastavano nicchie o ripostigli all'interno del tempio, scavati nei muri, o stanze apposite, come quelle ritrovate a Ebla nel palazzo dei re. Più tardi, in età ellenistica, nell'immensa koiné *creata dalle conquiste di Alessandro, il bisogno di mettere in comune i frutti delle esperienze di civiltà così diverse fece nascere il grande sogno di una biblioteca universale.*

Si avvicinarono a realizzarlo i tolomei ad Alessandria e più tardi anche gli attalidi a Pergamo: sorsero enormi raccolte, in cui si cercò di stipare tutto lo scibile umano; edifici appositi le ospitarono. Accanto a queste biblioteche eccezionali molte altre se ne formarono: ne rimangono tracce in tutto il mondo ellenizzato, dalla Battriana alla Tunisia.

Roma unificò quasi tutto il mondo ellenistico e assicurò, sia pure dopo un terribile periodo di guerre di conquista e di convulsioni interne, una pace stabile, che vide il fiorire di biblioteche in ogni città, molte delle quali dotate di proprie sedi in edifici adatti. Oggi, sparite le molte grandiose di Roma, ne resta un magnifico esempio a Efeso. È un periodo aureo per la civiltà, e di riflesso per le biblioteche, che si collocano in luoghi belli ed eleganti, in cui lo studio è reso gentile, sul modello di Alessandria, da spazi per il passeggio, piazzette atte a favorire le dotte conversazioni, sale di riunione e di refezione. Anche nei grandi bagni pubblici, le sontuose terme, non mancavano sale per riposare leggendo, con dotazione di libri. Al rotolo di papiro subentrava a poco a poco il codice di pergamena, più solido e maneggevole, e quindi più facilmente conservato e circolante.

Ma la felicitas temporum *dell'età tardo-romana, minata all'interno da ideologie ostili allo Stato e minacciata dall'esterno, cede all'èra fosca delle invasioni, delle guerre intestine, della rottura dell'ordine civile. Il libro abbandona gli edifici nobili e aperti che l'avevano ospitato e si rifugia negli spazi chiusi e angusti dei monasteri, salvandosi a stento negli* armaria*; qui i monaci ripongono le opere ch'essi stessi trascrivono, animati dal desiderio di compiere un'azione pia, un sacrificio per il bene dell'anima; e così conservano, sia pure in piccola parte, l'eredità del mondo antico.*

Nel Due-Trecento i nuovi ordini mendicanti escono dal chiuso dei monasteri, scendono tra il popolo per diffondere la parola divina; il libro viene collocato in navate spaziose, cui accedono frati e scolari. Intorno il mondo è cambiato, la società si è fatta ricca, animata, il bisogno di lettura è cresciuto; e ancor più aumenta nel Quattrocento, quando l'Umanesimo favorisce il sorgere di raffinate raccolte private, negli studioli, e di biblioteche aperte al pubblico. Somma tra queste ultime la biblioteca del Pontefice, la Vaticana, dotata di apposite sale da Sisto IV. Seguiranno, nel Cinquecento, le due grandi biblioteche destinate alla lettura pubblica: quella dei Medici a Firenze e quella di San Marco a Venezia, con sedi magnifiche appositamente edificate.

Intanto era stata inventata la stampa: i libri si moltiplicano, cresce il bisogno di spazi per conservarli. Si erge in Spagna la mole immensa dell'Escorial, monumento dell'assolutismo e della fede.

La Riforma spezza l'unità cristiana: due biblioteche, con propri edifici, l'Ambrosiana a Milano e la Bodleiana a Oxford, si fanno portavoce degli opposti schieramenti, all'inizio del Seicento. Più tardi, nella parte dell'Impero germanico rimasta cattolica sotto gli Asburgo, sorgeranno

*magnifiche abbazie, fornite di biblioteche sontuose e raffinatissime. L'imperatore si dota egli stesso
a Vienna di una biblioteca di alta qualità estetica, ricca di riferimenti simbolici, e altrettanto fanno
alcuni grandi principi tedeschi, come il duca di Brunswick a Wolfenbüttel.*

*Nel Settecento e ancor più nell'Ottocento, lo sviluppo dell'informazione è tale che si rendono necessari
edifici sempre più imponenti per ospitare opere scritte di ogni genere; le grandi capitali europee,
Parigi e Londra, danno l'esempio. Sempre nuovi sforzi vengono effettuati alla ricerca di un'efficiente
tecnologia che faciliti l'accesso e l'uso dei materiali a schiere sempre più numerose di lettori.*

*Oggi, nell'era dell'informatica, della riproducibilità meccanica e digitale, della diffusione in tempo
reale di materiali scritti di ogni tipo, si concepiscono biblioteche-città: edifici così vari e adatti a usi
così disparati da costituire veri centri autonomi di vita associativa.*

*Una storia di grande fascino, quella del libro e delle biblioteche, riflesso e parte della storia
della cultura e della civiltà. Aldo De Poli ci conduce in un viaggio ideale sino alle grandiose
biblioteche contemporanee. Fra le numerose realizzazioni odierne, l'Autore fa oggetto
di approfondita analisi, con l'ausilio di un ricco apparato di fotografie e disegni, venti casi
particolarmente significativi.*

*Gli esempi prescelti sono quelli in cui più evidente è lo sforzo creativo, in risposta alla non facile sfida
di far sorgere una realtà che soddisfi esigenze complesse e diverse: la nuova biblioteca vuole essere
tempio di conservazione della memoria, centro di divulgazione della cultura e dell'informazione,
luogo di riunione, sede di mostre, museo; non più sala, ma città; e di conseguenza anche monumento
della grandezza, della consapevolezza culturale e dell'impegno civile della società.*

*La selezione degli esempi ci fa comprendere come l'originalità delle opere d'oggi analizzate
sia nutrita della conoscenza del passato: torri mesopotamiche, karnak egizi, chiostri medievali, sale
romane e rinascimentali alimentano la fantasia degli architetti, che traggono liberamente –
in mancanza di un modello dominante – elementi di ispirazione dall'immenso serbatoio di esperienze
offerto dalla tradizione: quella lunga vicenda storica di cui la prima parte del volume ci ha offerto
una sintesi illuminante.*

*L'ultima sezione del libro tratta degli edifici ancora allo stato di progetto, o non ancora completati:
un panorama ricco e animato, che si chiude con la biblioteca di Bill Gates a Seattle, variazione
sul tema, ricco di richiami mitici, della Torre di Babele, rivisitato con ironia ma anche con una
vibrazione di mistero.*

*Questo libro rappresenta quindi uno strumento prezioso di studio per lo storico ma anche soprattutto
per quanti – architetti, uomini politici, mecenati, operatori e dirigenti in campo librario – si trovino
ad affrontare il problema di edificare, organizzare, adattare ai tempi una biblioteca; e non si
accontentino di soluzioni banali.*

*L'imponenza delle nuove costruzioni, l'impegno che esse richiedono a progettisti e finanziatori,
lo sforzo sostenuto dalla società che le produce, tutto ciò ci rassicura circa il destino del libro,
di cui si era preconizzata la fine in seguito all'avvento della scienza elettronica. Se gli vengono
dedicati simili templi, il libro è destinato a vivere. Dovrà certo coabitare con i prodotti delle nuove
tecniche; ma la sua funzione rimarrà insostituibile, nella cultura e nello spirito. Alberghi e depositi
sempre nuovi verranno offerti ai libri dall'ingegno degli architetti e dei tecnici; e sempre i libri
accompagneranno la nostra vita, "pieni della voce dei sapienti, pieni di esempi dell'antichità…
essi vivono, conversano, parlano con noi, ci istruiscono, ci consolano, ci mostrano quasi fossero
presenti cose remotissime dalla nostra memoria e ce le pongono sotto gli occhi. Senza di essi saremo
tutti ignoranti e rozzi", come scriveva in un bel latino umanistico, nel 1468, una grande e benefica
personalità che al libro aveva consacrato la vita, il cardinale Bessarione.*

Marino Zorzi
Direttore della Biblioteca Nazionale Marciana

Tra monumento e macchina.
Alla ricerca della biblioteca ideale

La sala, l'edificio, la città

Una sequenza ordinata di spazi diversificati: così si presenta la biblioteca d'oggi. Ambienti
luminosi con scaffali aperti per la libera consultazione di periodici accanto ad ampi tavoli
per la comparazione di documenti cartografici. Austere sale riservate allo studio di antichi
manoscritti contrapposte a cromate postazioni di monitor per la visione di filmati. In penombra,
comode poltrone per l'ascolto di documenti sonori affiancate, verso il giardino, da fantasiosi
sgabelli per la lettura di libri-giocattolo da parte dei bambini.
Al posto di un'unica grande sala di lettura, dove sostava un pubblico indistinto composto di ogni
sorta di lettori, oggi, in ogni efficiente biblioteca, di piccola o media dimensione, sia scolastica
sia di quartiere, è presente un'offerta di spazi attrezzati per consultare un libro, ascoltare
una cassetta, visionare una collezione di oggetti antichi.
Se, poi, la nuova biblioteca coincide con un'istituzione di importanza cittadina o regionale e viene
frequentata a ogni ora del giorno, è quasi sempre accolta in un edificio di nuova concezione.
E presenta, distribuita su più livelli, una pluralità di spazi destinati ad attività che fino a qualche anno
fa erano impensabili in un edificio destinato all'archivio e alla conservazione: eleganti gallerie

di esposizione, sale per musei, piccoli auditorium per concerti, aule per proiezioni cinematografiche, ma anche sedi di uffici pubblici, negozi, librerie, caffè e ristoranti.
La biblioteca media contemporanea è dunque un edificio complesso in continua trasformazione, ma è anche un luogo della città composto da diverse realtà funzionali, dalla forma non ancora del tutto codificata. Oggi assistiamo all'affermazione di vari supporti mediatici; la consultazione a distanza e l'archiviazione digitale stanno modificando lo spazio della lettura e quello destinato al deposito. La biblioteca è sempre più un luogo pubblico posto al centro della città abitata e vissuto alla stessa stregua di un'isola pedonale, con la sua sequenza di sale al coperto dove ci si ferma per raccogliere informazioni e punti di incontro attrezzati e protetti, destinati all'arricchimento culturale individuale del cittadino.
Ma facciamo un salto di scala e osserviamo la biblioteca di una grande città capitale. Qui essa diventa il costoso simbolo dell'autorevolezza, dell'efficienza di un'amministrazione centrale. Si trasforma quindi in un edificio pubblico più complesso, visibile e indimenti-

Nella pagina accanto:
Veduta della sala filosofica della
biblioteca del monastero di Strahov
a Praga, 1794.

Tra monumento e macchina. Alla ricerca della biblioteca ideale

cabile. Via dai palazzi antichi, ormai inghiottiti dalla saturazione della città storica, la nuova biblioteca nazionale è collocata ai margini degli insediamenti storici e richiede requisiti del tutto nuovi: non più maestosità, riserbo, luminosità e regolarità ma, al contrario, espressività, estroversione, eccezionalità e visibilità.

La nuova sede di ogni biblioteca nazionale oggi tende a essere considerata come una piccola e autonoma city, una concentrazione autogestita ed efficiente di attività terziarie, il centro ideale di un vasto quartiere in forte rinnovamento, un punto di riferimento fondamentale nell'oceano di case della grande città.

All'interno della nuova biblioteca il visitatore non trova più solo banchi e scaffali, ma ampi spazi aperti di relazione da percorrere, spostandosi attraverso piazze, giardini e ampie terrazze, perfettamente accessibili e disposte su più livelli.

In questo nuovo frammento di città di eccezionale evidenza, l'utente cittadino riconosce il risultato di una complessità urbana impartita dalle forme architettoniche e coglie con immediatezza l'elevata qualità di un habitat ottimale, che si integra facilmente alla sequenza di spazi pubblici e privati che costruiscono il disegno originario della città.

Il definitivo trasferimento dell'antica sede a un nuovo edificio di importanza regionale o nazionale, sia che ciò avvenga in Giappone, in Europa o in America, viene organizzato come un evento-spettacolo unico e irripetibile, quasi per comunicare la sorpresa per un nuovo ambiente inedito. Le potenzialità dell'architettura sono piegate all'invenzione di un'icona indelebile. La singolarità delle forme spaziali è la premessa per l'affermazione di un marchio emblematico che poi, per riconoscimento universale, diventa parte dell'immaginario collettivo nazionale.

Per una sottile scelta sociale, la nuova costruzione pubblica deve essere percepita, sia da vicino sia da lontano, come un monumento moderno e, nello stesso tempo, come una macchina misteriosa. Deve essere considerata, miticamente, palazzo e fabbrica. Deve risultare sempre funzionante, di giorno e di notte, al pari di un impianto di pubblico interesse, tenuto aggiornato per fornire, senza interruzione, un servizio essenziale: la messa al sicuro di una parte della conoscenza universale. Ma l'edificio deve essere da tutti considerato anche un luogo di vita collettiva unico e raffinato, un grande teatro di eventi destinato a favorire incontri scientifici e inesauribili serie di scoperte culturali.

Con queste premesse la progettazione di una grande biblioteca d'oggi segue le stesse vicende della progettazione contemporanea di un complesso museale, di un campus universitario o del quartiere generale di un'importante impresa commerciale, se non persino di un centro commerciale[1].

Prima si decide la collocazione urbana in un terreno ben accessibile in rapporto a un territorio densamente abitato. In secondo luogo, acquisito un inventario delle collezioni e delle relazioni tra nuclei di funzionamento tracciato da schiere di specialisti, si integra il programma funzionale con una forte dotazione supplementare di servizi collaterali e di oppurtunità commerciali. Quindi si procede alla selezione delle proposte formali più idonee, che valorizzino al meglio ciò che qui chiameremo "il programma mitico", ovvero le esigenze di espressività, estroversione, eccezionalità e visibilità che il nuovo edificio deve possedere rispetto a tutti gli altri precedentemente realizzati. Si dà quindi avvio alla realizzazione del progetto esecutivo di un edificio complesso, concepito come somma di altri edifici, dove le tante richieste funzionali iniziali vengono celate in un solido involucro a più piani, dal profilo mistilineo, di forte espressività, aperto in più punti con squarci e trasparenze, in modo da rivelare il suo incessante funzionamento di operoso luogo di vita pubblica[2].

Individuato il programma mitico, operazione prioritaria, si cercano le relazioni con il sito naturale circostante e la determinazione di rapporti di influenza o di contrasto rispetto agli edifici adiacenti. La ricognizione sul luogo mette in risalto le modalità di percezione ambientale, quanto l'indiretta determinazione delle altezze massime e la conferma di alcuni allineamenti obbligati.

Oggi, invece, nel prefigurare la soluzione finale, conta poco l'assunzione a priori di un determinato modello tipologico astratto, con il ricorso a un impianto rigoroso già sperimentato, ricavato dalla grande tradizione formale e costruttiva del passato. Lo provano le vicende qui documentate che suggeriscono come possibile modello del nostro tempo un edificio dall'impianto complesso, composto da pochi elementi di base comuni, innestato su una grande disponibilità di spazi di relazione, che si mostra con un involucro sempre vario dalle molteplici geometrie.

Allungato in ariosi corpi in linea o imprigionato in una piastra orizzontale blandamente interrata, alloggiato in torri fatalmente simili a corpi per uffici, o blocco compatto, dai quattro lati perimetrali, distribuito attorno a

1. La complessa vicenda, durata più di due anni, della progettazione da parte dell'architetto Aldo Rossi e del suo studio di Milano della nuova sede del Deutsche Museum, presso il Tiergarten e della piazza della Repubblica di Berlino, in quanto progetto vincitore del concorso, anche se poi non realizzato, rappresenta un caso esemplare di come oggi deve essere concepito un edificio pubblico dalle molteplici funzioni collettive. Disegni e documenti sul museo, concepito come somma di parti, sono pubblicati in A. Ferlenga (a cura di), *Aldo Rossi Deutsches Historisches Museum, Berlino*, 1990.

2. Tali considerazioni sull'architettura dell'edificio pubblico contemporaneo sono state meglio approfondite nell'articolo di A. De Poli, *Gli edifici pubblici. Una nuova considerazione a partire dalla storia*, in "Area", n. 54, gennaio-febbraio 2001, pp. 82-89.

La sala, l'edificio, la città

un ampio cortile-sala, l'edificio d'oggi, a totale differenza di altre epoche, sfugge completamente a una rigida classificazione per tipi perché ne sono venute meno le premesse di fondo.

Prevale oggi una netta sfiducia verso ogni approccio razionale che parta dall'idea di "tipo", sia considerato come un modello ideale da ripetere ovunque con variazioni, sia apprezzato come un coraggioso atto di volontà individuale, con una decisione che sappia associare un principio di ordine astratto a una forma geometrica semplice e logica e, alla fine, anche a un preciso modo d'uso. Questo atto elementare, persino arbitrario, di limitazione creativa, oggi è ritenuto campo di esercitazione per superuomini. Ogni presa di responsabilità antiformalista è giudicata oggi troppo lontana dalle attese di una società sazia e scostante, che si scuote periodicamente sulla spinta della curiosità verso nuovi consumi culturali.

Delle strutture tipologiche accertate, che avevano caratterizzato la costruzione delle principali biblioteche dei secoli passati, è caduta la fiducia nella fissità dei rapporti gerarchici e nella permanenza dei semplici codici formali.

Negli ultimi decenni del secolo scorso si è affermato un modello di intervento dalle caratteristiche opposte. Il cambiamento è dovuto a una sopravvalutazione eccessiva del dato quantitativo, a un'autonomia totale tra distribuzione spaziale di impianto e reali condizioni urbanistiche del terreno, a una feroce critica, anche politica, all'evidenza istituzionale, contro la concentrazione di risorse.

Siamo rientrati nell'epoca dell'esuberanza della forma. In questo processo ancora vitale di riappacificazione con la storia, non viene dimenticato quasi nulla delle esperienze costruttive precedenti. Assistiamo a un modo diverso di coniugare modernità e memoria, secondo un atteggiamento dialettico tuttora in corso di sperimentazione, che in alcune realtà nazionali potrà ancora portare a risultati inattesi.

Ecco perché, nell'esame di molte realizzazioni contemporanee, si è potuto constatare come non siano mai totalmente assenti richiami ad assetti tipologici già sfruttati in precedenza, né siano del tutto scomparse le occasioni di nuove invenzioni tipologiche.

Soprattutto nel delicato momento dell'ideazione, quando il progettista traduce l'urgenza dei vincoli funzionali in semplici configurazioni formali, riappaiono facilmente gli echi di principi distributivi già collaudati

e noti o la memoria di strutture tipologiche già sperimentate altrove. Ciò avviene per sensibilità personale, per cultura o per gusto, ma quasi mai tale scelta viene ricondotta a un principio di dimostrazione teorica in favore di un determinato modello tipologico.

Anche in questo terreno di sperimentazione architettonica, dunque, dobbiamo prendere atto che è finita un'epoca. A una nozione teorica di "tipo" inteso come sintesi, con un rapporto gerarchico fisso tra le parti, si è sostituita una nozione più svagata di "tipo" inteso come repertorio di frammenti, disponibili a nuove aggregazioni[3]. L'autorità della storia viene riconosciuta nel frammento sempre più decontestualizzato, da citare e da diffondere, considerato un piccolo universo compiuto[4].

Da tale constatazione deriva la struttura stessa del presente libro, che si presenta come un approfondimento tematico sulla cultura architettonica contemporanea e non come un repertorio di assetti istituzionali ottimali o un manuale delle migliori tecniche di buon funzionamento.

All'interrogativo di fondo su quale sia il modello che contraddistingue la biblioteca del nostro tempo, questo libro deve offrire una doppia risposta presentando sia vari esempi, anche contrastanti, sia valide testimonianze di quella che è stata l'organizzazione dello spazio destinato alla biblioteca nelle fasi cruciali della nostra storia, con le testimonianze di un passato per niente dimenticato.

Uno sguardo retrospettivo e selettivo, che per forza di cose trascura periodi lontani o talune tradizioni regionali, permette di conoscere l'origine di modelli spaziali e istituzionali fondamentali, che in vari modi sono tuttora vivi e presenti. Confrontati fra loro, ciascun modello offre un principio di interpretazione significativo, ma rappresenta anche un termine di paragone che dimostra la continuità di una cultura ancora in elaborazione. Attraverso un esame comparato che alterni l'accento sulla struttura compositiva e su un programma figurativo radicato nella storia della società, ciascun modello rende simbolicamente ragione di tanti valori oggi inevitabilmente trascurati – metodi, trattati, pratiche didattiche e persino estri individuali – che guidano la ricerca progettuale.

Tuttavia, malgrado le migliaia di realizzazioni riscontrate tra le espressioni della civiltà occidentale, dall'antica Biblioteca di Alessandria alla recentissima TGB di Parigi, la storia ha proposto un numero limitato di tipi architettonici[5].

Perduta la fiducia incondizionata in un progresso glo-

3. Di fondamentale importanza per il dibattito internazionale recente, per la chiarezza con cui viene presentato un punto di vista di volontà operativa, con la revisione di precedenti certezze, ma sempre con profonde radici nella cultura storica, è il riferimento al breve saggio di A. Rossi, *Framments*, in *Aldo Rossi, Architetture.1959-1987*, Electa, Milano 1987, pp. 7-8.

4. Un più approfondito esame di possibili modi di intervento architettonico, fino a qualche anno fa ritenuti inammissibili, si trova nel saggio di A. De Poli, *Creare è facile. Imitare è difficile. Sette diversi modi di attuare nel progetto un principio di intenzionale imitazione*, in "Area", n. 51, luglio-agosto 2000, pp. 10-13.

5. Una simile definizione di tipo architettonico, adattata alle problematiche dell'edificio o del luogo per la cultura, è stata precisata in un precedente studio di A. De Poli, *I modelli architettonici dell'edificio per l'Università*, in AA.VV., *Studi per il progetto architettonico del sistema universitario a Venezia e a Mestre. Atti del Seminario*, dipartimento di progettazione architettonica, IUAV, Venezia 1991, pp. 5-41. Altri aspetti sulla questione teorica della definizione di edificio pubblico sono stati approfonditi nel contributo di A. De Poli, *Edifici pubblici e municipali*, in A. Massarenete, *Costruire, abitare, pensare. Teorie e tecniche per il progetto d'architettura*, Celid, Torino 2002, pp. 44-49.

Tra monumento e macchina. Alla ricerca della biblioteca ideale

bale solo economico e tecnologico, in un'epoca storica molto sensibile alla valorizzazione delle specificità materiali e ambientali, la conoscenza dei modelli del passato diventa l'origine di ogni nuova proposta culturale aperta all'avvenire. Le forme delle biblioteche storiche resteranno, ancora per molto tempo, gli spazi d'uso più amati delle nostre biblioteche e pure i meglio funzionanti perché i più ricchi di identità. Alla fine, tutte le forme storiche nel loro complesso, rilevate, alluse, citate, modificate o tradite, appartengono alla più profonda cultura del nostro tempo.

Ma facciamo un passo indietro. Per recuperare l'origine dello spazio dedicato alla raccolta dei libri nelle civiltà passate, dobbiamo recuperare prima la grande tradizione della progettazione degli edifici collettivi. In altri precedenti studi si è tentata una ricognizione nell'immaginario collettivo mettendo in luce le basi comuni delle principali architetture pubbliche di provenienza simile, indagando su storie parallele. Per definire meglio le diverse origini dell'architettura dell'edificio pubblico si sono individuate quattro vicende diverse: l'origine mitica, l'origine letteraria, l'origine aristocratica e l'origine popolare[6].

Risalgono all'origine mitica quei temi progettuali che si richiamano al passato nella forma di nostalgia di un'età perduta o di un'era remota della felicità, della purezza e dell'esattezza. In ambito occidentale prevalgono soprattutto l'immaginario biblico e l'immaginario classico. Con i colti tentativi di riappropriarsi della forma archetipa del tempio, della rotonda o della basilica, con gli sforzi di ricostruire le antiche meraviglie del mondo attraverso torri, monumenti colossali, giardini pensili.

Risalgono all'origine letteraria quegli edifici che si rifanno a un'esortazione utopica o a un precetto scritto, accolto per essere osservato nei secoli. Un versetto o una scrittura che hanno dato inizio a una diversa organizzazione sociale. L'osservanza di una regola di vita comune o l'attuazione di un manifesto politico che sono alla base della costituzione di una comunità e del funzionamento di un edificio di coabitazione collettiva, come il monastero, il collegio, il falansterio, ma anche il carcere e l'ospedale.

Risalgono all'origine aristocratica quegli edifici appartenenti a un recinto sacro o a una reggia o a un palazzo di un principe. Dapprima un podio o un arco murato, poi un cortile, una sala, una galleria, già ambito privato, destinati alle udienze, alle feste, al teatro, alla collezione d'arte e alla biblioteca. A partire dal XIX secolo, al posto di un unico palazzo, sorgono vari complessi edilizi, quali il parlamento, il tribunale, il teatro dell'opera o la biblioteca. Seppur nelle evidenti difformità degli esiti formali, i nuovi palazzi pubblici conservano la memoria di quelle antiche sale o di quei prestigiosi sfondi di vita sociale e culturale.

Risalgono all'origine popolare quegli edifici di labile tradizione tipologica, che un tempo erano semplici porzioni di spazio scoperto di una piazza pubblica. Tratti di strada, cortili recintati, loggiati provvisori che, nel XIX secolo, si sono trasformati in aree autonome. Appartengono a questa tradizione i luoghi per la festa, la borsa, il mercato e la stazione. Ma anche il prato della fiera, il recinto dei giochi sportivi e il parco dei divertimenti. Oggi si presentano come spazi al coperto che trasmettono la memoria della vitalità della piazza antica[7].

Sulla base di queste considerazioni, la vicenda storica della progettazione della biblioteca, considerata di volta in volta un tema di elaborazione culturale collettiva, ha attraversato almeno tre identità mitiche consistenti: la fase della sala unica, la fase dell'edificio complesso, la fase della parte di città.

Se l'origine della sala va cercata nelle inaccessibili stanze segrete di un tempio protostorico, una sua prima definizione tipologica avviene con l'edificazione di un chiostro per una congregazione religiosa o una comunità universitaria. Nel Rinascimento ritorna la stanza segreta nell'appartamento del principe, con lo studiolo, quindi si apre come un teatro della conoscenza finalizzato alla vita di corte, tra le gallerie del palazzo reale. Riappare nei grandi complessi conventuali, come aula quasi sacra, per esibire l'onnipotenza della via alla fede, dopo l'affermazione del libro a stampa.

Viene concepita per la prima volta come edificio totalmente autonomo a Wolfenbüttel e a Oxford, non tanto per l'influenza di un gusto classicista, ma come pragmatico e raro momento propositivo di un tipo edilizio ideale. In piena epoca dei Lumi ritorna a evocare spazialità impossibili, con la citazione nostalgica di archetipi classici, ma la grandiosità della sala raccoglie pienamente il nuovo compito politico: raccogliere l'intero sapere della nazione. Edificio compatto tra i viali, si amplia come un palazzo del governo o la sede di un tribunale, e si differenzia tra le maglie regolari di una città ottocentesca. Si spezza e perde per sempre un'antica e decorosa unità formale, all'inizio del Novecento, sulla spinta delle avanguardie. Soleggiati cor-

6. Molte di queste ipotesi, come risultato di una conseguente rilettura in chiave non funzionalista della vicenda storica della progettazione dell'edificio pubblico italiano ed europeo, sono state sviluppate nel testo di A. De Poli, *La piazza storica come tema di progettazione urbana. Modelli e tipi nell'esempio di città venete*, in G. Braghieri, A. De Poli, G. Dubbini, M. Narpozzi, A. Rossi, *Progetti veneziani*, Citta-Studi, Milano 1984, e nel testo di A. De Poli, *La ville, l'édifice public, la salle*, pubblicato come saggio introduttivo del catalogo della mostra *Architecture et Citoyenneté. L'Architecture civile européenne*, Edition Espace de Libertés, Bruxelles-Namur 1995, pp. 17-37.

7. Come si è detto, un analogo approccio metodologico oggi va esteso alla progettazione di un museo, di una facoltà universitaria, di un grande albergo, di un centro commerciale, di un aeroporto e di una stazione. Molto interessante è la revisione critica in corso sul significato attuale di un luogo pubblico al coperto, quando si tratta di un edificio per il trasporto. Due contributi diversi sono offerti dal saggio di A. De Poli, *La piazza verticale (Dal Porto alla Stazione ferroviaria. I luoghi collettivi dell'arrivo e della sosta. Cinque occasioni di invenzione architettonica)*, in "Interni", n. 456, dicembre 1995, pp. 72-81, e dall'intera impostazione del libro di C. Mazzoni, *Stazioni. Architetture.1990-2010*, Federico Motta Editore, Milano 2001.

La sala, l'edificio, la città

pi di fabbrica di tutte le forme ospitano libri nei par- chi, nei quartieri, presso i centri sociali delle periferie. Alla fine del Novecento, nei paesi dell'opulenza, cam- bia radicalmente il valore dimensionale. Per accoglie- re i milioni di stampati che si accumulano nei magaz- zini, dapprima nei campus americani, poi nelle nuove sedi pubbliche delle capitali europee, la biblioteca di- venta infine città. Strade, passaggi, piazze, punti di in- contro, ma anche teatri, musei, uffici e commerci, di- sposti su più livelli.

Questa chiave di interpretazione "sala-edificio-città" ri-

manda a tre culture progettuali. Ciascuna attribuisce un valore diverso alla forma architettonica sulla spinta di convenzioni sociali, principi aggregativi, metodi co- struttivi e pratiche didattiche. Ciascuna riconosce in mo- do diverso l'apporto della creatività individuale[8].

Lasciando ad altri studi il compito di approfondire me- glio il significato sociale di queste tre svolte epocali, si inizia quindi un veloce *excursus* nei materiali ar- chitettonici proposti dalla storia. Si procederà per gran- di passi attraverso le varie epoche esaminando la le- zione di metodo suggerita da una decina di approfon-

8. Una dimostrazione di questa ampiezza di nuova creatività individuale, collocata in una prospettiva storica, è stata già offerta per gli edi- fici universitari e per la biblioteca nella ricer- ca *Les lieux du savoir*, in AA.VV., *Architectu- re et Citoyenneté. L'Architecture civile euro- péenne*, Edition Espace de Libertés, Bruxelles- Namur 1995, pp. 191-204.

13

*Veduta della sala della biblioteca
del monastero di Sankt Florian
in Austria, 1751.*

9. Questo libro riporta, con grandi sintesi, i risultati di una serie di ricerche universitarie sull'edificio pubblico, avanzate a più riprese durante un periodo di una ventina d'anni nelle università di Venezia, Berlino, Nantes, Parigi, Bruxelles e Genova. Tra i contributi sviluppati in Italia si ricordano, in particolare, le ricerche su singoli aspetti di uno stesso tema teorico generale, compiute da Valeria Spinato nel 1984-1985, da Cristiana Mazzoni nel 1988-2001, da Anna Baldi nel 1992-1993, da Paola Curdo nel 1997-2001, da Monica Bruzzone nel 1990-2001, da Francesco Saverio Fera nel 1997-2000 e da Chiara Visentin nel 1998-2001.

dimenti. Ogni volta si metterà in luce soprattutto quel caso realizzato che mostri un'originale invenzione spaziale o indichi una radicale inversione di tendenza rispetto alle consuetudini del suo tempo[9].

Si esamineranno quei modelli che hanno dato origine a una precisa tradizione architettonica e costruttiva, e si vedrà come una scelta spaziale in taluni ambiti regionali abbia lasciato testimonianze rilevanti anche in epoche lontane e molto diverse. Nel multiforme panorama culturale d'oggi, in mancanza di un comportamento artistico nazionale unico e condiviso, nell'impossibilità di rintracciare un unico principio d'ordine funzionale, nel dar risposta a esigenze sociali sempre diverse, il progetto di un edificio, proprio perché pubblico, reinterpreta ogni giorno molte convenzioni formali già prefissate.

I modelli ereditati dalla storia

La biblioteca dell'antichità. Nicchie e armadi nel recinto del tempio

Della consistenza della prima biblioteca di tutti i tempi si sa poco, e non si può provare nulla sulla data di fondazione del primo archivio come atto consapevole, voluto dall'uomo conseguentemente alla diffusione delle tecniche di scrittura. Ma ci piace immaginare come avrebbe potuto essere, al termine di un solenne rito di sacralizzazione, l'adattamento di un anfratto, presso una sorgente, compreso un recinto di un santuario, posto in un luogo elevato, lungo una pista frequentata da popoli nomadi, attraverso le parole del quasi nostro contemporaneo scrittore argentino Jorge Luis Borges:

"Dopo il primo Adamo che vide la notte / e il giorno e la forma della sua mano, / gli uomini inventeranno e fisseranno nella pietra o nel metallo o sulla pergamena / tutto ciò che racchiude la terra o che modella il sogno. / Ecco il loro lavoro: la Biblioteca. / Si dice che i volumi che racchiude / lascino lontano dietro di loro il numero degli astri / o delle sabbie del deserto"[10].

Ritrovamenti archeologici, di varia importanza, avvenuti in molte città del Mediterraneo e del vicino Oriente testimoniano l'esistenza, presso grandi santuari o sepolture di sovrani, di vari tesoretti sacri o di primordiali archivi, composti da tavolette inscritte. Raramente, invece, e non qui, sono sopravvissuti fogli singoli di pergamene. Nelle *Storie d'Egitto*, un testo tracciato da Ecateo di Abdera al termine del viaggio compiuto all'epoca di Tolomeo Soter, si afferma che all'interno della tomba del faraone Ramsete II, in fondo a un lungo ambiente, alla fine di diversi vani, era prevista una biblioteca sacra. Sopra era scritto "Luogo di cura dell'anima". Seguivano le immagini di tutte le divinità egizie, a ciascuna delle quali il re offriva i doni appropriati. Una simile testimonianza è riportata anche nel trattato *I sette libri dell'architettura* di Sebastiano Serlio, del 1584, dove si riferisce che al centro della parete c'era scritto "Animi medicamentum".

Come fa capire Luciano Canfora in *La biblioteca scomparsa*, pubblicato nel 1986, rifacendosi al significato letterale del termine *bibliothéke* per biblioteca, in quest'epoca si deve intendere un ambito limitato a uno scaffale, sui ripiani del quale sono riposti rotoli di papiro. La biblioteca coincide quindi con una nicchia ricavata nel muro, lungo uno dei lati del perimetro del mausoleo di un potente faraone[11].

Così, una nicchia nel recinto del tempio ci appare il primo modello spaziale di un'istituzione sociale che conoscerà ben presto una grande fortuna. Pure nei suoi primi esempi, anche presso i latini, la biblioteca dei tempi antichi, con qualche eccezione, è spesso so-

10. Tratto da Jorge Luis Borges, *La Biblioteca di Babele*, in *Finzioni (1935-1944)*; traduzione di F. Lucentini, Einaudi, Torino 1955.

11. Tratto da Luciano Canfora, *La biblioteca scomparsa*, Sellerio, Palermo 1986: un testo di grande capacità evocativa, tradotto in tutte le principali lingue.

12. Dal trattato di Vitruvio, *De architectura libri decem*. Il passo segnalato è desunto dall'edizione *L'architettura di Vitruvio nella versione di Carlo Amati (1829-1830)*, ripubblicato a cura di G. Morolli, Alinea, Firenze 1988.

13. Di questo tempo resta la memoria di una costruzione impossibile, come appare nel romanzo *Il nome della rosa* di Umberto Eco, che si ambienta nell'abbazia benedettina di Melk, fondata intorno al 1113. "Vedete frate Guglielmo," disse l'Abate, "per poter realizzare l'opera immensa e santa che arricchisce quelle mura," e accennò alla mole dell'edificio, che si intravedeva troneggiante dalle finestre al di sopra della stessa chiesa abbaziale, "uomini devoti hanno lavorato per secoli, seguendo regole di ferro. La biblioteca è nata secondo un disegno che è rimasto oscuro a tutti nei secoli e che nessuno dei monaci è chiamato a conoscere. [...] Solo il bibliotecario ha il diritto di muoversi nel labirinto dei libri, sa dove trovarli e dove riportarli, egli solo è responsabile della loro conservazione, [...] solo il bibliotecario sa, dalla collocazione del volume, dal grado della sua accessibilità, quale tipo di segreti, di verità o di menzogne il volume custodisca." Il brano è tratto dalla prima edizione di U. Eco, *Il nome della rosa*, Fabbri, Milano 1980.
Assai frequenti sono comunque i riferimenti letterari al labirintico e misterioso mondo chiuso rappresentato da una biblioteca. Ai tanti luoghi pubblici indimenticabili va anche aggiunto il supremo ambito privato rappresentato in *Die Blendung* (*Auto da fé*) di Elias Canetti, edito nel 1935. Per ulteriori approfondimenti, anche sulla scena cinematografica, si rinvia all'apposita sezione della bibliografia finale.

lo uno spazio di fortuna ricavato nelle pareti di un complesso architettonico d'altro uso: un tempio, una reggia, una palestra o un edificio termale. La lettura è giudicata un'attività a parte, complementare al tempo dedicato all'*otium*.
Tuttora avvolta nel mito è la fondazione della Biblioteca di Alessandria, nell'importante città capitale del mondo ellenistico. Qui lo svolgimento di un'attività di studio era posto in stretta relazione con quella del Mouseion, inteso in senso lato quale accademia, convitto, raccolta di documenti, pinacoteca e orto botanico. Tra il 285 e il 246 a.C., è accertata la fondazione di un centro di ricerca che esercita una grande attrazione sui poeti e filosofi più esperti del tempo.
In una lettera destinata a tutti i sovrani e governanti della terra, Tolomeo chiedeva che non esitassero a inviargli le opere di qualunque genere e autore, "poeti e prosatori, retori e sofisti, medici e indovini, storici, e tutti gli altri ancora". Per suo ordine dovevano essere ricopiati anche gli scritti che, per caso, si trovassero sulle navi facenti scalo ad Alessandria, dalle quali sarebbero stati trattenuti gli originali consegnando ai legittimi possessori solo le copie, in modo da formare "il fondo delle navi" della biblioteca.
La consistenza della collezione di rotoli di Alessandria, confrontata con Pergamo, è menzionata anche da Vitruvio che, nel trattato *De architectura*, riferisce: "Ebbero i nostri maggiori il saggio ed utile costume di tramandare ai posteri i loro pensamenti col mezzo degli Scritti, acciocché quelli non perissero, ma registrandoli a modo di Annali, e crescendosene i volumi, coll'andare del tempo di grado in grado arrivassero all'ultima perfezione del sapere [...]. Codesta Biblioteca, siccome ricavasi da A. Gellio, conteneva da settecentomila volumi, de' quali, al dire di Seneca, ne furono incendiati quattrocentomila, mentre Cesare nella guerra Pompejana si rese padrone d'Alessandria e dell'Egitto"[12].
Ma intorno al 640, l'edificio appariva deserto e in avanzato stato di abbandono. Un declino dovuto al fatto che il Bruchion, ossia il quartiere rappresentativo del Museo, così fervidamente brulicante di colti ed eruditi, era stato completamente distrutto durante il conflitto tra Zenobia e Aureliano. Poco dopo, anche i suoi tesori, che tempo prima sembravano scampati all'incendio della città scatenato da Cesare, furono dati alle fiamme. In nome di quel Dio per rispetto del quale, in origine, era stata commissionata la raccolta, in modo che il faraone potesse trovarvi la risposta a ogni tipo di quesito e

comportarsi, in qualunque occasione, secondo gli intendimenti divini.
Seppure scomparsa, la biblioteca alessandrina continuava a estendere ovunque la sua eredità. Grande merito dei dotti che la presiedevano era stato di creare le premesse per favorire in ogni modo la lettura e la consultazione. Attuando una sapiente revisione critica dei testi, emendando e recensendo le opere, erano stati messi a punto i requisiti che diventeranno propri della tecnica libraria di tutti i più grandi centri di cultura dell'antichità classica, ossia: la divisione di scritti troppo lunghi in più rotoli, relativamente uniformi; la distinzione fra i rotoli che contenevano un'opera sola, o parte di un'unica opera, da altri che riportavano di seguito opuscoli diversi; l'uso di preporre ai testi classici brevi sommari; l'introduzione di un'ortografia in qualche modo costante; l'uso nei testi classici e poetici di segni critici marginali. E infine l'uso del sillibo, o *index*, quale strisciolina di pergamena riportante il nome dell'autore e dell'opera, attaccata al margine superiore del rotolo chiuso e pendente all'esterno.

Un banco, due stalli e una finestra.
Le condizioni per lo studio nel monastero benedettino e nel college inglese
Ancora all'inizio dell'epoca medievale, il termine più frequente per indicare una biblioteca, poiché questa non si identificava ancora né con una sala, né con un edificio, era *armarium*. Sulla scorta delle esperienze precedenti, si indicava specificatamente il mobile nel quale erano custoditi oggetti utili e preziosi. Il termine si riferiva originariamente alla custodia delle armi e non dei libri.
L'esigenza di estendere l'istruzione privata costituì il presupposto fondamentale per concepire un ambiente specifico per leggere o scrivere indisturbati. Tale necessità rimase limitata, fino al XII secolo, quasi esclusivamente ai complessi abbaziali dell'ordine benedettino, nei quali si trovano i primi ambiti precipuamente destinati allo studio.
Allineata attorno a un grande chiostro, si trovava una serie di stanze o di piccoli edifici denominati *sacrestia, armarium, scrinum* o, più semplicemente, *archivium*. Lo *scriptorium* consisteva in una lunga e capiente sala, che occupava il piano terra di un fabbricato in genere di due piani, addossato alla chiesa. Nel piano superiore, al quale si accedeva attraverso strette scale a chiocciola, era la sala della biblioteca. In corrispondenza delle finestre erano posizionate le scrivanie di lavoro

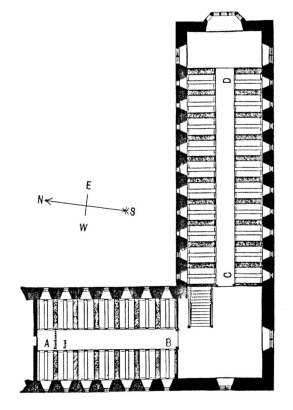

A sinistra:
Un carrel *nella biblioteca del Corpus Christi College di Oxford, 1604.*
Al centro:
Doppia fila di carrels *della biblioteca del Merton College di Oxford, fondato nel 1377.*
In alto:
*L'*armarium *dello scrivano Ezra, VIII secolo d.C., Firenze, Biblioteca Medicea Laurenziana, ms. Amiatino, c. V.*

dei monaci, mentre, al centro, c'era un grande tavolo o, alla maniera antica, un braciere[13].

Già a partire dall'XI secolo, diversi inventari fanno riferimento all'uso di speciali sedie che, per maggiore comodità degli studiosi, si uniscono alla superficie dei tavoli tramite braccioli e nei quali si possono intravedere gli antesignani dei successivi e più pratici scrittoi. In quest'epoca di lente modificazioni, si verifica una sorta di contaminazione tra lo scrittoio, inteso come mobile che di per sé definisce lo spazio ristretto, a misura d'uomo, presso il quale si svolge l'attività contemplativa del monaco e lo studiolo, il luogo deputato allo studio. Un'ulteriore identificazione si è venuta a creare tra lo scrittoio e l'archivio, tra gli *scriptoria*-studioli e gli *armaria*-archivi: possedevano infatti corredo comune, con ripiani e mensole occupati da strumenti di scrittura e da libri[14].

Un banco, due stalli e una finestra: così potrebbe essere definito sinteticamente il *carrel*, lo spazio di lettura delle prime biblioteche monastiche. Addossati alle grandi finestre di un largo corridoio aperto, inseriti tra armadi a scaffali, gli scrittoi sono quindi i luoghi più idonei all'attività quotidiana della lettura. Esempi molto espliciti di *carrels* sono presenti per lungo tempo dapprima nelle fondazioni conventuali, poi negli edifici universitari della tradizione inglese. Il *carrel* conosce una grande diffusione a partire dall'epoca medievale fino a tutto il XVII secolo, se non fino a oggi. Presenta caratteri propri e ripetuti che, all'interno del nostro rapido *excursus* storico, lo elevano a vero e proprio modello. La ripetizione del dispositivo minimo del

carrel permette la suddivisione delle sale di lettura in tante piccole cellule di studio, per mezzo di alti scanni posti ortogonalmente ai contrafforti di una finestra. Alle librerie è fissato un piano di lavoro, costituito da una mensola in legno inclinata verso il lettore, che è seduto su panche poste al centro. Il controllo della luce naturale permette di collocare gli spazi per la lettura lungo lati ben definiti di una sala più vasta o di un'ampia galleria a pianta rettangolare.

Questo semplice dispositivo verrà applicato in seguito in tutta Europa, anche in sale di lettura di dimensioni più vaste. In Inghilterra si trovano *carrels* ancora nel XVII secolo nel Corpus Christi College, nel Merton College e nel St. John's College di Oxford, poi ancora nel Trinity College di Cambridge, opera di Christopher Wren, del 1676-1684, o nel neoclassico college di Edimburgo, opera di Robert Adam, del 1789[15].

Una navata tripartita. La libreria nel complesso conventuale italiano del XV secolo

Tra le risposte ai turbamenti sociali che accompagnano il tramonto del feudalesimo in tutto l'Occidente, c'è la fondazione degli Ordini mendicanti. Nella Regola delle prime confraternite domenicane e francescane, si trovano precise indicazioni per l'acquisto e la proprietà comune dei libri necessari a un'approfondita preparazione teologica. Nei conventi è ormai diffusa l'esigenza di disporre di un locale luminoso, abbastanza spazioso da far fronte a progressivi ampliamenti e a una crescente domanda d'istruzione. Si fa largo in

14. Raramente nei documenti compare un cenno a un locale chiuso, a un corpo di fabbrica specifico, come quello annunciato nella cosiddetta Pianta di San Gallo, risalente all'820 circa, che riproduce la planimetria dell'omonimo monastero svizzero. Attraverso l'esplicita iscrizione *infra sedes scribentium, supra bibliotheca*, in una posizione laterale al presbiterio a nord del coro e opposta alla sagrestia, si identifica un edificio che ospita, a livello inferiore, la sala di scrittura e sopra la biblioteca. Si tratterebbe della prima testimonianza non letteraria di una sala al chiuso, ma non va dimenticato che la pianta rappresenta lo schema di una sorta di città ideale, espressione di un'epoca remota ancora avvolta nel mito.

15. Sulla continuità della tradizione architettonica inglese, vista con uno sguardo europeo, sempre di grande interesse sono gli studi sviluppati per un lungo arco di tempo da Nikolaus Pevsner. Da *On outline of European Architecture* del 1942 alle numerose conferenze e articoli usciti negli anni del dopoguerra su "Architectural Review". Da una riedizione completa di questi contributi nasce il fondamentale *A History of Building Types* del 1976, in cui l'intero capitolo VII è dedicato alla storia e all'architettura delle biblioteche.

Veduta della sala della Biblioteca Malatestiana di Cesena, 1447-1452.

16. Per una più pertinente definizione di ambito spaziale, posto al centro di ogni abitazione collettiva, un luogo ben definito, ma che nel tempo muta in quanto interpreta accentuazioni spaziali sempre diverse, da aula a galleria, da *crossward* a navata, si preferisce da ora in poi utilizzare la parola "sala". Il termine, che in longobardo significa "edificio di una sola stanza", riporta a un mondo non classico e suggerisce quindi un significato più vasto e, alla lunga più comunicativo, di un'unità aggregativa che è concettuale prima che formale.

17. Il merito di aver approfondito a fondo questa particolare vicenda architettonica, rintracciando decine di spazi totalmente dimenticati, dopo la soppressione napoleonica di conventi e monasteri, ma ancora supersiti in scuole, officine, depositi di amministrazioni pubbliche e ospedali militari, va a James F. O'Gorman. Il suo libro, di 81 pagine, *The architecture of the monastic library in Italy, 1300-1600*, uscito nel 1972 per la New York University Press, è stato recentemente ristampato come tributo d'onore per iniziativa del College Art Association of America.

questi anni l'invenzione di un nuovo spazio destinato alla biblioteca, con un nuovo impianto che verrà ripetuto, con scarse modifiche, per oltre due secoli[16].

Si prevede una sala oblunga, rettangolare e non troppo larga, percorsa al centro da un corridoio vuoto e occupata, nelle navate laterali, da due serie di banchi di lettura. Ogni banco, o pluteo, è sormontato da un piano inclinato dove sono appoggiati i libri, spesso incatenati per ovvie misure precauzionali. Ogni pluteo contiene una dozzina di volumi. Una raccolta di una certa importanza possiede dai venti ai settanta plutei. La luce indispensabile allo studio proviene da finestre ricavate sui due lati lunghi e aperte su chiostri o giardini. Lo spazio è suddiviso in tre parti separate da colonne. Variano le altezze e le coperture: un'unica volta a botte sovrasta l'asse centrale, volte a crociera chiudono i vani laterali.

La nuova struttura attribuisce alla raccolta conventuale una dimensione architettonica definitiva. Le pareti sono tinte di verde, come raccomandava Isidoro di Siviglia nel VII secolo, o variamente affrescate, o ricoperte da pregiati pannelli in legno dipinti.

Il libro è bene esposto e disponibile. Appare il catalogo, che da semplice inventario, redatto per documentare la proprietà dei beni, diventa, secondo la concezione moderna, uno strumento finalizzato a segnalare la collocazione dei libri. È affiancato al "memoriale", dove vengono segnati i volumi concessi in prestito. Una porta rigorosamente chiusa nasconde sul fondo un'ulteriore sala più fornita, la "segreta", così definita perché i volumi sono riposti in armadi chiusi.

La suddivisione in sezioni tematiche localmente distinte, in uso già dal XIII secolo, consente la scissione delle biblioteche religiose in raccolte destinate a monaci e canonici o per l'uso scolastico.

Quasi tutti gli esempi sopravvissuti di questo nuovo tipo edilizio si concentrano nell'Italia centro-settentrionale, con un successo sconosciuto in altri paesi. È sicuramente avvenuto in parallelo allo sviluppo delle città e delle prime istituzioni universitarie locali le quali in Italia, prima che in altri Stati europei, assumono un carattere laico perché non riservano l'insegnamento ai soli ecclesiastici.

Le realizzazioni più significative di quest'epoca sono la biblioteca del convento di San Marco a Firenze e la biblioteca di San Francesco a Cesena, poi ridenominata Biblioteca Malatestiana.

Tra le poche sale che hanno mantenuto sempre la destinazione originaria, c'è la Biblioteca Malatestiana di Cesena, notevole esempio di mecenatismo dell'epoca. Di dimensioni simili alla Medicea Publica del convento di San Marco a Firenze, opera di Michelozzo, fu costruita, fra il 1447 e il 1452, da Matteo Nuti, per il locale convento dei francescani, grazie alla liberalità di Malatesta Novello de' Malatesti.

La sala è lunga 40,85 metri, larga 10,40, composta da tre navate e si sviluppa per undici campate. La navata centrale, più stretta, è coperta da una volta a botte a sezione di semiarco rialzato, mentre quelle laterali sono sormontate da volte a crociera. Le colonne che le separano reggono capitelli dove sono riprodotti gli stemmi malatestiani. Su ambedue le pareti laterali si aprono ventidue finestre di forma appena ogivale e inferriate. Il pavimento della sala è coperto in laterizio, a quadrelloni nella navata mediana e in mattoni da muro disposti a lisca di pesce in quelle laterali. I libri sono custoditi in ventinove banchi, nelle due navate laterali, legati con catene in ferro battuto.

Altri notevoli esempi italiani sono le biblioteche dei conventi di Santa Maria Novella e di San Domenico al Maglio a Firenze, del San Sepolcro a Piacenza, di San Domenico a Bologna, di San Vittore al Corpo, di Santa Maria delle Grazie a Milano, del monastero di Monte Oliveto Maggiore presso Siena, casa madre della congregazione benedettina olivetana; di San Domenico a Perugia, di San Giovanni Evangelista a Parma, di Santa Corona a Vicenza, di San Domenico a Ferrara. Tutte databili tra la seconda metà del XV secolo e la prima del XVI[17].

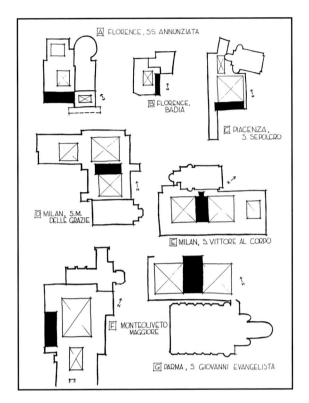

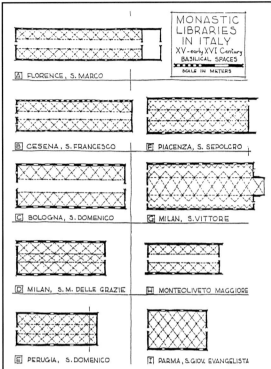

A sinistra:
Posizionamento della biblioteca in alcuni conventi italiani del XV secolo secondo gli studi di James F. O'Gorman.
A destra:
Raffronto tra piante di nove sale tripartite di biblioteche conventuali italiane del XV secolo secondo gli studi di James F. O'Gorman.

L'innovazione concettuale della libreria costruita come sequenza di spazi

Alla fine del secondo decennio del XVI secolo, a Firenze si propone un nuovo tema di ricerca architettonica. Si tratta di inventare la sede di una delle più importanti biblioteche dell'Umanesimo, quella privata della famiglia de' Medici, istituita da Cosimo il Vecchio nel convento di San Lorenzo. Salito al trono papale col nome di Leone X, Giovanni de' Medici assegna a Michelangelo Buonarroti l'incarico di disegnare una nuova aula per i libri, posta al secondo piano del chiostro della basilica di San Lorenzo. Nasce così la Biblioteca Laurenziana di Firenze.

La costruzione, iniziata nel 1524, subisce varie interruzioni dovute a molti fermenti politici. L'arredamento, con i tradizionali plutei, disegnati anch'essi da Michelangelo, viene completato dopo parecchi anni. Nel 1571 la biblioteca viene inaugurata come servizio *publicae utilitati* e comprende un fondo di tremila manoscritti.

La fondazione rappresenta una singolare associazione di tradizione medievale e spirito moderno. Si conferma la decisione di erigerla presso un chiostro di un convento, il luogo deputato alla conservazione dei codici. Ma si dà inizio anche a una sperimentazione formale per fasi, dai risultati planimetrici e volumetrici del tutto inattesi. Mediante un accurato controllo dello spazio, si persegue un'ideale di bellezza. Ne risulta un interno dal volto espressivo e un esterno completamente anonimo. Tutto ruota attorno a un'unica e vasta sala, parte di una composizione consequenziale di tre locali posti lungo un medesimo asse. Il disegno prevede all'ingresso un ampio vestibolo, il ricetto, con una scala a più gradini, nel mezzo una sala di 46 x 12 metri e in fondo, dietro una porta chiusa, un'inaccessibile saletta triangolare adibita alla conservazione dei tesori preziosi.

L'adeguamento della nuova struttura ai contrafforti preesistenti impone un sistema di campate da cui dipendono molte scelte, quali la posizione delle finestre e l'articolazione dell'interno. Mediante scansioni regolari si ottiene un trattamento delle pareti, del soffitto e del pavimento, proporzionato e ben distribuito. Il soffitto si presenta come un reticolo di travi trasversali e longitudinali, che sembrano sostenute dalle paraste addossate alle pareti.

Nel progetto definitivo le finestre sono ravvicinate e abbassate in modo da lasciare entrare più luce e illuminare meglio i leggii. In conseguenza allo spostamento dei banchi che, da isolati, vengono addossati alle pareti, anche i piani di legno diventano sostegno visivo delle paraste.

Per questo rapporto, Michelangelo rinuncia alle forme massicce del primo abbozzo e preferisce una delicatezza di membrature e una valorizzazione delle superfici, erede del più perfetto gusto fiorentino. Per ogni dettaglio, con le fasce in pietra serena delle alte pareti, le travi lignee del basso soffitto a cassettoni e i mattoni bianchi e rossi del pavimento, la felice sequenza di riquadri ripetuti conferisce alla sala un carattere di calma regolarità che invita alla sosta e allo studio.

Diverso è il vestibolo d'accesso, anticamera della sa-

In alto a sinistra:
*La sala della Libreria Laurenziana
di Firenze, opera di Michelangelo,
1523-1571.*
In alto a destra:
*Un banco alla "cosimesca"
della Laurenziana di Firenze.*

Nella pagina accanto dall'alto:
*La sala della Libreria Marciana
di Venezia.*
*Prospetto, sezione e pianta della
Libreria Marciana di Venezia, opera
di Jacopo Sansovino, 1536-1583.*

18. Tra gli innumerevoli studi condotti su questo intervento fiorentino di Michelangelo ne vanno ricordati almeno due, anche se, apparentemente, lontani nel tempo: il libro di J.S. Ackerman, *The architecture of Michelangelo*, London 1959 e il saggio di P. Portoghesi, *La Biblioteca Laurenziana*, in P. Portoghesi e B. Zevi, *Michelangelo architetto*, Torino 1964.

la, con un alto soffitto ma di superficie molto ridotta perché la maggior parte dello spazio a terra è occupato dalla scala. Come ha ben documentato Portoghesi, da una maggior evidenza delle superfici piane si passa a un trattamento plastico più nervoso, che richiama le suggestioni dei primi studi poi abbandonati. Nel primitivo progetto, l'androne di accesso presentava una volta piatta alla stessa quota del soffitto della sala, con piccole finestre centrali su ciascun fianco. Nella soluzione definitiva, con un'altezza variata, tutte le dimensioni risultano modificate. L'attuale imponente scalone, costruito dall'Ammannati secondo il modello elaborato da Michelangelo nel 1558-1559, non assomiglia affatto ai progetti del 1524, in cui due rampe addossate alle pareti laterali si incontrano su un pianerottolo antistante il portale della sala di lettura. I piani inclinati si fanno più tesi ed evidenti e ciò accentua verso l'alto la verticalità dell'invaso vuoto.

L'idea di fondo che presenta questo modello di biblioteca realizzata a Firenze, sorprendente risultato di una cultura rinascimentale matura, consiste soprattutto nella successione discontinua dei tre ambiti, caratterizzati da forme geometriche diverse: il quadrato del vestibolo dello scalone, il rettangolo allungato della sala di lettura e il triangolo equilatero della sala mai costruita dei libri rari, prevista all'estremità sud.

La successione sperimentata nella Laurenziana rivela un principio compositivo fondamentale, che rappresenta un avanzamento anche nell'ambito della cultura umanisti-

ca. Esprime una nuova sensibiltà figurativa che riesce sia a piegare il vincolo strutturale sia a offrire un ordine formale definitivo, dalla posizione di ogni sorgente di luce allo spessore di ogni parasta, dal pavimento al soffitto[18]. Oltre che da papi e da illustri principi, nel corso del XV secolo l'ipotesi dell'istituzione di una biblioteca pubblica viene fatta propria anche da esponenti del ceto cardinalizio, convinti sostenitori del movimento umanistico. Tra questi, il cardinal Bessarione che dona la sua ingente raccolta ricca, tra l'altro, di rari testi in greco, alla città di Venezia, riprendendo una volontà di Francesco Petrarca del 1362. Con il sostegno dello Stato nasce così la Libreria Marciana. Secondo la donazione, i libri dovevano essere disponibili al prestito su pegno. A tredici anni dall'inizio della costruzione della Laurenziana, inizia quindi a configurarsi una seconda biblioteca di Stato, la Marciana di Venezia. Non più sala dal tracciato innovativo, inserita in un complesso preesistente, ma edificio a sé stante, allineato in una sottile striscia di terreno, parte del perimetro già edificato della piazza San Marco, nel lato aperto verso il mare, in una posizione contrapposta al palazzo Ducale di Venezia. L'incarico è assegnato all'architetto Jacopo Tatti, detto il Sansovino, che già era intervenuto in piazza San Marco, terminando le Procuratie vecchie, progettando la Zecca, edificando la Loggetta ai piedi del campanile e marcando il lato corto a occidente con la chiesa di San Geminiano, oggi perduta. Il sito imponeva una forma lunga e stretta. L'architetto propone un fronte con

ventuno arcate e un doppio ordine di archi, complessivamente di altezza inferiore a quella del vicino palazzo Ducale. Per accentuare lo slancio verticale dell'edificio, sovrappone un terzo ordine di statue e obelischi isolati, contrapposti all'azzurro del cielo. Come per gli altri edifici della piazza, al piano terra, si apre un *porticus* di gusto classico. Nel secondo ordine si fa un largo impiego della *serliana*, il "motivo palladiano" di invenzione bramantesca. Ne risulta una composizione pacata di elementi architettonici ma comuni al linguaggio classico degli edifici più eminenti del tempo. In singole situazioni si sperimentano nodi più complessi, quali le accentuazioni degli spigoli finali con il difficile impiego del capitello di ordine dorico o la presenza di una doppia colonna, posta una dietro l'altra, che restringe lo spessore del portico e accentua la frequenza delle ripartizioni verticali. La facciata presenta comunque una soluzione d'insieme di una qualche originalità, che merita gli elogi di Andrea Palladio che, nei *Quattro libri*, scritto a Venezia nel 1570, la definisce "il più ricco et ornato edificio che forse sia stato dagli Antichi in qua".

Molto più importanti sono le innovazioni in pianta e in sezione. Come nel caso fiorentino, gli spazi singolari che caratterizzano la nuova libreria si presentano interpretando un preciso ordine di successione gerarchica.

Al piano terra, oltrepassato il portale d'ingresso, aperto sul portico in una posizione centrale, all'undicesima arcata inizia la salita mediante lo scalone d'onore, con due rampe illuminate, racchiuse da una copertura con volta a botte. Quindi si raggiunge il secondo piano e si confluisce nell'atrio di pianta quadrata (10 x 10 metri), ornato da busti, sculture e da due antiche colonne di spolio rinvenute nei resti romani di Pola; un luogo di dispute destinato inizialmente a pubblica accademia, cioè all'insegnamento del latino, del greco e della filosofia. Alla fine, il percorso esteso fino al lato settentrionale si conclude nella grande sala, illuminata lateralmente da tredici ampie finestre a pavimento.

La sala della Libreria si estende per una lunghezza di ventisei metri e una larghezza di dieci metri e mezzo, come la maggior parte delle biblioteche conventuali. La vera novità consiste nell'evidenza della decorazione pittorica delle pareti e del soffitto, tracciata secondo un complesso programma allegorico portato a termine nel 1559. Anziché semplici pilastri o lesene, previsti nel progetto sansoviniano tra finestra e finestra, lo spazio è rotto da nicchie che ospitano ancora altre

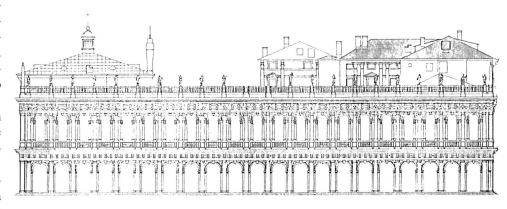

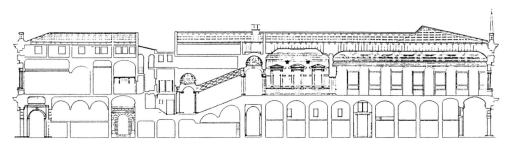

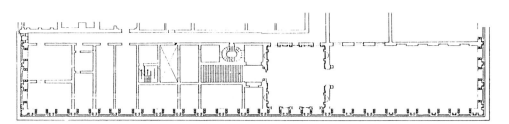

19. Tra le molte ricerche dedicate alle successive trasformazioni dei due allora distinti edifici della Libreria Marciana e della Zecca, riuniti poi in un'unica istituzione, e sulla vicenda della crescita delle collezioni sullo sfondo delle moderne sorti dell'antica Repubblica, si ricorda il fondamentale libro di M. Zorzi, *Libreria di San Marco. Libri, lettori, società nella Venezia dei Dogi*, Mondadori, Milano 1987. Le bellissime elaborazioni grafiche dell'edificio della Libreria sono state realizzate nell'ambito dei corsi di rilievo dell'Accademia di Belle Arti di Venezia all'inizio del XIX secolo e sono state pubblicate per la prima volta in L. Cicognara, A. Diedo, G.A. Selva, *Le fabbriche e i monumenti cospicui di Venezia*, Antonelli, Venezia 1838-1840.

20. La scelta delle fonti scritte del tempo qui ricordate è stata compiuta sulla scorta della disamina condotta da W. Liebewein in *Studiolo*, Panini Editore, Modena 1988; un originale testo che fa parte di una preziosa collana specializzata nella cultura umanistica delle corti rinascimentali.

21. Riportato da Leon Battista Alberti, nel suo noto trattato di architettura *De re aedificatoria*, scritto nel 1452 e completato nel 1485, dal Libro quinto, Capitolo diciassettesimo *De la villa de Padroni, & de le persone nobili, & di tutte le parti sue, & del luogo loro commodo*.

22. Il riferimento proviene dal trattato pedagogico di Pier Paolo Vergerio, *De ingenuis moribus et liberalibus adolescentiae studiis*, scritto tra il 1400 e il 1402.

23. Così è riportato nel Libro sesto dell'edizione vitruviana denominata *I dieci libri dell'Architettura tradotti e commentati da Daniele Barbaro*, risalente al 1567. Si tratta del Capitolo ottavo *De i propi luoghi de gli edifici, & privati, & communi, & delle maniere convenienti ad ogni qualità di persone.*

tele raffiguranti filosofi, con la conseguente perdita di elementi di identificazione ritmica.

In questo luogo di cultura, la presenza della decorazione, frequente negli spazi della vita pubblica veneziana, anticipa il largo uso che ne verrà raccomandato nel secolo successivo nelle grandi fondazioni barocche. Le pitture alludono a doni dello spirito, evocano virtù, etica mondana, pietà religiosa, scienze fisiche e morali, arti, filosofia, vita contemplativa e insegnamento della storia.

Ma rispetto alle spoglie cavità degli studi degli ordini religiosi o alla serrata scansione consequenziale espressa dalle pareti della stessa Laurenziana, la prevalente narrazione per immagini veneziana modifica parzialmente l'aspetto della sala, rendendola apparentemente più bassa. Fatalmente l'aula, con il tempo, si impoverisce di linee ma si arricchisce di campi di colore[19].

La galleria dei libri. La collezione degli oggetti rari nel palazzo del principe

A partire dal XV secolo, lo studiolo, collocato all'interno di palazzi, residenze esclusive di singole famiglie, assume le funzioni di archivio privato e luogo di conservazione dei libri, pur non essendo ancora definita una sua disposizione all'interno dell'edificio. Viene normalmente denominato *scriptoio* e contiene libri, tavole dipinte, recipienti più o meno preziosi, calamai riccamente decorati, coppe, quaderni contabili, candelieri, sfere, sacchetti di monete.

Lo scrittoio poteva configurarsi come una semplice scrivania, affiancata a panche per sedere, scaffalature per i libri e armadi addossati alle pareti ed era, comunque, sempre in stretto collegamento con la camera da letto del padrone di casa[20].

Un universo veramente privato, se non segreto. Riporta di sé Leon Battista Alberti nei *Libri della Famiglia*, scritti fra il 1432 e il 1434, alludendo al suo modo di vita: "Solo i libri e le scritture mie e de' miei passati a me piacque e allora e poi sempre avere in modo rinchiuse che mai la donna le potesse non tanto leggere, ma né vedere. Sempre tenni le scritture non per le maniche dei vestiri, ma serrate e in suo ordine allogate nel mio studio quasi come cosa sacrata e religiosa". Nel *De re aedificatoria*, scritto nel 1452 e completato nel 1485, si limita sbrigativamente ad alludervi, trattando di stanze che, solo per funzioni e contenuti, si possono identificare con gli studioli. Nel Libro quinto è riportato che "de la camera de la moglie vadiasi ne la stan-

za dove si ripongono le vesti; e di quella del marito in una stanza dove sieno i libri"[21].

Pier Paolo Vergerio, invece, nel trattato pedagogico *De ingenuis moribus et liberalibus adolescentiae studiis*, si spinge a illustrarne il corredo interno, che avrebbe dovuto comprendere: uno specchio e un orologio, visti quali strumenti pedagogici per eccellenza, insieme a scritti, globi celesti, carte geografiche, statue venerabili, dipinti e ritratti raffiguranti dèi, eroi e, soprattutto, i padri della Chiesa san Gerolamo e sant'Agostino[22].

Intorno alla seconda metà del Quattrocento, gli studioli assumono una forma che diviene, da quel momento, predominante. Consiste in un piccolo ambiente, le cui pareti sono ricoperte in basso da un rivestimento ligneo con aree a intarsio, che è sovrastato da una volta a botte. La decorazione a intarsi delle pareti può mascherare alcuni armadi che, normalmente, giungono fino alla quota di imposta della volta.

Come i precedenti si conservano recipienti e oggetti di lusso e damascati, gemme, pietre preziose, tavole e utensili sacri in oro e argento, reliquiari, tavole a mosaico o a rilievo in pietra o legno, rosari e collane, immagini varie, piccole sculture, arnesi scrittori, monete, medaglie, carte geografiche, sfere e globi celesti e infine un certo numero di libri.

Con una sempre più accettata valenza mondana e di vita di relazione, parti fino ad allora inaccessibili o del tutto inesistenti della casa, si aprono per il piacere di ospiti e visitatori. Finché un intero palazzo del Rinascimento può diventare luogo di esibizione di *magnificentia* e teatro di raffinata vita sociale e politica. Perché – come afferma Daniele Barbaro – "nelle case spesso si fanno, e i consigli pubblici, e i privati, e i giudici arbitri, e compromessi"[23].

Con il lento passaggio storico dal riduttivo *armarium* alla perfetta camera del tesoro, variamente disegnata e decorata e con il passaggio dello studio-studiolo da una collocazione di ambito privato segreto a un ambito semipubblico, con tutta l'imprecisione del termine, si riesce infine a individuare la presenza di quell'ambiguo nucleo cumulativo dalle molte funzioni, che dopo vari secoli darà vita a precise istituzioni distinte quali il tesoro, l'archivio, il museo archeologico, la pinacoteca e la biblioteca, confermando come proprio nello stesso palazzo vi sia una delle origini dell'edificio pubblico.

Forse il palazzo del Vaticano è la più importante sede di una corte in Italia. Per l'autorevolezza e la singolarità dell'istituzione sovranazionale accolta tra le sue mura

I modelli ereditati dalla storia

e, per di più, perché posto al centro di una delle più cosmopolite capitali della cultura artistica di ogni tempo. Dopo aver valutato la presenza di sale attrezzate per esporre raccolte di pregiate rarità, tra cui anche libri, la messa in evidenza di un preciso modello spaziale nei piccoli palazzi di corte del Quattrocento non può dirsi conclusa se non vengono ricordati i due casi più clamorosi di segrete gallerie delle rarità di una dimora aristocratica, diventate poi centri aperti allo studio: la conosciuta Biblioteca Vaticana a Roma e la quasi dimenticata Biblioteca dell'Escorial in Spagna.

Nel 1475, Sisto IV, sollecitato dal bibliotecario Bartolomeo Platina, cui era stato assegnato l'incarico di vigilare sulla raccolta di oltre 2000 libri, fonda ufficialmente l'attuale Biblioteca Vaticana. Essa è la prima grande biblioteca ordinata e destinata all'uso pubblico per la quale, fin dall'inizio, ci si adopera perché sia accolta in una degna sede. Nell'attesa di veder eretto appositamente un nuovo edificio, viene sistemata nei quattro locali sottostanti all'appartamento Borgia, di cui due da destinarsi al pubblico. In epoca tardo-rinascimentale, tali locali sono giudicati angusti e poco luminosi. Papa Sisto V decide così il trasferimento della biblioteca in un nuovo edificio da costruire. Affida l'incarico a Domenico Fontana, che propone un corpo composto da due saloni coperti a volta, posti in un corpo autonomo, con fronti allungati aperti su due cortili. Per ottenere questa soluzione, congiunge il braccio orientale con l'occidentale del cortile del Belvedere. I lavori iniziano nel maggio 1587.

"La libreria, ch'è un vaso longo di vano palmi trecento diciotto, largo palmi sessanta nove con un ordine di pilastri nel mezo, et è fatta tutta in volta: ha i lumi da tre bande da Tramontana, da Mezo giorno, e da Ponente: è tutta dipinta con bellissime pitture con oro, e con varie istorie"[24]. L'ambiente più importante e sontuoso è il celebre salone Sistino, cioè la grande galleria, divisa in due navate con soffitti a volta con pilastri, lunga 70,70 metri, larga 15,30 metri e alta circa 9 metri. Sembra che, in origine, la parte più bassa dei muri del salone non fosse occupata da armadi ma rivestita da spalliere di legno o da marmi colorati, mentre il pavimento doveva essere composto da piastrelle di terracotta bianche e rossastre. Al centro della sala e del vestibolo si trovano i lunghi leggii con i manoscritti che, come nella Laurenziana, sono assicurati da catenelle. Altri titoli sono racchiusi in armadi, quindi nascosti dall'esterno.

L'apparato decorativo, iniziato nel 1588, è imperniato su quattro temi fondamentali: le grandi biblioteche dell'antichità e i loro mitici e più importanti fondatori, i concili ecumenici, gli inventori degli alfabeti, le opere compiute da Sisto V a Roma e nell'intero Stato pontificio.

Il ciclo dei dipinti tematici costituisce uno dei maggiori cicli pittorici del Manierismo.

L'introduzione delle forme rinascimentali in Spagna viene favorita, come per la Francia, dagli ottimi rapporti politici con l'Italia; ma decisiva, in tal senso, è la svolta imposta alla cultura artistica spagnola dall'ascesa al trono di Filippo II. Nevrosi rigoristica, religiosità os-

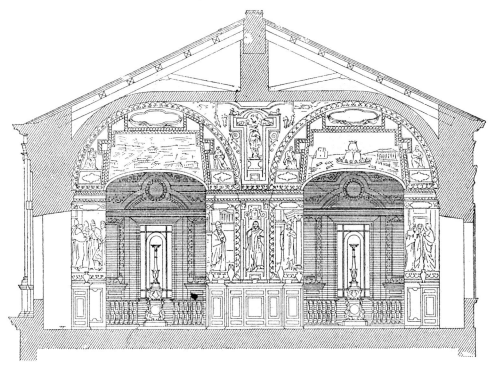

24. Il nuovo edificio riprende gli ordini architettonici dei bracci bramanteschi e al piano terreno presenta un porticato aperto, come mostra l'incisione con il prospetto della biblioteca eseguita da Natale Bonifacio de Sebenico per il libro dello stesso Domenico Fontana *Della trasportatione dell'obelisco vaticano et delle fabbriche di Nostro Signore papa Sisto V*, stampato a Roma nel 1590.

Con questo testo il progettista offre una particolareggiata descrizione della composizione del fabbricato e permette di cogliere la destinazione dei suoi ambienti.

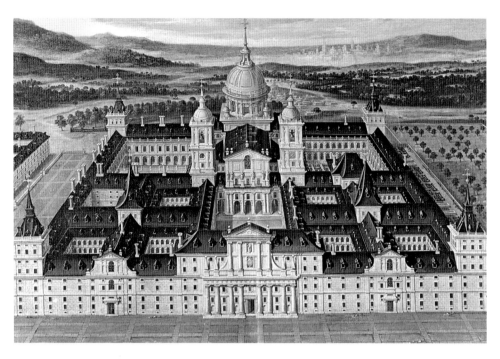

*Veduta a volo d'uccello del monastero-palazzo di corte dell'Escorial.
La biblioteca reale è posta sopra il corpo di ingresso al cortile centrale.*

Nella pagina accanto in alto:
*Disegno progettuale della sala
della Biblioteca Ambrosiana eseguita
secondo le indicazioni del cardinale
Federico Borromeo.*
Nella pagina accanto in basso:
*La sala con volta a botte e gli scaffali
per la prima volta addossati alle pareti
della Biblioteca Ambrosiana di Milano,
1603-1609.*

25. Vi sono ancora molti aspetti da approfondire intorno a questo singolare capolavoro dell'umanità, ai suoi leggendari duecento chilometri di corridoi, alle migliaia di finestre, alle venti e più riserve d'acqua. Trascurando valenze pseudoreligiose e riduttività irrazionali, esiti di grande interesse scientifico e progettuale potrebbe dare, anche solo per quanto riguarda lo spazio della biblioteca, una documentata verifica delle misure proporzionali di ogni elemento architettonico.

sessiva, volontà di dominio: l'introversa personalità del sovrano è all'origine della costruzione del monastero-palazzo dell'Escorial, o monastero di San Lorenzo, eretto fra il 1563 e il 1584. Commissionato dal re come mausoleo per suo padre Carlo V, dedicato a san Lorenzo e all'Ordine dei frati gerolamini, viene portato avanti con titanica ostinazione.

Per la sua edificazione, è stato scelto un sito lungo un declivio della Sierra nei pressi di un piccolo villaggio chiamato El Escorial. È caratterizzato dalla presenza di acqua potabile e di una grande quantità di materiale lapideo. I lavori iniziano nel 1562 diretti da Juan Bautista de Toledo, prontamente sostituito, nel 1572, dal collaboratore Juan de Herrera. L'avvento di Herrera, con le sue doti di matematico e scienziato in contatto con la cultura italiana, interessato al simbolismo magico e cabalistico, determina l'affermarsi di un'inedita e straordinaria combinazione architettonica. Un'opera singolare finanziata dall'oro azteco, saggio di rigorismo costruttivo e ridondante camera del tesoro, espressione del genio latino ma anche delirio assolutista con origini nel mito: si richiama al tempio di Salomone e celebra la potenza imperiale quanto la fede cattolica[25].

Quando viene fondata la biblioteca di San Lorenzo el Real, nel 1568, la raccolta del re è di mille volumi. Ma librai e copisti lavorano intensamente e, nel 1592, quando la biblioteca è terminata, gli scaffali si riempiono di testi greci, latini, ebraici, arabi e altro.

La sede è al secondo piano dell'edificio trasversale che collega il monastero al collegio, sopra l'arco di entrata al Patio dei re. Nel frontone di ingresso una falsa lapide nera reca un'iscrizione che "fulmina" coloro che osassero rubare i libri.

La sala ben illuminata è lunga 65 metri e larga circa 10, con un pavimento in marmo bianco e grigio e un soffitto decorato, a volta, alto 10 metri, con lunette.
Lungo le pareti del salone si installano librerie e scaffalature, realizzate nel più puro stile toscano, in mogano, noce, ebano, cedro, arancio, con circa 40.000 testi. La vivace parata dei dorsi in pergamena, insieme ai legni, contribuisce a produrre un ambiente dai toni caldi, di splendore attenuato e dalla singolare attrattiva. L'autore di parte delle decorazioni è Pellegrino Tibaldi, che qui ha realizzato una delle sue opere più felici, risolvendo con maestria i difficili scorci prospettici delle lunette. Qui il programma allegorico contrappone la verità rivelata, ovvero la fede, alla verità esperita, ovvero la scienza. La prima è posta sopra la porta di accesso alla scuola religiosa, la seconda sopra la porta di accesso alla scuola laica.

Un'aula per ostentare le fonti della verità esperita. La grande sala decorata nei palazzi della Controriforma
Come conseguenza del mutato ruolo della Chiesa romana, come risposta morale alle lacerazioni lasciate in ogni settore della società dalla Riforma di Lutero, per la prima volta viene attribuita un'importanza nuova alla cultura, all'elevazione spirituale mediante lo studio e, di rimando, a ogni piccola e grande collezione di libri. Rispetto alle vicende accadute solo mezzo secolo prima, l'arte della stampa con torchio ha conosciuto una grande diffusione. Ovunque si stampano libri su carta. Vari titoli conoscono simultanee edizioni in lingue diverse. Si moltiplicano le riedizioni di opere a carattere storico, filosofico e letterario. Sono richieste continuamente versioni in lingua volgare di autorevoli testimonianze dei padri dell'antica civiltà latina. Ma la presenza della Chiesa nella scelta dei titoli da licenziare si è fatta molto forte.
Come conseguenza di questo fervore, si afferma dai primi decenni del XVII secolo e per gran parte del XVIII secolo, un nuovo modello architettonico di spazio adibito a biblioteca. Si diffonde in tutti i paesi d'Europa, ma soprattutto in quelli di civiltà latina e di osservanza cattolica, quindi in un territorio discontinuo che va dalla Spagna alla Boemia, compresi i possedimenti e le colonie. Si tratta di un corpo a sala ben definito con caratteristiche nuove. Si presenta come un singolo e ampio locale molto alto, illuminato dal soffitto, spesso composto da una volta a botte. L'ingresso si apre al centro di un lato corto. Ogni parete, per almeno due alti pia-

I modelli ereditati dalla storia

ni, serviti da ballatoi aggettanti, sospesi su mensole, è totalmente ricoperta da scaffali di librerie, secondo quel modo di disporre chiamato poi nel mondo anglosassone *wall system*. Il nuovo tema è proprio lo sviluppo in verticale della parete, scandita da serie di pilastri o lesene, nonché da fregi e cornici. Opere di scultura sulle balaustre e nelle nicchie. Interi cicli di opere di pittura nelle volte curvilinee concludono le lunette di fondo.

Il movimento della Controriforma, con il suo impegno di rifondazione dogmatica e disciplinare, è molto favorevole alla formazione di nuove raccolte librarie. Non più per puro sfoggio di mecenatismo, come nel secolo precedente, bensì per piena consapevolezza del valore ideologico e politico della cultura, della diffusione e del controllo dell'informazione. Si afferma un nuovo modello di biblioteca, intesa come luogo di studio, dove esibire testi di tutte le conoscenze, accumulati in quantità, e non più stupende collezioni di preziosi cimeli.

A Oxford, nell'Inghilterra anglicana, era stata fondata fin dal 1602 una biblioteca finanziata da un privato, sir Thomas Bodley, per accorpare quanto di significativo fosse prodotto in campo editoriale in ogni disciplina per renderlo disponibile al servizio degli studi. La notizia si ripercosse con straordinaria prontezza sull'analoga iniziativa intrapresa dal vescovo della più grande diocesi d'Italia, impegnato nell'opera di difesa dottrinale della Chiesa. Al cardinale Federico Borromeo non mancano doti intellettuali, prestigio e ricchezza. Secondo il suo pensiero, una biblioteca idonea ai nuovi tempi deve essere aperta a tutti e deve caratterizzarsi come un'effettiva istituzione autonoma. La Biblioteca Ambrosiana di Milano viene insediata in un'area prossima al Duomo, in un lotto lungo e stretto, simile a quello utilizzato dal Sansovino per la Libreria di San Marco. Nel giugno 1603 inizia la costruzione, affidata a Lelio Buzzi, già architetto della cattedrale, al quale dal 1608 subentra Fabio Mangone[26]. Dotata di un'unica sala, viene eretta al piano terreno, rialzata di cinque gradini rispetto al selciato della piazza, per isolarla dall'umidità del suolo milanese. Al difetto di illuminazione naturale si rimedia con una decisa estensione in altezza, fino a 15 metri, della copertura con volte a botte riccamente decorata a riquadri. Di forma rettangolare, le due pareti lunghe misurano 26 metri, mentre le due più corte 13,60 metri. Due finestre semicircolari, di tre metri circa di raggio, sono disposte nelle lunette, in modo da sovrastare i fabbricati più bassi adiacenti alla piazza.

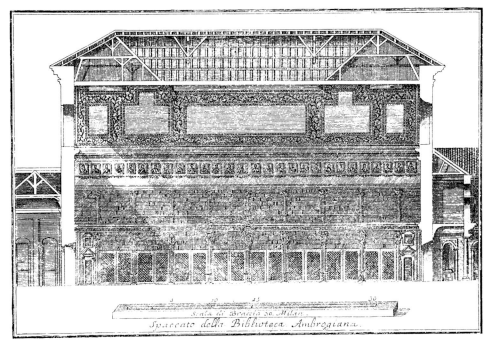

Spaccato della Biblioteca Ambrosiana.

Le scelte insolite riguardanti l'ubicazione nel centro della città, al piano terreno, e le sue esigue dimensioni, inferiori sia alla Laurenziana che alla Vaticana, rispettano un preciso disegno. Lo stesso cardinale si occupa di stabilire le dimensioni e di rinunciare a ornarne il soffitto con pitture allegoriche. Fa ricoprire le pareti, per più di due terzi dell'altezza, con una scaffalatura sobria, al posto dei meno spaziosi plutei e fa anche sovrapporre a un primo scaffale, di un'altezza pari a quella della biblioteca dell'Escorial, un secondo ordine di librerie, accessibile da un ballatoio, posto a quota 4,5 metri rispetto ai 7 metri di altezza totale della scaffalatura e raggiungibile attraverso una scala a chiocciola collocata in un angolo. Con il nuovo modello distributivo del *wall system*, la capienza dei depositi librari ne esce moltiplicata.

Lo spazio per i lettori, al centro, risulta più raccolto e più idoneo ai fini dell'isolamento termico nei rigidi inverni, un requisito essenziale per un ambiente riscaldato da un solo braciere e sempre a rischio di incendio[27].

Bandite le decorazioni inutili, la fascia superiore delle pareti è abbellita da ottantadue quadri di formato simile, raffiguranti il Salvatore del mondo e venerande personalità del Cristianesimo, per lo più santi o beati, incorniciati con stucchi. Altri novanta ritratti di uomini illustri, su tavole meno vistose, coprono la ringhiera del ballatoio. I soggetti si susseguono in un ordine alfabetico corrispondente alle lettere scelte come contrassegni degli scaffali sottostanti. Annesse al salone sono previste altre sale, destinate al museo e agli uffici, con un piccolo chiostro porticato e un giardino.

Col pieno avanzare dell'epoca barocca, la decorazione pittorica prende sempre maggiore evidenza. Sulla scor-

26. Della ferrea volontà riformatrice del cardinale, applicata al dispositivo educativo costituito dalla stessa invenzione dello spazio della sala, rimane una viva testimonianza grafica del tempo rappresentato nelle stesse tavole descrittive-prescrittive incise da Serviliano Latuada in *Descrizione di Milano*, tomo IV, Milano 1738.

27. Altri approfondimenti sul periodo della Controriforma a Milano e sull'accrescimento incessante del patrimonio di opere d'arte della pinacoteca, in questa sede trascurata, e degli spazi necessari ai libri – un'esigenza che condurrà prima alla copertura del cortile poi ai restauri recenti – si possono fare a partire dai due contributi di A. Paredi, *Storia dell'Ambrosiana*, Neri Pozza, Milano 1981 e di P.M. Jones, *Federico Borromeo e l'Ambrosiana*, Vita e pensiero, Milano 1997.

In alto a sinistra:
La sala su due piani del monastero di San Gallo in Svizzera.
In alto a destra:
Vista dal Danubio del monastero di Melk in Austria. Rispetto alla facciata della chiesa, a sinistra la biblioteca (1730) e a destra la sala delle udienze dell'imperatore (1731).

28. Tra gli studi dei decenni scorsi per un vasto pubblico è interessante il bel libro di M. Baur-Heinhold, *Schöne alte Bibliotheken. Ein Buch vom Zauber ihrer Räume*, riedito nel 2000 con una premessa di Karl Bosl e con un ricchissimo corredo illustrativo. L'autrice è una studiosa nota anche per i suoi studi sulle grandi sale teatrali barocche. Tra i confronti recenti, non di interesse locale, l'opera di Eric Garberson, *Eighteenth-century monastic libraries in southern Germany and Austria: architecture and decorations.*

ta degli eclatanti esempi di fine Cinquecento, del palazzo pontificio del Vaticano e del convento, residenza reale dell'Escorial, l'architettura procede con nuovo vigore anche per la magnificenza di programmi allegorici ben studiati. A metà del XVII secolo, proprio nei palazzi della Controriforma, si sperimenta una concezione sempre più teatrale dello spazio interno, che oltrepassa la novità della sala all'italiana, quel prototipo di spazio a doppia altezza, così chiamato sulla scorta delle prescrizioni dei trattati di architettura più diffusi in Europa.

Oltre che una suggestione teatrale, si afferma anche una raffinata sovrasensibilità intellettuale di origine letteraria, che traccia percorsi allusivi, mettendo in relazione tra loro i temi decorativi e assegnando significati simbolici a tutti gli elementi architettonici, pittorici e scultorei mediante numeri o ripetizioni rituali, per culminare nella stupefacente grandiosità di una cupola centrale. La presenza non necessaria di una cupola splendidamente decorata risveglia, quando serve, un assopito asse centrale e celebra la gloria di un'entità assoluta o la potenza materiale delle grandi figure detentrici del potere temporale o religioso.

Sulla fine del secolo, il centro di elaborazione figurativa, da Roma e l'Italia, si sposta verso le regioni alpine e in particolare in Austria, Boemia, Svevia e Baviera. Prevale la solidità e la grazia dei tre massimi esponenti dell'architettura barocca austriaca, ossia Johann Lukas von Hildebrandt, Jacob Prandtauer e Johann Bernhard Fischer

von Erlach, o dei loro più capaci allievi, largamente coadiuvati da monaci e abati appartenenti alle locali istituzioni, nonché dall'abile lavoro di centinaia di esperti artigiani e falegnami. Sono eretti edifici abbaziali giganteschi, molti dei quali presentano alcuni dei più pregevoli esemplari di biblioteche mai concepiti.

Le grandi *stifts* isolate, dalle lunghe facciate riproducenti le sembianze di palazzi signorili, se non reali e sovrastati dalle guglie e dai campanili a bulbo delle loro chiese, appaiono, ancora oggi, completamente inseparabili dal paesaggio austriaco e boemo[28].

L'abbazia barocca si sviluppa principalmente intorno a tre fondamentali spazi simbolici: la chiesa, la biblioteca e la sala imperiale. Tra le maggiori sedi di biblioteche si ricordano i monasteri di Sankt Florian, San Gallo, Kremsmunster e Melk.

Nel monastero di Sankt Florian, in Austria, la sala arredata da Gotthard Hayberger, fra il 1744 e il 1751, è costituita da un doppio ordine di librerie in legno, riccamente decorate da elementi dorati e alternate, su un lato, a capienti finestre. Si crea un ambiente luminoso e ritmato dall'andamento curvilineo dell'originale balaustra di delimitazione del ballatoio. Compare una suddivisione per argomenti, contraddistinti dalle lettere scure su sfondo dorato, poste in cima alle scaffalature. Il tema degli affreschi della volta è il matrimonio fra Virtù e Scienza, cui partecipano gli Angeli e le Virtù minori portando doni di nozze, in un tripudio generale di colo-

I modelli ereditati dalla storia

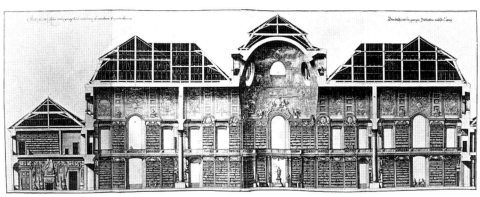

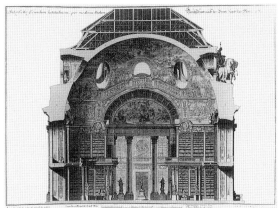

In alto a sinistra:
La sala centrale con cupola
della Hofbibliothek di Vienna, opera
di Johann Bernhard Fischer von Erlach.
In alto e in basso a destra:
Sezione longitudinale e sezione
trasversale della biblioteca
del palazzo di corte di Vienna.

ri, dal quale il Cielo promana luce, gioia e felicità, mentre l'Ignoranza e il Vizio precipitano nelle tenebre.

L'abbazia benedettina di San Gallo, in Svizzera, è stato uno dei più attivi centri culturali dell'Occidente, per l'attività dei suoi monaci, miniatori, poeti, musici e maestri dell'antica letteratura tedesca. Nel 1758 l'abate Colestin Gugger von Staudach fa demolire una precedente biblioteca e su disegno di Peter Thumb, architetto della chiesa, e di suo figlio Michael Peter, traccia una nuova sala, posta al secondo e terzo piano del lato occidentale del complesso. Alla fine di un corridoio si apre un portale, con due colonne dipinte a imitazione del marmo. Sopra le sue ante scompartite, in mezzo a due putti che danno il benvenuto al visitatore, un cartoccio rococò riporta la mitica scritta "ψυχῆς ἰατρεῖον" che, liberamente tradotta, sta a significare "sanatorio dell'anima" o "farmacia dell'anima", come nei santuari dell'antichità.

La luminosa sala longitudinale, disposta su due piani e divisa in quattro campate da pilastri a muro, non è troppo alta. Grazie all'andamento sinuoso delle balaustre conserva un piacevole carattere di intimità. L'essenzialità architettonica è dissimulata nel ricchissimo apparato ligneo. Sopra si apre il "cielo" della volta, animato da affreschi illusionistici e abbondantemente decorata a stucco.

La stupenda sala barocca della biblioteca dell'abbazia benedettina di Kremsmunster, in Austria, iniziata in-

torno al 1680, è un'opera di Carlo Antonio Carlone. Contiene circa 160.000 volumi, distribuiti in quattro stanze contigue. Con i suoi complessivi 65 metri di lunghezza è una delle più grandi sale pubbliche del tempo. La presenza, nelle modanature, di ritratti di grandi personaggi della storia, della scienza e della letteratura, contribuisce a identificare la classificazione del patrimonio librario nelle distinte raccolte della sala greca, latina e benedettina.

L'abbazia di Melk, in Austria, quell'enorme edificio dove nei mesi estivi si trasferisce la corte imperiale, si contraddistingue per l'eccezionale collocazione geografica: su uno sperone roccioso della vallata del fiume Danubio, con ampie viste sulle colline circostanti.

Il progetto di ampliamento di Jacob Prandtauer, al quale subentra l'abate Berthold Dietmayr, prevede per le tre grandi aule della chiesa, della biblioteca e della sala imperiale, l'inusuale collocazione in corpi autonomi posti ai tre lati di una terrazza sovrastante il fiume Danubio. Grandi statue in legno, riproducenti le quattro Virtù, fiancheggiano i due portali di accesso. Al pregio di un'abbondante disponibilità di luce diretta, il padiglione che ospita 80.000 volumi, aggiunge la ricca decorazione degli affreschi del soffitto raffiguranti il trionfo della fede sulle eresie. Un particolare contrasto emerge fra la ricchezza architettonica e ornamentale delle tre sale e la rigorosa semplicità dei grandi dormitori, ordinati intorno a cortili quadrati. Il lusso è riservato a Dio, all'imperatore e alla stessa biblioteca, in quanto santuario della saggezza divina.

La vicenda della sala palatina, considerata la seconda fase nella storia della biblioteca, inizia con i libri nascosti e le volte affrescate della corte vaticana, passa attraverso il freddo dispositivo verticale dell'Ambrosiana, sfocia nelle parate di migliaia di dorsi delle grandi *stifts* barocche e si conclude con un caso speciale a Vienna.

La navata-pantheon del palazzo imperiale di Vienna

In massima evidenza, per luogo, scopo, abilità del progettista, complessità figurativa e unicità della collezione, è l'Hofbibliothek di Vienna, la sede della biblioteca imperiale degli Asburgo, mirabile opera di Joseph Emanuel Fischer von Erlach, del 1737.

Rispetto alle biblioteche precedenti, tutte le dimensioni risultano dilatate. La sala si presenta come un edificio autonomo, posto al piano terra, annesso al palazzo di corte[29].

Ma la vera sorpresa è la ricomposizione in un'unica navata di tre diversi ambiti, lungo un asse orizzontale. Le parti sono separate da coppie gigantesche di colonne isolate, simili a quelle esistenti nella galleria Colonna a Roma. Lo spazio ellittico centrale, disposto perpendicolarmente all'asse maggiore, con una lunghezza e un'altezza di 90 piedi, è sormontato da una grande cupola. Con le sue perfette geometrie essa rappresenta un'ulteriore dilatazione dell'invaso centrale, lungo l'asse verticale. Molto semplice e di forte presa anche politica è il programma allegorico delle decorazioni alle pareti e ai soffitti. Una sala è dedicata alle Scienze della Pace, l'altra alle Scienze della Guerra, la sala centrale alla gloria della dinastia imperiale degli Asburgo. Si fondono così due tradizioni laiche: quella della Sala d'onore degli Eroi del palazzo barocco e quella del Pantheon della classicità o della Sala-tempio degli Dèi.

La basilica immensa di Boullée

In pieno fervore dell'epoca dei Lumi, una proposta del tutto diversa viene ad aggiungersi alle precedenti. È il risultato della riflessione intellettuale di un architetto francese che poco ha costruito, nato nel 1728 e morto nel 1799. La proposta, con molti altri disegni, è allegata alla raccolta di scritti nota come *Architecture. Essai sur l'art,* il risultato di un impegno teorico, ma anche artistico e indirettamente filosofico, compiuto da Etienne-Louis Boullée. L'elaborazione inizia intorno

al 1780 e si interrompe prima del 1793. Il testo, rimasto manoscritto, non fu mai pubblicato dall'autore.

Al capitolo *Biblioteca Pubblica*, Boullée dà notizia di un incarico ricevuto dal re: "Se vi è un soggetto gradito a un architetto e capace di infiammare il suo ingegno, questo è il progetto di una Biblioteca Pubblica. […] Profondamente colpito dalla concezione sublime della Scuola di Atene di Raffaello, ho cercato di realizzarla; ed è senza dubbio a questa idea che devo il mio successo, ammesso che l'abbia ottenuto". L'autore si riferisce al progetto per una biblioteca reale, da allestire in un terreno del convento dei cappuccini, in rue Saint Honoré. Un edificio di impianto quadrato, con all'interno una croce tra quattro cortili, avente nel centro una piccola rotonda. I libri dovevano essere collocati lungo i quattro lati della parete esterna. Nel corpo a croce, destinato alle sale di lettura, si sarebbero viste delle statue di uomini famosi: l'equivalente dei busti adoperati da Christopher Wren nel Trinity College. Al momento della presentazione, Boullée, presa coscienza dei limiti della soluzione – la biblioteca è molto simile a un precedente studio per il museo – rifiuta l'incarico con il pretesto dell'eccessiva dispendiosità del progetto. La sede stessa non convinceva, si era parlato anche del Louvre e poi di altro. Ma dopo qualche tempo si fa avanti un'idea diversa. Nello scritto intitolato *Mezzi per procurare alla Biblioteca del Re i miglioramenti che il monumento esige*, l'autore riporta questa descrizione: "Il Monumento più prezioso per una nazione è certamente quello che conserva tutte le conoscenze esistenti. Un sovrano illuminato favorirà sempre i mezzi che possono contribuire al progresso delle scienze e delle arti. […] Questo Progetto consiste nel trasformare il Cortile, che ha 300 piedi di lunghezza e 90 di larghezza, in una immensa Basilica rischiarata dall'alto che conterrà non solamente tutte le nostre ricchezze letterarie, ma anche quelle del futuro. Per essere convinti che questa Basilica offrirà l'immagine più grande e più emozionante delle cose esistenti, basta gettare un colpo d'occhio sul luogo su cui ho progettato, e immaginare che la volta nascerà dalla sommità dei muri attuali. […] Nel penetrare nel mio soggetto, ho cercato, come dovevo, di realizzare l'oggetto principale, a cui è consacrato il monumento di cui ci stiamo occupando. Ho dunque voluto che le nostre ricchezze letterarie fossero presentate nel più bell'insieme possibile. Per questo ho pensato che niente sarà più grande, più nobile, più straordinario, e di più magnifico aspetto, di un vasto anfiteatro di libri"[30].

29. Superbe tavole descrittive del progetto commissionato dall'imperatore Carlo IV, sono state incise nel 1737, qualche anno dopo la costruzione, da S. Kleiner e presentate in una raccolta denominata *Dilucida rapresentatio*. Queste incisioni sono state ripubblicate a Graz nel 1967, in un'edizione in fac simile.

30. Il merito di aver riportato a nuova vita, in tempi moderni, il manoscritto di Boullée va a Helen Rosenau che ne ha curato la trascrizione e l'edizione nel 1953. Attraverso l'edizione italiana curata da Aldo Rossi, *E.L. Boullée. Architettura. Saggio sull'arte,* uscita nel 1967, nella fondamentale collana Polis dell'editore Marsilio, da egli stesso diretta, il mondo ideale dei cosiddetti architetti rivoluzionari è diventato un contributo di conoscenza, patrimonio di intere generazioni di architetti e progettisti. A conferma di una diversa considerazione del disegno d'invenzione della fine del XVIII secolo, illuminista, non di influenza piranesiana, ci sono le ricerche successive tra le quali, lo studio su Boullée, Ledoux e Lequeu di Emil Kaufmann, edito in Italia da Franco Angeli nel 1976, e lo studio su Boullée di Jean-Marie Perouse de Montclos, edito in Francia nel 1994 e da Electa nel 1997.

I modelli ereditati dalla storia

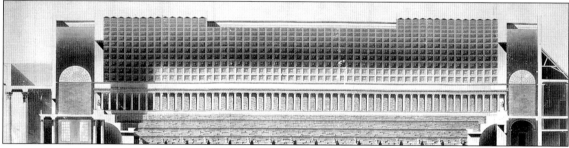

Dopo la rinuncia di presentare una composizione accentrata dove varie stanze si sarebbero succedute a partire da un nucleo centrale, il grande architetto visionario con i termini più appropriati anticipa quello che intendeva per biblioteca di Stato. Un'immensa aula spaziosa come una basilica, illuminata dall'alto come nel Pantheon, chiusa sui due lati corti da due Archi di Trionfo e con passaggi laterali simili ai gradini di un anfiteatro per accedere ai libri.

La proposta utopica dell'architetto francese appare come un grande omaggio alla tradizione costruttiva dell'antica Roma. Non è un erudito *pastiche* di materiali di gusto archeologico, come per tanti pittori del suo tempo, ma è un collage razionale di figure quasi mitologiche già note, utilizzate per un nuovo scopo: fornire il modello teorico di uno spazio esemplare per custodire l'archivio dell'intera conoscenza della nazione. L'architetto con la sua suprema invenzione coglie due nessi in parte contraddittori. La proposta prende avvio avvicinandosi con fredda nostalgia a un grande universo mitico perduto. Da una parte il ricorso a una classicità convenzionale, di origine artistica e letteraria, proprio perché consapevolmente esasperata, appare del tutto nuovo e ancora ricco di fermenti. Dall'altra il progetto mostra come riflessioni condotte con gli strumenti del disegno possano ancora costituire un'occasione d'interpretazione individuale della storia. Riprendendo e modificando, con caparbietà soggettiva, elementi già noti, si specificano concettualmente i termini di un'invenzione architettonica che oltrepassa completamente la normalità della professione[31].

Con l'immagine di una singolare biblioteca che assume le sembianze di una basilica, non un tipo architettonico evidenziato dalla tradizione, ma una potente invenzione soggettiva resa attraverso un collage grafico, persino firmato con la frase "e io anche son pittore", si conclude l'esame durato alcuni secoli del modello formale della sala. Una rapida ricognizione, iniziata nel Medioevo in un anonimo convento di un ordine mendicante e conclusa in Francia presso quell'*infilade* senza fine del più sontuoso palazzo reale del mondo, negli anni della Rivoluzione.

31. Sulle possibilità combinatorie di dar origine a grandi proposte spaziali innovative, convenzionalmente espresse da figure note desunte dalla storia, un ulteriore approfondimento si trova nel saggio di A. De Poli, *Creare è facile. Imitare è difficile. Sette diversi modi di attuare nel progetto un principio di intenzionale imitazione*, in "Area", n. 51, luglio-agosto 2000, pp. 10-13. Ne deriva una possibile lezione di metodo che contribuisce a spiegare anche risultati recenti di diversa finalità, ottenuti nelle contemporanee simili tecniche del collage.

In alto a sinistra:
La Radcliffe Camera di Oxford, opera di James Gibb, 1737-1749.
In alto a destra:
Progetto a pianta centrale non realizzato di Nicholas Hawksmoor per la Codrington Library di Oxford.

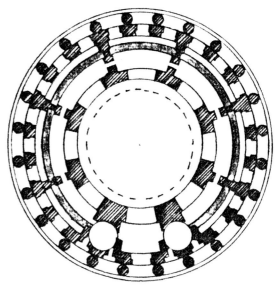

32. Gottfried Leibniz fu autore, tra l'altro, di un libretto dall'eloquente titolo *Idea Leibnitiana Bibliotecae Publicae secundum Classes Scientiarum ordinanda.* Nel 1716 aveva richiesto un adeguamento delle librerie della biblioteca, cosicché "on put arriver aux livres sans se servir d'échelle".

33. Una cospicua collezione di antichi libri di architettura è presente nella biblioteca Herzog August, l'erede della Biblioteca Augustea di Wolfenbüttel. Nel 1984 una grande mostra *Architekt und Ingenieur. Baumeister in Krieg und Frieden*, curata da Ulrich Schütte, ha riportato l'attenzione su numerosi trattati di architettura prodotti in epoca tardo-rinascimentale nell'area culturale tedesca. Anche nelle piccole capitali il libro professionale si poneva al servizio delle scienze della guerra e della pace, come avveniva a Vienna nella massima Hofbibliothek del tempo.

L'edificio isolato a pianta centrale. Dall'idea di autonomia di Leibniz alla ricerca del tipo a sala circolare nella tradizione inglese

Per vanto e ricerca di autorevolezza, alcuni principi tedeschi, tra i quali Augusto di Sassonia, Alberto di Prussia, Giulio di Brunswick, rivaleggiavano con l'allestimento, nei loro palazzi, di preziose biblioteche private, con un gran numero di pregevoli edizioni di lusso. Sempre in voga era il grande modello di origine italiana della biblioteca a sala, con la sua istituzionale commistione tra spazio del lettore e spazio del libro.

Ma con la collocazione del libro alle pareti e dei posti di lettura al centro, la soluzione immediata sembra essere piuttosto quella di sfruttare uno dei tipi più significativi prodotti inizialmente per i templi, dalla ricerca teorica rinascimentale: l'edificio a pianta centrale. A tale riguardo, è rilevante il caso della Biblioteca Augustea di Wolfenbüttel, costruita, su consiglio del matematico e filosofo Gottfried Leibniz, dall'ebanista Hermann Korb elevato al grado di architetto, negli anni compresi fra il 1706 e il 1711. La sezione sembra

estendere a una nuova necessità una figura mitica derivata dalla Rotonda di Andrea Palladio. L'istituzione fu diretta dal bibliotecario Leibniz, dal 1690 fino all'anno della sua morte, avvenuta nel 1716. Egli riuscì a imprimerle un eccezionale sviluppo grazie a vedute estremamente moderne in materia e a fare erigere per essa, per la prima volta, un edificio del tutto indipendente, basato su un disegno originale.

La costruzione in legno ricoperto di pietra è organizzata su quattro piani dalla struttura oblunga, a pianta rettangolare, dalle dimensioni di 39 x 29 metri che si affacciano su uno spazio centrale ovale, a sua volta sottolineato da dodici pilastri quadrati, un deambulatorio e una cupola sorretta da un tamburo più largo nel quale si ricavano i lucernari. Fra i pilastri si aprono ventiquattro finestre, sufficienti a illuminare la sala di lettura al piano terreno, anch'essa ellittica, dove i libri sono sistemati alle pareti, in otto nicchie radiali e in altre quattro stanze angolari poste sullo stesso piano e destinate ad accogliere i volumi più preziosi[32].

Tutto fa pensare che Leibniz abbia avuto un ruolo fondamentale nella progettazione dell'intero edificio demolito nel 1887. Esso, infatti, rappresenta il risultato di una perfetta speculazione intellettuale, l'attuazione di un principio di ordine scientifico che regola la classificazione del sapere, nella distribuzione della collezione; l'invenzione di una corte coperta con cupola come occasione per sperimentare un nuovo tema di architettura. Per la prima volta, nel continente europeo del Settecento, una biblioteca si presenta come un edificio isolato e a sé stante, secondo quel modello unico che più tardi Durand definirà a pianta circolare[33].

Sulla scorta delle importantissime innovazioni introdotte, da quella che Nikolaus Pevsner definì "la prima biblioteca secolare completamente autonoma di tutti i tempi", se ne realizza un'altra che, per le peculiari ca-

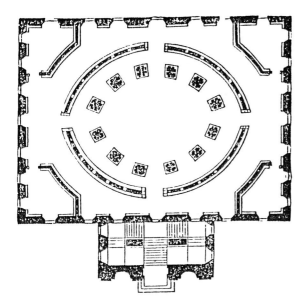

ratteristiche di grandiosa monumentalità e abbondanza di spazio, potrebbe essere a buon diritto annoverata fra le biblioteche più notevoli di tutto il XVIII secolo. Si tratta della Radcliffe Camera di Oxford, concepita da James Gibbs (1682-1754) e realizzata negli anni 1737-1748 come sezione secondaria della Biblioteca Bodleiana, seppure totalmente distinta da quest'ultima. Il secondo edificio a pianta centrale, che tuttora emerge nel panorama della città universitaria di Oxford, fu promosso quale mausoleo in onore del filantropo, facoltoso medico John Radcliffe, che impersonifica con anticipo la figura del moderno mecenate dell'epoca illuminista.

Dapprima pensata da Nicholas Hawksmoor come una rotonda coperta da una cupola, poi da James Gibbs come una lunga galleria con scanni, probabilmente sulla falsa riga della biblioteca realizzata da Christopher Wren nel Trinity College di Cambridge, la Radcliffe Camera prese, infine, forma dall'idea iniziale di Hawksmoor, pur divenendo oggetto di rielaborazione da parte del neopalladiano Gibbs, già allievo a Roma dell'architetto barocco Carlo Fontana.

Questa biblioteca fu incentrata su uno schema a pianta centrale sormontato da una grande cupola curiosamente stravagante, dove lo spazio riservato ai libri fu limitato a una serie di scaffalature a parete da collocarsi in otto profonde nicchie radiali, disposte a coronamento dell'ampia rotonda e intorno al banco di sorveglianza e sulle quali si sviluppava una capiente galleria. Questa concezione caratterizzata da un enorme spreco di spazio, come era tipico di tutte le più raffinate biblioteche inglesi del periodo, produsse, però, un effetto fra i più splendidi. Il vasto vano circolare circondato da una sequenza di colonne corinzie binate e incassate, doveva evocare il Mausoleo di Adriano a Roma. Esso fu sormontato da una svettante cupola, costituita da un poliedro di sedici lati e dal profilo michelangiolesco, a sua

volta adagiata su un tamburo sostenuto da un anello di contrafforti ricurvi e concavi. Del tutto in contrasto con il gusto medievale della città, eclettica ma originale, massiccia eppure perfettamente proporzionata, la Radcliffe Camera rappresenta un autentico capolavoro della versatilità barocca di un movimento culturale anticipatore dei futuri sviluppi neoclassici[34].

Questo esempio di sala non bene risolta, ma di immediata comprensione, ebbe modo di esercitare una larghissima influenza nell'affermazione del Classicismo, avvenuta a partire dalla prima metà del XVIII secolo, dapprima in Inghilterra e poi anche negli Stati Uniti. Un caso di grande valore è rappresentato dalla biblioteca dell'università della Virginia a Monticello. L'accoglienza del gusto palladiano si presenta qui come una scelta quasi politica. Nell'affannata ricerca di un'architettura che esprimesse simbolicamente i valori della Repubblica e della democrazia da poco instaurata, sulla scorta degli ideali rivoluzionari francesi, si aderisce prontamente al nuovo gusto neoclassico. L'inconsueto interprete è l'intellettuale Thomas Jefferson,

In alto a sinistra:
Pianta della biblioteca di Wolfenbüttel, opera di Hermann Korb, 1706-1710.
In alto a destra:
Veduta ottocentesca dell'interno della biblioteca di Wolfenbüttel prima della distruzione avvenuta nel 1887.

34. In questo edificio pubblico così singolare, l'architetto Gibbs ripropone parzialmente la capacità inventiva di cui aveva dato prova nei progetti delle prime chiese erette a Londra tra il 1714 e il 1721. La raccolta di 150 suoi disegni, intitolata *A Book of Architecture*, pubblicata nel 1728, divenne uno dei testi di architettura più usati del tempo. Una delle tavole di questo libro fu presa a modello per la Casa Bianca di Washington.

statista, avvocato, scrittore, architetto, ma anche presidente della Confederazione, che traccia un elegante disegno per un *central college*. L'insediamento universitario viene realizzato fra il 1817 e il 1826.

La soluzione architettonica adottata fonda le proprie radici nell'idea di un "villaggio accademico" caratterizzato da una grande distesa di prato, il campus, intorno al quale si organizzano le attività universitarie. È costituito da piccoli edifici collegati, circondati da prati e piante. L'affascinante complesso, con i suoi due gruppi di cinque padiglioni palladiani disposti su file parallele, collegati da colonnati, contenenti sale per conferenze, aule di lezione e alloggi per dieci professori, tutti di forma diversa, si ispira a varie fonti della Roma antica. Vi si riconosce l'ordine ionico del tempio della Fortuna Virile (secondo padiglione) o quello dorico delle terme di Diocleziano (primo padiglione) o l'esedra centrale quale caratteristica peculiare del nono padiglione, con molta probabilità tratta dall'hotel Guimard realizzato nel 1770 da Claude-Nicolas Ledoux o dal progetto di John Soane per Shotesham Park, nel Norfolk, del 1785.

Nel 1823 e nel 1827, su consiglio di Benjamin Latrobe, formatosi in Inghilterra, viene aggiunta la cosiddetta Rotonda, un edificio "che dovrebbe esprimere [...] un perfetto esempio di buon gusto architettonico. Io proporrei, sotto, un insieme di quattro sale per Custodi e Precettori, sopra una stanza per le letture di Chimica o di altro genere, sopra una sala di lettura circolare sotto la cupola". Così il campus si arricchisce definitivamente di tre ambienti destinati alla lettura, alle conferenze e all'ascolto di musica. All'ultimo piano, sotto la cupola, si trova la biblioteca, con un diametro interno di 22,25 metri, realizzata nelle stesse proporzioni del Pantheon, seppur adattata al sito e in modo che le sue dimensioni corrispondano all'esatta metà dell'originale. Una citazione che vale come un principio.

Nell'ottobre del 1895 un incendio distrugge la Rotonda. Durante la ricostruzione, essa viene inevitabilmente e drammaticamente rinnovata, perdendo il piano più alto sottostante la cupola. Tra il 1973 e il 1976, l'edificio è riportato alle originali forme jeffersoniane, così da poter ancora rappresentare uno dei massimi esempi dell'architettura neoclassica americana, profondamente radicata nelle tradizioni classiche di Atene e Roma[35]. In Inghilterra, con il nuovo secolo, comincia a farsi sentire l'opinione di una classe competente di eruditi bibliotecari, i quali oppongono a un principio di ripartizione del sapere sempre più preciso e perfezionato in ma-

I modelli ereditati dalla storia

terie, discipline, sezioni, cartelle, voci, l'esigenza di poter contare su un'ampia offerta di spazio libero da organizzare con armadi, scaffali, vetrine e lunghi tavoli. La forma più libera e allo stesso tempo più maestosa viene individuata nel cerchio. Tutto l'edificio, alla lunga, si conforma a partire da una grande sala circolare per la lettura, con una cupola posta al centro, magari circondata dagli invasi irregolari di un cortile, per poter usufruire della doppia possibilità di illuminazione sia dall'alto sia dai lati del perimetro. Questo modello spaziale autonomo proposto dalla tradizione inglese troverà in seguito infinite applicazioni tanto nelle isole britanniche quanto nelle colonie. A titolo d'esempio si ricordano qui, per il XIX secolo, solo la biblioteca del British Museum di Londra del 1854-1856 e la Congress Library di Washington del 1897; per il XX secolo, la biblioteca di Leeds e la Manchester City Library, progettata da Vincent Harris negli anni compresi tra il 1929 e il 1934.

Risale al 1835 lo schizzo con il progetto di biblioteca pubblica formulato da Benjamin Delessert. Consiste in un impianto di forma perfettamente circolare, i cui ambienti interni furono nuovamente scanditi da corone circolari concentriche. A loro volta queste erano suddivise da setti disposti a raggiera, sempre più corti mano a mano che si allontanano dal centro del complesso. In questo modo si distinguono i locali e le loro diverse destinazioni funzionali.

Attua uno schema simile la biblioteca del British Museum di Londra, la più importante biblioteca pubblica londinese dell'epoca, realizzazione di Robert Smirke degli anni 1854-1856. Il progetto iniziale è probabilmente da ricondurre al bibliotecario italiano Antonio Panizzi. Prevede una distinzione di ambienti e di funzioni in senso orizzontale invece che verticale, la costruzione della grande rotonda adibita a sala di lettura, coperta da una cupola a vetri, con 364 posti di lettura. La proposta tiene conto anche degli schemi durandiani, degli studi di Delessert e di Laborde, nonché del prototipo elaborato da Follini e da Dalla Santa e la relativa sperimentazione attuata da Labrouste nella Bibliothèque Nationale di Parigi.

La cupola in ferro e vetro, risolta per mezzo di un'ossatura metallica, vista la sottostante sala dal raggio di 21 metri, presenta un diametro di 43 metri, all'incirca come quello del Pantheon e di San Pietro a Roma, un grande lucernario alla sommità e una fila di finestre ad arco, aperte sopra gli scaffali. Parte dei libri è disposta su tre ordini di scaffali di ferro, sovrapposti e disimpe-

gnati da ballatoi e da solai distanti solo 2,45 metri fra loro. Intorno alla vasta sala circondata dai magazzini, secondo la moderna concezione di favorire l'isolamento, si trovano altri ambienti da adibirsi a depositi e uffici.

La biblioteca costruita nel cortile è parte di un complesso più vasto qual è il British Museum. Fin dall'inizio l'edificio fu inteso quale pregevole esempio di manufatto pluriuso composto, appunto, da biblioteca e museo, secondo una tradizione iniziata molto lontano, ad Alessandria d'Egitto, e tramandata dal palazzo del Vaticano e da altre istituzioni culturali pubbliche. Così si è mantenuta fino al suo recente trasferimento nella nuova sede[36].

Il tempio-tesoro-museo di Durand. L'invenzione neoclassica dei monumenti per conservare l'intera conoscenza della nazione

Con i grandi sommovimenti culturali conseguenti agli anni della Rivoluzione francese, si diffonde un nuovo principio di organizzazione spaziale. Sono cambiati i programmi didattici con la fine dell'Académie Royale d'Architecture, la prima scuola pubblica e di Stato di tutti i tempi, fondata nel 1671, e la sua indiretta sostituzione con le due grandi nuove istituzioni che caratterizzeranno l'intera pedagogia dell'architettura in tutta Europa per l'intero XIX secolo, l'Ecole Polytechnique e l'Ecole des Beaux Arts.

Sono cambiati i libri formativi. Non più trattati di tradizione tardo-rinascimentale o raccolte di vedute di antichità romane, ma corsi, saggi teorici, raccolte di esempi, voci di dizionari e di enciclopedie.

È cambiato il ruolo del disegno come strumento comunicativo. Non più solo fragile mezzo per fissare i diversi istanti di un processo creativo ancora *in fieri*, ma anche segno grafico convenzionale per esporre con ufficialità un edificio compiuto o una tavola da trasferire su una lastra di rame idonea a essere riprodotta a stampa.

Ma nel più generale sommovimento, i tempi nuovi chiedono nuove risposte spaziali. Un ruolo fondamentale svolge in questo momento la scuola pubblica, con la grande autorevolezza dei suoi maestri, con l'approfondimento collettivo dei suoi metodi, ma soprattutto con la sua possibilità di imporre una complessa gerarchia di attestazioni di valore, le cui conseguenze si trasferiscono velocemente nel corpo sociale.

Per queste ragioni, l'esame di una fase completamente nuova della storia sociale della biblioteca, definita "dell'edificio complesso" parte dalla ricostruzione di un *corpus* di idee e di immagini prodotte nell'ambito

35. L'esperienza di Charlottesville dà avvio alla lunga tradizione di due secoli di esperienze delle biblioteche del campus universitario americano. Anche in tempi sempre più lontani dal palladianesimo di Jefferson, la biblioteca non perderà mai la sua centralità e la sua capacità di una continua reinvenzione. Dall'edificio-telaio modulare dell'Illinois Institute of Technology di Chicago, realizzato da Mies van der Rohe nel 1944, all'arca preziosa per i libri rari della Yale Univesity, opera di Gordon Bunshaft dello studio SOM del 1960.

36. Non risulta subito con evidenza il portato della grande utopia illuminista di poter rinchiudere sotto un solo tetto l'intera conoscenza della nazione, con la conseguente separazione delle sedi dei palazzi della cultura dal palazzo della politica, già effettiva nei primi decenni del XIX secolo. Due capisaldi fondamentali dell'identità nazionale che nella reggia erano strettamente riuniti. Ciò avviene perché le nuove istituzioni del *savoir*, quali scuole, musei, archivi e biblioteche, occupano le stesse sedi del precedente *pouvoir*. Il merito del grande cantiere *ex novo* del British Museum è di aver tra i primi sperimentato un nuovo tipo di edificio composto di più parti e funzioni, dove riunire tracce scelte di una conoscenza ormai illimitata. Proprio qui il *mouseion* nazionale ritrova la sua motivazione originaria di riunire scienza, arte, botanica, archeologia, ma anche diritto e testo letterario scritto, le prove della stessa esistenza della lingua nazionale.

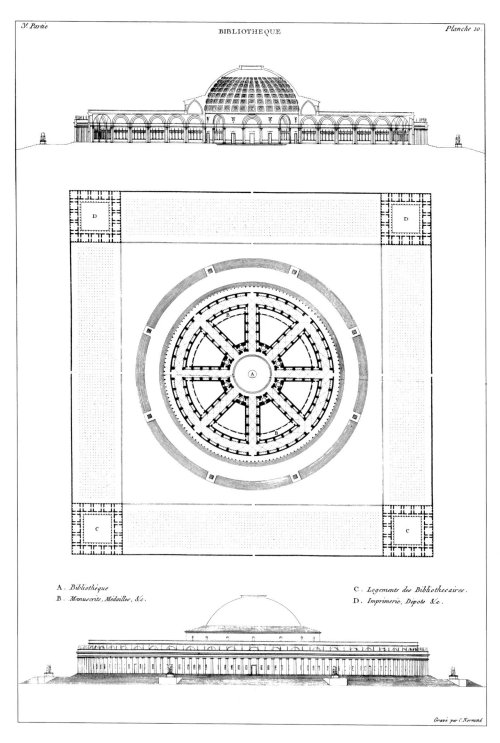

Schema ottimale di biblioteca con 48 stretti depositi suggerito dal bibliotecario Leopoldo Della Santa nel 1816.

come grande sala unica, priva di una propria autonomia, architettonicamente molto definita all'interno, ma in pratica priva di una facciata, casualmente accolta in un locale riadattato oppure disposta in un'apposita estensione, ma sempre strettamente annessa alla vita e al funzionamento più generale del complesso edilizio di cui fa parte, sia esso un monastero, un palazzo reale o la sede di una comunità dedita agli studi.

Come per la sala delle udienze, la sala teatrale, la collezione d'arte, il gabinetto scientifico, così pure per la biblioteca inizia la nuova esperienza di edificio autonomo, con un proprio impianto planimetrico composto da locali diversi e con un definitivo prospetto esterno, espresso da uno a quattro importanti fronti principali.

Nella prefigurazione iniziale di questo ottavo modello spaziale, di così lunga durata, un grande ruolo ha l'autorevolezza di Jean-Nicolas-Louis Durand, nato nel 1760 e morto nel 1834. Già allievo di Boullée, negli anni 1802-1805, egli pubblica i *Précis des leçons d'architecture données à l'Ecole polytechnique*, che è il testo utilizzato nell'insegnamento della composizione architettonica, tenuto a Parigi dal 1795 al 1830.

Il metodo contenuto in questo libro di corso incontra subito un grande successo.

Nella terza parte intitolata *Examen des principaux genres d'édifices*, nella seconda sezione, che tratta *Des édifices publics*, si dice: "Una biblioteca può essere considerata, da una parte come un tesoro pubblico che racchiude il deposito più prezioso, quello delle conoscenze umane, dall'altra come un tempio consacrato allo studio. Un simile edificio deve dunque essere disposto in modo che vi regni la maggior sicurezza e la più grande calma. Proprio a partire da queste osservazioni è stato composto il progetto di biblioteca che si vedrà nella Tavola 10".

Più avanti il testo si precisa offrendo una proposta disegnata di grande chiarezza: "Una cinta ai cui angoli sono collocati gli alloggi dei bibliotecari, i corpi di guardia, e tutti gli altri edifici dove può essere usato il fuoco, separa la biblioteca vera e propria, la isola da ogni altro edificio. La sua costruzione, tutta in pietra, completa la difesa dal rischio di incendio. La sua distribuzione generale, con la disposizione particolare delle sale di lettura tutte rivolte a un centro dove potrebbero stare i bibliotecari, dovrebbe assicurare l'ordine e facilitare la sorveglianza all'interno. Le luci che illuminano le sale provengono dall'alto, lasciando così il massimo spazio possibile agli armadi che racchiudono i li-

di una scuola di grande prestigio che interessa epoche a partire dagli anni Dieci del XIX secolo fino agli anni Ottanta del XX secolo.

Dalle scuole usciranno i principi che daranno forma a nuovi edifici isolati, concepiti come il risultato di una perfetta composizione di parti. Una coerente concezione unitaria dell'insieme che determina la fine di tante figure frammentarie precedenti.

È finito il tempo di uno spazio di uso pubblico inteso

I modelli ereditati dalla storia

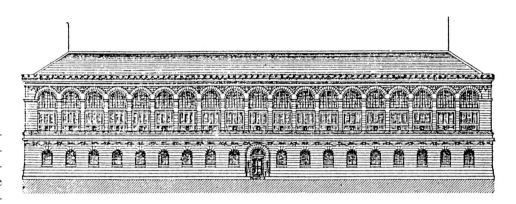

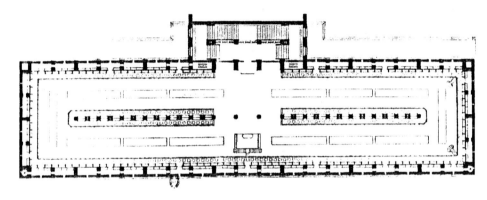

bri, ed essendo nel contempo le più favorevoli al raccoglimento di cui si ha bisogno. I portici infine che circondano la parte principale dell'edificio, come gli alberi che ombreggiano il sagrato, dovrebbero offrire passeggiate coperte e scoperte ove meditare e intrattenersi con piacere e tranquillità".

La tavola 10 rappresenta un edificio a pianta centrale costituito, come nel primo disegno di Boullée, da un quadrato che racchiude un cerchio sormontato da un'alta cupola cassettonata, con un lucernario che ricorda il Pantheon. Dalla sala circolare adibita a biblioteca vera e propria, partono otto gallerie radiali che formano altrettanti settori, destinati alla conservazione dei manoscritti e medaglie e, probabilmente, ai magazzini librari. Il prospetto esterno è reso da un colonnato aperto. Grandi scalinate circondano l'intero edificio.

Come per altri edifici pubblici, quali il Tesoro della nazione e il Museo, la Biblioteca adotta l'indiscutibile schema di un panottico, sapientemente inscritto in un edificio a pianta centrale, una ricomposizione del tutto concettuale che mostra l'elevato grado di elaborazione teorica raggiunto. Nella sua totale astrazione, offre un'alta prova delle nuove possibilità combinatorie consentite dai princìpi di simmetria e di modularità.

Il disegno così originale di questa biblioteca, con l'aggregazione ottimale di materiali preformati rinvenuti nella storia, fissa un preciso concetto di tipologia architettonica intesa come organizzazione di un rapporto fisso fra le parti. Ma indica anche una prospettiva a scala urbana, che il nuovo panorama culturale imponeva, fornendo, con il suo aspetto definitivo, una nuova identità alla biblioteca nazionale.

Altri teorici dell'architettura, in seguito, riprendono i caratteri della biblioteca esposta nei *Précis*. In primo luogo per la chiarezza stereometrica del grande tempio della cultura, con colonne e cupola. Ma interessa anche la scansione interna, data dall'intersezione in orizzontale di gallerie con libri a parete, con settori circolari concentrici, a formare complessi per lo più chiusi, compatti, fortemente accentratori dello spazio, anche se estremamente impossibilitati a qualsiasi tipo di estensione dei depositi librari, tanto in altezza quanto in superficie[37].

La grande cupola centrale viene principalmente messa in relazione alle teorie durandiane. Tra le altre proposte disegnate c'è quella di Pierre-Adrien Pâris, con un rigoroso impianto quadrato. Tra gli studi teorici c'è l'ideogramma suggerito da Leopoldo Della Santa. Egli suggerisce come soluzione ottimale un edificio a bloc-

co isolato come risultato razionale di una composizione di parti, riconosciute come precisi blocchi funzionali[38]. In parallelo si assiste all'apoteosi del modello planimetrico di origine settecentesca, assunto a fondamento di molte biblioteche risalenti a tutto il XIX secolo, incentrato sull'adozione di una lunga sala rettangolare, all'interno variamente scandita. Un grande esempio è la Biblioteca di Sainte-Geneviève, progettata da Pierre-François-Henri Labrouste tra il 1843 e il 1850. È la prova di una grande invenzione architettonica, sull'esempio di una spazialità romana riconsiderata, e un'eloquente testimonianza tardiva del valore della decorazione. Labrouste, pur sostenendo gli ideali di Durand, non si sottomette completamente alla sua concezione architettonica ma la rielabora dando inizio a una nuova tradizione.

La nuova biblioteca, eretta fra il 1843 e il 1850, ha un l'impianto molto semplice: un lungo spazio rettangolare con ingresso al piano terreno, posizionato a destra dei magazzini librari e a sinistra degli uffici e della sala adibita alla conservazione delle collezioni di manoscritti e libri rari. Il piano terreno è diviso a metà da un vestibolo che conduce, sul retro della costruzione, a un vano occupato da una scalinata di accesso alla sala di lettura, la quale a sua volta consiste in due lunghe e strette navate affiancate a una spina centrale.

Il secondo piano è caratterizzato da un sistema completamente indipendente rispetto alla struttura portante di colonne in ghisa e archi, due lunghe e strette navate affiancate a una spina centrale.

In particolare, gli archi in ferro fuso del vestibolo e del-

Prospetto e pianta della Biblioteca di Sainte-Geneviève di Parigi, opera di Henri Labrouste, 1843-1850.

37. Molto si conosce del metodo di Durand e della lezione appresa da centinaia di allievi passati per la sua scuola. Ma poco noto è il materiale didattico, datato intorno al 1790, conservato a Rouen: un singolare *corpus* di riferimenti culturali espressi attraverso immagini, di cui il maestro si serviva per preparare le sue lezioni. L'insieme dei 168 piccoli disegni di uguale formato, in gran parte scorci in prospettiva di soggetto classico, compone il *Rudimenta Operis Magni et Disciplina*: una perfetta tavola sinottica, schizzata a mano, dei caratteri fondamentali della scienza dell'architettura. Di un interesse visivo pari a una pagina dell'Enciclopedia o di una raccolta di esemplari ornitologici di Buffon.

38. L'ideogramma suggerito da Leopoldo Della Santa, coadiutore della Biblioteca Magliabechiana, è stato pubblicato nel trattato *Della costruzione e del regolamento di una pubblica universale biblioteca*, risalente al 1816, anche se forse la prima pubblicazione è dovuta all'abate Vincenzio Follini.
La pianta ideale tripartita, che viene riportata anche dal danese Cristian Molbech nel suo *Om offentlige Bibliotheker*, pubblicato a Copenaghen nel 1829, è nota in tutta Europa a metà dell'Ottocento.

La sala di lettura della Biblioteca di Sainte-Geneviève di Parigi.

Nella pagina accanto in alto:
La sala di lettura della Bibliothèque Nationale di Parigi.
Nella pagina accanto in basso:
Il deposito dei libri della Bibliothèque Nationale di Parigi.

39. Ma la grande invenzione, imitata ovunque fino ai nostri giorni, fu di incidere sulla facciata i nomi dei principali autori delle opere contenute nella biblioteca, ordinati cronologicamente a partire da Mosè fino a Berzelius, un chimico svedese, per illustrare il progetto dell'umanità dal monoteismo allo scentismo. Il nome di Psello, posto al centro e sul portale di ingresso, vuol rappresentare, inoltre, l'incontro tra Oriente e Occidente e, quindi, la fase culminante della storia della metafisica delineata da Comte. Con l'insistente regolarità delle 7000 lettere, colorate in rosso a formare 810 nomi, la Biblioteca di Sainte-Geneviève diviene un libro aperto, un tempio del sapere, simbolo dell'inizio di un nuovo cammino dell'uomo.
Maggiori studi meriterebbero anche quelle altre biblioteche, o musei, o archivi, in Europa o in America, che hanno trovato in Sainte-Geneviève il loro prototipo ideale. Tra le tante, la Public Library di Boston del 1887 e la Public Library di San Francisco del 1878, oggi trasformata in museo.

la sala di lettura dovevano intendersi, secondo il desiderio dell'autore, come le righe di stampa fissate meccanicamente sulla pagina di un giornale, atte a fornire, se lette nel complesso, l'intelaiatura complessiva del suo pensiero. Questo effetto è reso dal progettista ancora più evidente tramite la sobrietà della struttura, dalla quale risulta una continuità dello spazio interno che assicura quel senso di libertà utile agli studiosi impegnati, contemporaneamente, nella costruzione di pensieri e immagini, del tutto complementari, desunti tanto dalle parole scritte e lette quanto dalle raffigurazioni cariche di significati allegorici della biblioteca. La rarefazione dell'organismo architettonico e la conseguente acquisizione di importanza dello spazio, caratteristici della Biblioteca di Sainte-Geneviève, sono infatti le stazioni di un percorso ideale, destinato a intrecciarsi, fino a coincidere con quello compiuto da chiunque, proveniente dall'esterno dell'edificio, voglia accedere alle sue raccolte librarie.

L'esterno del complesso risulta più nobile e austero del suo interno: gli archi della sala si riflettono nelle aperture ad arco del livello superiore, un colto riferimento alle finestre delle strutture termali romane, utili a illuminare le minute stanze da lavoro disposte nello spessore del perimetro dell'edificio. Una vera primizia architettonica, una sorta di *carrel* marmoreo, un'invenzione notevole dovuta all'intuizione di Labrouste.

La superficie continua che avvolge il volume esterno è rigidamente ripartita da una sorta di quadrettatura che la riveste completamente, investendone l'intera com-

posizione. Labrouste sistema, in modo sapiente, sottili lesene verticali e orizzontali, insieme a motivi decorativi ghirlandati, sorretti da piastrine in ferro e intrecciati a elementi rappresentanti la sigla SG, la stessa apposta ai libri della biblioteca per dare al prospetto l'illusione che si tratti di un foglio di carta di un giornale, impresso e sovrapposto alla muratura. Lo stesso effetto appare in una prospettiva del tempo, disegnata dallo stesso Labrouste e pubblicata dalla "Revue générale de l'architecture", che rappresenta l'edificio come se fosse stato prodotto da un torchio da stampa[39].

Disegnare la biblioteca nazionale al pari di un'accademia o di un palazzo del governo. Origine e continuità di una dominante tradizione

Nel secolo XIX l'organizzazione della biblioteca deve affrontare l'arduo problema della recezione e della distribuzione di una massa imponente di pubblicazioni. C'è infatti uno straordinario incremento della stampa dovuto in gran parte alla pubblicistica di argomento politico, scientifico e tecnico. Queste attività sono agevolate e sveltite dall'introduzione di macchine da stampa metalliche con piano cilindrico a pedale o meccaniche a vapore. Si conferma la disposizione che allarga il diritto nazionale di stampa a tutte le principali biblioteche di Stato, il cosiddetto deposito legale.

La collocazione dei libri lungo le pareti della sala di lettura si va dimostrando completamente inadeguata. E a questo imprevisto aumento del patrimonio librario, cen-

tuplicato in pochi anni, si risponde con un nuovo crite-
rio di immagazzinamento. Sotto il profilo progettuale
i cambiamenti non sono di poco conto. Si interrompe
il processo monocentrico di indefinito accrescimento della sala. Inizia la definitiva separazione funzionale tra lettura e deposito, tra prestito e lettura. Sorge, così, un gran
numero di edifici che hanno in comune l'immensa sala di lettura circondata da capienti magazzini.

In Francia, è ancora Henri Labrouste che disegna la nuova sede della Bibliothèque Nationale, da realizzarsi a
Parigi. Il progetto, elaborato fra il 1862 e il 1868, viene concepito sulla base delle teorie già formulate per
Sainte-Geneviève.

Questa volta, però, lo spazio è articolato in due parti:
la sala di lettura e il magazzino principale. Sono uni-
te da un alto e stretto varco, interamente chiuso da una
vetrata, che avrebbe reso le funzioni nei due reparti, seppure internamente risolti in modo molto diverso fra loro, visivamente complementari.

Nelle volte della sala di lettura, ben disegnata in una luminosa forma quadrata, con una superficie di 1150 metri quadrati, sono ricavati lucernari di 4 metri di diametro.
I sei grandi archi, che si raccordano alle nove cupole,
sono decorati da pitture che rappresentano cime di alberi per dare ai lettori l'illusione di una "prospettiva di
giardini". La sala contiene 350 posti a sedere muniti
di calamai.

Il magazzino centrale, trattato quale annesso di un edificio eminentemente industriale, a pianta rettangolare,
è concepito come una gabbia metallica con gallerie a
più piani rette da strutture in ghisa e contenute entro
un involucro murario chiuso. La luce penetra da un lucernario grande quanto il deposito stesso, attraversando le scaffalature collocate su più livelli.

Vista la sua ubicazione e il contesto nel quale si inseri-
sce la nuova estensione, inglobata nella corte del palazzo
Mazarino, risulta uno spazio "interno", piuttosto che un
autonomo e indipendente edificio a blocco isolato, come era proprio delle biblioteche a essa contemporanee.
Nonostante tutto esprime brillanti anticipazioni tecno-
logiche e costruttive proprie di una nuova epoca.

Secondo l'insegnamento delle grandi scuole francesi,
nella configurazione dell'edificio pubblico si disegna
la biblioteca nazionale al pari di un'accademia, di un
parlamento o di un palazzo del governo. L'affermazione
del gusto eclettico poco cambia nel fissare il volto dei
nuovi monumenti, posti al centro delle città capitali.
In successivi progetti per altre biblioteche di grande di-

mensione, costruite in ogni parte del mondo, si incontrano per molto tempo le più esplicite testimonianze della perdurante influenza della lezione durandiana, con
una composizione molto ricca di parti funzionalmente definite, riunite geometricamente nel rispetto di pochi assi di simmetria[40]. Questo dimostra come un grande modello, originato dalla rielaborazione ottocente-

In alto:
*Pianta generale del primo piano
della Bibliothèque Nationale di Parigi,
opera di Henri Labrouste, 1853.*
In basso:
*Pianta della Congress Library
di Washington, opera di Smithmeeyer
e Pelz, 1897.*

Nella pagina accanto in alto:
*Sezione della biblioteca universitaria
di Strasburgo, opera di Skjold
Neckelmann, 1889-1894.*
Nella pagina accanto in basso:
*Pianta della biblioteca universitaria
di Strasburgo, opera di Skjøld
Neckelmann, 1889-1894.*

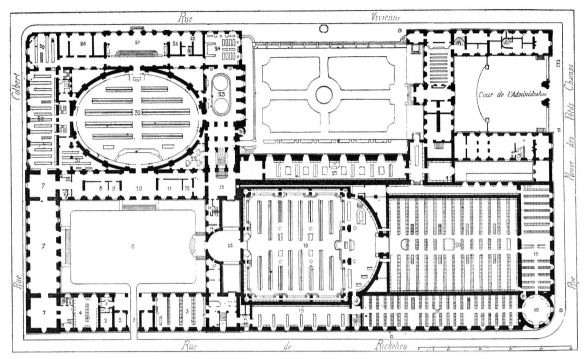

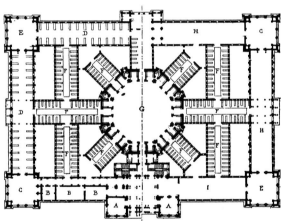

sca di regole classiche, possa ancora dar luogo a diverse interpretazioni e a nuove occasioni di sperimentazione architettonica[41].

Cenni sul funzionamento di una biblioteca di media dimensione

Negli ultimi anni del XIX secolo, si conferma la nozione collettiva della biblioteca civica come un edificio autonomo, la sede di un'istituzione riconosciuta e parte fondamentale di un sistema di edifici pubblici, realizzati per estendere la cultura e l'istruzione, quali le scuole, le accademie, i conservatori, i musei d'arte, le raccolte scientifiche, gli archivi e, infine, le università con sedi e tradizioni proprie.

In questi anni, rispettati alcuni principi compositivi largamente condivisi perché insegnati nelle medesime scuole, superate le differenze e le caratterizzazioni funzionali, ogni edificio pubblico europeo di nuova fondazione, destinato alla cultura, presenta una configurazione simile. L'impianto più diffuso è l'edificio a blocco di media estensione ma a più piani, immerso in un giardino o coincidente con una parte o un intero isolato, circondato da strade. Normalmente presenta sulla strada un fronte principale sufficientemente decorato, dove al piano terra si trovano il portone di accesso, con la portineria, il controllo e l'accoglienza, talvolta il guardaroba e una o più sale di attesa, come per un'accademia della musica o per un museo. Un elegante scalone aperto verso il cortile con larghe rampe molto luminose, come per un teatro, conduce al primo piano, dove, presso la facciata principale si allineano ambienti lussuosi, di altezze considerevoli, come in un palazzo di residenza aristocratica: sono le grandi sale di lettura del piano nobile, con il loro corredo di lesene, boiserie, riquadri, cornici e soffitti ribassati a pseudovolta. Gli uffici sono collocati a livelli diversi, in piani a mezzanino o ospitati in un intero secondo piano, di altezza minore, con piccole finestre. Sui fronti retrostanti, in locali protetti, poco illuminati, accessibili con difficoltà, vi sono le sezioni del grande deposito. Diverse e separate, per scongiurare il rischio di un improvviso incendio. Le collezioni dei libri e le annate dei periodici si estendono per centinaia di metri in camere isolate, con frequenti piani di modesta altezza e lunghe file parallele di scaffali, talvolta in legno ma più spesso metallici, per evitare il rischio dell'umidità e il pericolo delle termiti. Se il deposito è sviluppato in verticale si accede ai libri attraverso la porta su un corridoio o attraverso uno stretto ballatoio. In un angolo si trovano coppie di montacarichi su rotaie verticali.

La stessa scansione si ritrova nello spazio d'uso. Libri

40. Si va dalla proposta presentata per la Biblioteca Nazionale e Museo di Madrid del 1894, con predominanza di un impianto planimetrico di forma quadrangolare, alla proposta per la Congress Library di Washington del 1897, con uno schema planimetrico compatto e simmetrico, caratterizzato da un'ampia sala di lettura circolare e centrale, dai cortili e da una ristretta fascia perimetrale adibita a uffici. Sono comprese le biblioteche nazionali delle emergenti capitali danubiane ma anche la proposta, non realizzata, per una nuova sede della Biblioteca Nazionale Centrale di Roma, presentata da Marcello Piacentini, con il bibliotecario Bonazzi e l'architetto Borgogelli, nel 1912-1913. Più di un secolo è passato dall'edizione di Durand. Siamo, ormai, nel Novecento inoltrato.

41. Molto rilevante è il dato quantitativo dei patrimoni conservati nelle biblioteche nazionali al passaggio del secolo. Secondo dati pubblicati nel 1900, dopo Washington con 6 milioni di volumi, Parigi con 2 milioni e mezzo, Londra e San Pietroburgo con un milione, si passa alla Biblioteca Reale di Monaco con 900.000 volumi, di Berlino con 800.000, di Copenhagen e di Dresda con 500.000, di Vienna con 400.000, di Cracovia e di Budapest con 300.000 volumi.

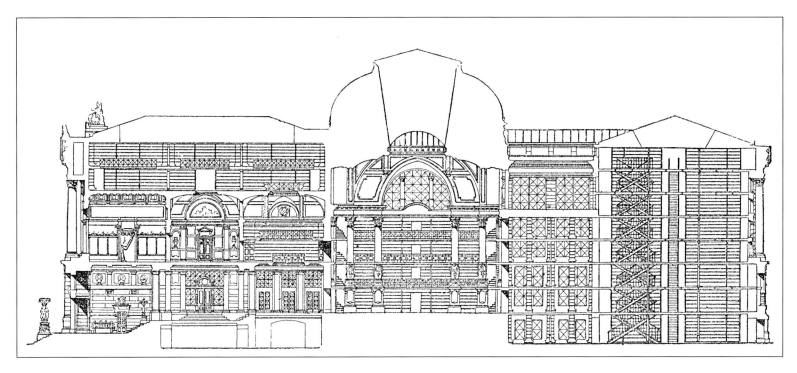

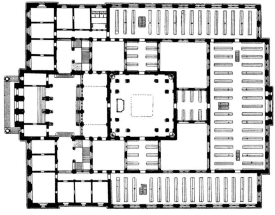

e persone si spostano lentamente attraversando percorsi simili, incontrando via via gli stessi punti di contrasto che ripetono le stesse antinomie: soglie con passaggi dal buio alla luce, dal silenzio al chiasso, dal clima tiepido a quello rigido, dal pungente odore di inchiostro al greve odore di colla, di cuoio e di massa cartacea. A ogni soglia il rituale si ripete quotidianamente varie volte. Con leggerezza, con garbo, senza partecipazione emotiva. Siamo nel tempio della cultura. Chi non è interessato ne esce.

Tra le realizzazioni più riuscite, come migliore interpretazione della disposizione ottimale di un preciso programma di ordine funzionale, c'è la biblioteca dell'università di Strasburgo, progettata dall'architetto Skjold Neckelmann, costruita tra il 1889 e il 1894 in uno stile che ripropone il Rinascimento italiano. I locali destinati all'amministrazione sono previsti al piano terra, nel corpo frontale prospiciente la piazza e

fronteggiante il palazzo imperiale. L'illuminazione dell'atrio, dei due scaloni laterali e perfettamente simmetrici, dello spazio di distribuzione e dei due locali a esso adiacenti, è esclusivamente zenitale, mentre la capiente sala di lettura, circondata su tre lati dai depositi librari, oltre a un'abbondante quantità di luce dall'alto, ne riceve anche da tre finestroni semicircolari aperti nel tamburo della cupola. La sala di lettura può ospitare fino a 80 lettori e fino a 33.000 volumi. I magazzini sono progettati per una capacità complessiva di circa 700.000 libri, rispetto a quella totale della biblioteca di 2 milioni di documenti. I depositi, scanditi da solai in ferro e solette di cemento, si estendono per otto piani, ognuno dei quali è alto 2,20 metri; una misura che permette di raggiungere i volumi senza ricorrere a una scala[42].

Organizzare razionalmente un moderno contenitore dei documenti a stampa. Quale modo d'edificazione: in linea, a blocco o disperso? Una questione aperta

Durante i primi due decenni del Novecento, assieme a quell'aura raffinata di edificio riservato a una ristretta élite sociale, si spezza e si perde per sempre quella decorosa unità formale che aveva caratterizzato la biblioteca e gli altri edifici per la cultura, configurati come blocchi edilizi impostati su impianti simmetrici e regolari. Sulla spinta dei movimenti di avanguardia, artistica e comportamentale, che richiedono igiene, dinamismo e modernità, si frantuma quella comunanza di immagine che assimilava l'edificio isolato a un antico palazzo del Rinascimento, quella perseguita coincidenza tra una casuale sovrapposizione in vertica-

A pagina 40 in alto:
Progetto di Biblioteca Nazionale a Vienna, proposto da Otto Wagner, 1904-1910.

A pagina 40 al centro e in basso:
Pianta e prospetto della Biblioteca per una Cité industrielle, proposto da Tony Garnier nel 1904-1919.

A pagina 41:
La sala e lo studio del prospetto della biblioteca universitaria di Lubiana, opera di Jože Plečnik, 1936-1941.

42. In altri casi di pari interesse la biblioteca di media dimensione si sviluppa come un corto corpo in linea a più piani, isolato e con quattro fronti principali. Tra essi la biblioteca dell'università di Halle, costruita tra il 1876 e il 1881 su disegno di V. Tiedemann; la biblioteca delle università di Greisswald, degli anni 1879-1881 e dell'università di Kiel, degli anni 1881-1884, entrambe progettate dagli architetti Gropius e Schmieden.

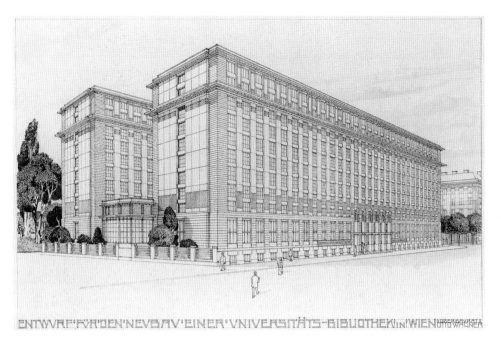

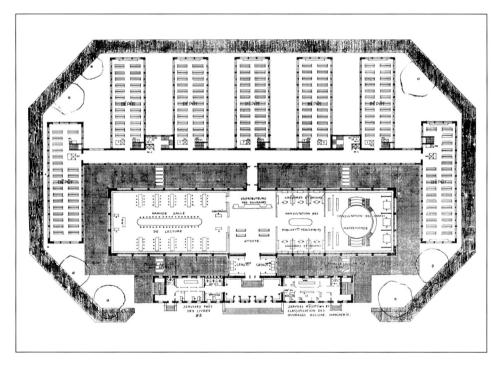

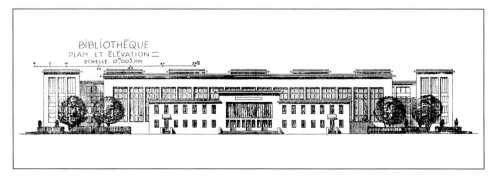

le di attività di significato diverso e le sembianze di un capolavoro nell'arte architettonica prodotta in un'altra stagione di grande vitalità della città.

Negli anni seguenti, l'immagine della biblioteca, nel suo insieme, resta quella di un edificio isolato. Ma si presenta con forme diverse rispetto alle realizzazioni del XIX secolo. Il nuovo edificio si scompone in corpi di fabbrica autonomi. Accoglie nel suo ambito il vuoto, il verde, l'aria e la luce. Perde ogni decorazione. Sostituisce completamente le serie di piccole finestre con grandi aperture vetrate o all'opposto con paraventi murari ciechi. Rinuncia alla bella sala centrale e simmetrica a favore di serie ripetute di ampi androni, di luminose gallerie e di tanti locali di modesta dimensione, ciascuno dimensionato secondo un preciso scopo. L'adozione di corpi parallelepipedi a base rettangolare, sviluppati in lunghezza, genera il disegno planimetrico di biblioteche concepite con grande attenzione alla disposizione, alla gestione e alle possibilità di un ampliamento futuro dei depositi librari in superficie. Ogni caso è comunque diverso e unico.

In un rapido *excursus* attraverso il Novecento si valutano con piccole sintesi i pregi e le specificità di un modello aperto, che prepara il tempo presente. Quale sia, per il futuro, l'edificazione ottimale, in linea, a blocco o disperso, resta una questione aperta[43].

Tra le idee innovative, la prima è la proposta avanzata da Otto Wagner (1841-1918) per la biblioteca universitaria di Vienna e formulata in due diverse soluzioni, nel 1904 e nel 1910. Fra tutti gli edifici della moderna metropoli teorizzata da Wagner, la biblioteca è forse quell'istituzione che richiede il più elevato numero di soluzioni moderne: consultazione rapida, luminosità, protezione del materiale, impianti efficienti, spazi accoglienti per nuove collezioni. La forma trapezoidale del lotto consente l'elaborazione di una composizione pressoché simmetrica di due corpi distinti e paralleli, collegati da una torre verticale che ospita gli ascensori, i paternoster per i libri e le schede e i servizi igienici. Ognuno dei due corpi molto slanciati e luminosi, è diviso in tre campate trasversali. Quella centrale, di dimensioni più ridotte, accoglie il corridoio di distribuzione. Al piano rialzato, la sala di lettura alta 4,70 metri, può ospitare, contemporaneamente, fino a 1850 utenti. In ogni piano il reparto magazzino comprende due ordini di cellule, estese per nove livelli, con una capienza totale di circa tre milioni di testi[44].

In altri esempi, i corpi in linea sono posizionati lungo il perimetro del lotto. Si mantiene un blocco compat-

I modelli ereditati dalla storia

to. Il vuoto della sala occupa l'intero lato: rispetto alla ripetizione di piani e di locali quest'estensione diventa la parte principale dell'edificio.

Nella biblioteca nazionale e universitaria di Lubiana, progetto elaborato tra il 1936 e il 1941 da Jože Plečnik (1872-1957), predomina la ripartizione funzionale interna dell'edificio. Le zone riservate al pubblico, il piccolo vestibolo poco illuminato, l'enorme scalone, la grande e alta sala di lettura, sono nettamente separati da zone adibite ai magazzini e all'amministrazione. Particolarmente felice è la sala di lettura della biblioteca con l'imponente colonna isolata a scansione dell'altrettanto grande finestra, costituita da due piani di vetro di diverso allineamento. Appare la pietra grezza nel prospetto principale, rivelando quella che, per altro, è una delle tracce distintive della poetica dell'originale artista: tradurre in slavo il linguaggio della romanità.

Ideata con molto anticipo, per problemi di natura economica, il cantiere della biblioteca venne avviato solo nel 1936, anno in cui Plecnik modifica l'idea originaria della facciata; danneggiata dagli eventi bellici, la sala di lettura viene restaurata nel 1946[45].

I corpi in linea, in altri casi, hanno un andamento deliberatamente trasversale e ortogonale rispetto all'asse di simmetria degli edifici. Le sale, che occupano la parte principale dell'edificio, sono rigidamente separate dai depositi, che si allontanano nel verde.

All'inizio di una linea evolutiva aderente ai dettami stilistici razionalisti dell'epoca, si colloca il progetto per la biblioteca della Cité industrielle avanzato da Tony Garnier (1869-1948), nell'ambito del suo utopico studio elaborato fra il 1901 e il 1904, esposto all'Ecole des Beaux Arts nel 1904, e pubblicato, in due volumi, sotto il titolo *Une cité industrielle* (1917). Una serie di progetti teorici di diversa scala che mirano a rappresentare una città con parchi, viali alberati ed edifici cubici in cemento. Nell'ambito di una visione di radicale modernizzazione della città, Garnier colloca la biblioteca fra le sale destinate alle collezioni, a loro volta comprese nella voce "Amministrazione edifici pubblici". L'edificio è composto da una vasta sala di lettura per la consultazione delle opere appartenenti alla biblioteca, di periodici e stampe e da un altro ampio locale dove sono raccolte le mappe con, nel mezzo, un grande mappamondo in esposizione, accessibile da un ballatoio per un'osservazione più ravvicinata. Nel corpo principale trasversale si trovano l'ingresso alla sala, la catalogazione, la rilegatura, la classificazione, la stampa, l'uf-

UNIVERZITETNA KNJIŽNICA V LJUBLJANI

43. Accettato il principio di abolizione dei cortili chiusi e di massima esposizione di ogni facciata alla luce e al ricambio d'aria; perduto il valore culturale della simmetria, della proporzione e dell'allineamento a un tracciato urbano preesistente, per molti maestri del Movimento moderno la libera disposizione di corpi diversi nel lotto deriva da motivazioni del tutto arbitrarie. Ne sono un esempio le sette diverse proposte alternative, tutte disegnate in assonometria, presentate dal gruppo coordinato da Walter Gropius al concorso per la casa per anziani di Kassel, del 1929.

44. In questo edificio di inizio secolo – un esempio di transizione tra due mondi estetici – assumono una certa importanza le scelte progettuali dell'esperto autore riguardanti i materiali costruttivi. I muri devono essere in laterizio, i pilastri e i solai del magazzino in cemento armato. Nel pavimento delle sale appare un inedito asfalto, affiancato a legno di quercia. Le finestre sono munite di telai metallici, con vetro armato nelle cellule e vetro da specchio nelle sale. Le finiture avrebbero dovuto essere in metallo colorato bianco.

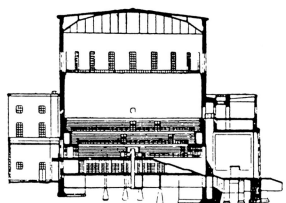

Questa volta, però, è tesa soprattutto a permettere un collegamento facile, agevole e rapido tra i diversi corpi con i depositi, i luoghi di distribuzione e le sale di studio. Ci si preoccupa anche di guidare la luce. Questo tema, dapprima trascurato, torna in modo decisivo specie nelle realizzazioni degli anni tra le due guerre. Fra i primi progetti di Gunnar Asplund (1885-1940) va inclusa la biblioteca municipale di Stoccolma, che risale al 1921. L'interesse per l'architettura classica italiana, tra cui il Pantheon; le possibili scomposizioni combinatorie suggerite dall'opera di Boullée, Ledoux e Schinkel; gli echi di un viaggio di studio negli Stati Uniti, influenzano una nuova disposizione degli spazi dove la sala-prestito e il deposito di libri assumono una posizione centrale. Entrambi sono illuminati dalla luce che proviene dall'alto, circondati da sottili corpi in linea, dalle sale di lettura e da cortili vetrati[47].

La biblioteca segue una concezione disarticolata delle singole parti funzionali, realizzate in modo diverso l'una dall'altra: la grande sala di forma circolare, le sale di lettura rettangolari messe in posizione simmetrica, gli spazi di servizio al piano sottostante, gli stretti e misteriosi passaggi inseriti nell'intercapedine curvilinea, il portale di accesso di proporzioni egizie.

L'edificio, pur nella sua semplice e singolare organizzazione, diventa un corpo unitario nella contrapposizione di due masse volumetriche distinte, rappresentate da un prisma a pianta quadrangolare per i servizi e le sale di lettura e da un cilindro per la zona di consultazione, sulla base del geometrismo neoilluminista, metafisico, atemporale dell'autore. Protagonista, ancora una volta, è la luce e, in controtendenza, il "vuoto", entro il quale le fasce orizzontali e concentriche del muro dei libri assicurano il carattere unico di calda materialità.

In altri casi, i corpi in linea, ripetuti con scansioni trasversali, lasciano il posto a corpi interamente cavi, variamente giustapposti. È forte, qui, il richiamo alle costruzioni industriali. I corpi sono collocati secondo un andamento trasversale e ortogonale rispetto ad assi regolatori che non coincidono con gli ingressi degli edifici. Le sale si aprono con grandi pareti di vetro verso

45. Oltre che il piano regolatore della città, Plečnik, che era stato a Vienna allievo di Otto Wagner, propone anche progetti per molti altri edifici pubblici, quali l'Hram Slave o il Pantheon sloveno, il nuovo municipio, i mercati generali e il cimitero municipale centrale.

46. Curiosamente non è stato ancora notato come la pianta aperta, ma dai rigidi assi, della biblioteca della Cité industrielle, con la sala al centro e i depositi laterali tra cortili aperti, riproponga il progetto inviato al concorso per un palazzo degli Archivi dall'architetto M. Besnier, pubblicato nella rivista "Intime-Club" nel 1895-1896. Il progetto era già conosciuto in Francia perché pubblicato nel trattato per progettisti di Louis Cloquet del 1900.

ficio prestiti. Allontanati, isolati, alternati a spazi liberi, in posizione adiacente, ci sono i magazzini, con fondazioni e muri in calcestruzzo e solai e coperture in cemento armato.

Nella città moderna, strutture di una grande semplicità formale, prive di ornamenti e di stucchi potrebbero accettare qualsiasi forma di arte decorativa. Ma, alla fine, è allo stesso spazio vuoto che viene attribuito un valore artistico[46].

Una sola volta si registra il ritorno a quella compattezza scaturita dalla rigida applicazione di piante classiche, che aveva contraddistinto non pochi edifici dell'epoca precedente.

I modelli ereditati dalla storia

47. Tra i primi disegni a penna tracciati per la biblioteca da Gunnar Asplund c'è un tozzo edificio a blocco a più piani con inserita a forza, nello spazio del cortile, una sezione del Pantheon. Al porsi di un'esigenza pubblica di moderna monumentalità affiora nell'autore una diretta memoria del viaggio in Italia.

il verde. Tra le proposte meno note c'è quella presentata dal razionalista Giuseppe Terragni (1904-1943): la biblioteca cantonale di Lugano, del 1936. Il concorso richiedeva una piccola biblioteca locale da erigersi in un'area verde. La destrutturazione dei blocchi, come nelle successive proposte per la scuola di Brera del 1939, avviene per incastri e per slittamento dei piani. La composizione viene risolta con semplicità in una breve rampa che conduce all'ingresso al piano rialzato, dove si trovano gli uffici. Un'altra scalinata dà accesso al piano superiore dove c'è la sala di lettura e prosegue all'esterno sulla terrazza. In una torre di otto piani si trova il deposito dei libri. Le coperture sono innervate da vaste superfici in vetrocemento[48].

Talvolta i corpi in linea sono posizionati in modo asimmetrico. Se ne ipotizza addirittura la ripetizione un numero infinito di volte, dove c'è disponibilità di spazio e secondo una direzione destinata a delineare solo i percorsi di distribuzione. Il progetto per la biblioteca comunale di Viipuri, ora Viborg, ha rappresentato per Alvar Aalto (1898-1976) l'occasione per estendere i precetti del funzionalismo fino a includervi la risposta a una gamma di esigenze fisiche e psicologiche. L'autore riserva particolare attenzione all'atmosfera scaturita da uno spazio isolato nella natura, manipolabile grazie all'ottimizzazione del filtraggio di calore, luce e rumore. L'edificio è stato completato nel 1935. La diversità espressa dall'organizzazione delle raccolte librarie e

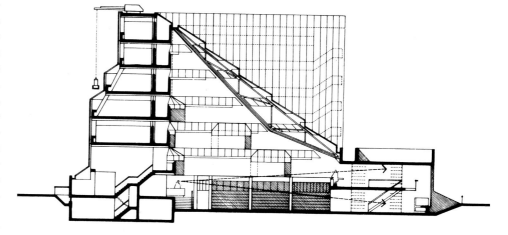

dalle caratteristiche della sala, è dovuta principalmente al modo in cui sono trattati gli spazi. Al loro interno, l'uomo-utente è guidato da una serie di mezze rampe fino a raggiungere il livello più alto dove c'è il banco di controllo, situato in modo da dominare l'ampio ambiente di studio. La sistemazione, oltre a consentire un'agevole sorveglianza, crea allo stesso tempo ambiti distinti. I diversi dislivelli sono compresi entro un volume unico, illuminato dall'alto attraverso singoli lucernari conici, del diametro di circa 2 metri. Le scaffalature dei libri sono disposte su due livelli, come nelle biblioteche barocche. Così si rende accessibile una su-

48. Il risultato di un medesimo principio di separazione delle parti dell'edificio, con un edificio spezzato in una sequenza di quattro corpi industriali dagli archivi e dai laboratori, intervallati da cortili aperti, ortogonali a un sottile e luminoso corpo in linea per i collegamenti, gli uffici e le parti comuni, si ottiene nel progetto, non realizzato, presentato da Hans Schmidt al concorso per Biblioteca Nazionale di Berna, del 1927. Tale ipotesi di biblioteca-fabbrica rappresenta un involontario manifesto dell'edificio pubblico più estremo di epoca razionalista.

Sezione della biblioteca della Philips Exeter Academy, opera di Louis Kahn, 1967-1972.

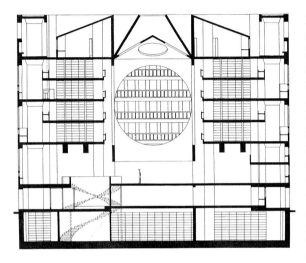

49. Le altre biblioteche proposte da Alvar Aalto, oltre a Viipuri, sono la biblioteca dell'istituto nazionale per le pensioni di Helsinki, con la sala conferenze; la biblioteca dell'università di Jyväskylä, dove i lati della sala di lettura diventano terrazze a gradoni, con scaffali e posti di lettura che ricordano Boullée. Negli ultimi progetti, poi, lo spazio a gradinata assume una più complessa forma a ventaglio, come nel centro culturale di Wolfsburg, nella biblioteca di Seinajoki e nella biblioteca del centro municipale di Rovaniemi.

50. Degna di nota, negli stessi anni del secondo dopoguerra, anche l'estensione della Boston Public Library, uno dei migliori lavori dello studio McKim, Mead, White, risalente agli anni 1888-1892, opera di Philip Johnson. Un risultato per forme e materiali, in controtendenza con le avanguardie del tempo, molto attento alla storia. Johnson definiva se stesso "uno storico innanzitutto e un architetto solo per caso". Pensata nel 1964, l'aggiunta appare ben più estesa della biblioteca preesistente, con un corpo misto sviluppato per otto piani fuori terra e due sotterranei.

51. Un analogo atteggiamento, volto al raggiungimento di un'esplicita monumentalità con radici nell'immaginario collettivo colto, raggiunto attraverso la citazione di un modello progettuale teorico, si ha nella proposta di Aldo Rossi per la biblioteca di Seregno del 1990. Un'ampia sala coperta, sormontata da volta a botte, delimitata da gradoni degradanti. È una citazione alla lettera della spazialità della basilica di Boullée per la Bibliothèque Nationale, a sua volta, ispirata alla *Scuola di Atene* di Raffaello. Ma non è estranea la successiva lezione di Asplund sulla disposizione di corpi laterali. Trattandosi di una proposta molto recente, ciò dimostra il grado di permanenza, anche nelle vicende contemporanee, di pochi modelli culturali sempre reinterpretati.

perficie maggiore di parete e si attribuisce al libro un ruolo fondamentale nella delimitazione dello spazio[49]. Da un primo abbozzo risalente al 1964, deriva la soluzione adottata nel 1968 per la biblioteca della facoltà di storia di Cambridge di James Stirling (1926-1992), una delle più espressive opere del dopoguerra nell'ambito degli edifici per la cultura. L'architetto disegna due corpi in linea di sette piani ciascuno, disposti ad angolo retto, che ospitano le aule e gli studi. Grazie a una invenzione architettonica totale, rinuncia al cortile. Mediante un esercizio di normalità tecnologica, lo trasforma in uno spazio al coperto, in modo del tutto inedito rispetto alle esperienze antecedenti. L'invaso piramidale che ne risulta dà forma alla sala. Per l'autore la presenza del libro, non essendo riconosciuto alcun valore simbolico ma, al contrario, un puro valore d'uso, può anche non essere avvertita dal lettore, con la conseguenza che i depositi librari restano del tutto estranei allo spazio definito dalla monumentale falda di copertura.

L'illuminazione della sala di lettura, "ragion d'essere della Facoltà", con la quale è doveroso confrontarsi, è realizzata per mezzo di una parete-lucernario, che identifica la spazialità della biblioteca stessa, in quanto piano di eccezione, diffusore luminoso, con funzione di controllo delle condizioni climatiche interne. Gli scaffali, sul piano di accesso, sono disposti a raggiera, secondo un ottocentesco modello distributivo, già sperimentato al fine di agevolarne il controllo[50].

La veloce disamina del modello spaziale dell'edificio composto, un tema che sempre rinasce sospinto da infinite variazioni progettuali, termina più o meno dove si è iniziato: con un edificio di spirito rinascimentale come la biblioteca del 1967-1972 della *Philips Exeter Academy* di Exeter, opera di Louis Kahn (1901-1974). Nel 1966 viene affidato a Kahn l'incarico di erigere, in una posizione isolata, una biblioteca di media dimensione per 250.000 volumi, fra libri rari e periodici, con sale per la lettura e aule per seminari per circa 400 studenti. L'aspirazione dell'Exeter Academy è di creare un'istituzione che esalti e promuova il gusto della lettura e della ricerca. Le idee della committenza coincidono con quelle dell'architetto, per il quale: "Un uomo con un libro va verso la luce. / Così comincia una biblioteca. / L'uomo non dovrà spostarsi di due metri per / raggiungere una lampadina. / Il posto-lettura è la nicchia, che può essere / il principio dell'ordine spaziale della sua struttura. / In una biblioteca, la colonna comincia sempre in luce. / Senza essere nominato, lo spazio creato dalla / struttura della colonna suggerisce il suo uso / come posto-lettura. / [...] La sala di lettura è impersonale. È l'incontro / in silenzio fra lettori e libri. / Lo spazio grande, gli spazi piccoli, gli spazi/non nominati e gli spazi di servizio. Il modo in cui sono conformati / rispetto alla luce è il problema di tutti gli edifici. / L'edificio in questione parte da un uomo che vuole leggere un libro".

Si inizia da un cubo imperfetto costruito in mattoni, largo 34 metri e alto circa 24. Un edificio a pianta quadrata composto da due volumi. Uno, più interno, per gli spazi di servizio, gravitanti attorno a un vuoto cortile coperto; l'altro perimetrale, articolato in quattro nuclei divisi da scaffalature a vista, con le nicchie aperte per la lettura, concepite come dei moderni *carrels* che si ripetono su più livelli. Altri scaffali, poi, sono compresi nello spazio delimitato dai setti delle quattro torri d'angolo dei servizi e delle comunicazioni verticali.

Ne risulta alla fine un impianto intellettualmente fervido che, pur ottenendo modalità d'uso nuove rispetto ai progetti precedenti, risponde, in senso classico, a una chiara gerarchia volumetrica. Al riguardo, lo stesso Kahn ebbe a dire: "la biblioteca, i locali di lavoro, le stanze per studiare, il luogo di raduno vogliono essere raggruppati in una composizione che evochi l'Architettura"[51].

La biblioteca del presente e del futuro

La biblioteca diventa città

A partire dagli anni Ottanta, nelle grandi città europee si inizia a riflettere sulla nuova qualità architettonica che deve possedere un luogo di vita collettiva per esprimere i valori portanti dei nuovi tempi. Sono già largamente superati gli anni del dopoguerra e si è conclusa una fase storica di interventi di progettazione dell'edificio pubblico, culturalmente giustificata dalla necessità, dal basso costo, dalla produzione edilizia in serie. Lo spazio di relazione è caratterizzato dalla fruibilità sociale di spazi ampi e generici, contrapposti all'inaccessibilità di spazi ridotti ma specializzati, destinati ai servizi.

Cambia il modo di progettare l'edificio pubblico. La sua immagine attuale è un problema di ordine politico e culturale, ancor prima che architettonico, che si pone quando è in discussione la definizione formale delle sedi della decisione politica, quale il municipio e il parlamento. Il programma mitico dell'istituzione pubblica, come è stato definito nelle pagine precedenti, è abbastanza semplice: comunicare un messaggio di innovazione, a partire dalla conferma di un contesto che garantisca la continuità con la tradizione. Anche esaltando differenze, perché è ovvio che la nuova sede di un municipio presenta caratteri diversi da un efficiente ministero o da un rinnovato palazzo di giustizia.

La nuova architettura è chiamata a esprimere una pluralità di messaggi evocativi, secondo le pulsioni e le mode del nostro tempo, che non esigono più maestosità, riserbo e regolarità,

ma rispetto delle differenze locali e continui adeguamenti a competenze, mansioni e attese sociali diverse. Alla base di ogni operazione c'è un rigoroso progetto di estensione delle qualità urbane dello spazio pubblico, dove è sempre esplicito un omaggio, una citazione, una nostalgia della città esistente. Gli interventi sono condotti sull'esempio dei grandi cantieri voluti da un sagace presidente, come è avvenuto a Parigi, o sull'onda di colossali azioni di recupero di aree industriali abbandonate presso le stazioni, nei quartieri di prima periferia, lungo le banchine del porto, come è avvenuto a Londra.

In ogni società a sviluppo maturo si pone la necessità sociale di elevare la qualità urbana di ogni spazio di vita di relazione, contro una certa sfiducia nelle partizioni urbanistiche conseguenti all'applicazione della Carta di Atene degli anni del dopoguerra, ma anche contro i vasti spazi irrisolti, lasciati tra anonime edificazioni di corpi edilizi riprodotti in serie.

Il problema si affronta con una illuminata ridefinizione tridimensionale dello spazio urbano esistente. Mol-

Tra monumento e macchina. Alla ricerca della biblioteca ideale

te possibilità inventive sono lasciate a ogni nuovo edificio che, per influenza del tecnicismo o finta urgenza della comunicazione mediatica, viene sempre più considerato un oggetto a sé stante. Nella generale revisione dei valori comunicativi e simbolici, si impongono, in luoghi privi di identità, immagini di scene urbane molto formalizzate, anche già viste altrove.

All'architettura, con la singolarità del suo aspetto, si richiede di generare effetti di sorpresa nel percepire forme e colori, nell'esaltare l'evidenza della sua mole, nel frantumare l'articolazione dei suoi corpi edilizi, nel variare la scelta dei materiali. Dalla città, attraverso il disegno dello spazio esterno, si pretende, per la prima volta nell'epoca moderna, una scelta assoluta di gerarchie spaziali che assicuri compostezza e massima cura del dettaglio, con l'estensione ordinata di superfici disegnate, tratte dal grande repertorio della tradizione europea dell'arte civica delle piazze e dell'architettura dei giardini.

Un richiamo all'ordine, quindi, un bisogno di sconfiggere la labilità e la provvisorietà investe lo spazio pubblico affinché, come nelle mitizzate aree centrali della città, sia memore della cultura civile espressa dai fronti chiusi delle strade, delle pavimentazioni delle piazze, dei frequenti cambi di prospettiva dei viali e del disteso andamento ondulato delle superfici verdi dei giardini.

Stabilita, per rispetto della volontà sociale, una stretta relazione anche formale tra architettura e città, per la sperimentazione generale dell'edificio pubblico, negli ultimi decenni del XX secolo, è iniziata una fase nuova, che è tuttora in corso. Il processo sta avanzando rapidamente non senza contrasti logici. All'architettura si chiede di comunicare espressività, eccezionalità e visibilità; al progetto urbano di comunicare ordine, limitazione, superamento dell'eterno provvisorio e rispetto della tradizione.

Con queste premesse la progettazione contemporanea di una grande biblioteca pubblica segue le stesse vicende della progettazione di una nuova piazza, di un centro commerciale di quartiere, di un complesso museale e persino della sede di un'importante società commerciale. Vengono considerate tutte le esperienze progettuali di parti di città compiute, realizzate precedentemente, quali un campus universitario, un parco scientifico, un centro commerciale attrezzato, se non persino un intero quartiere espositivo, composto di edifici diversi, estesi su più piani.

Così si definisce l'ultimo modello di configurazione della biblioteca, il modello architettonico del tempo presente, quando la biblioteca è diventata città.

Racchiusa in involucri opachi come a Berlino o aperta da schermi trasparenti come a Setubai, ogni biblioteca di grande dimensione è un luogo della città. È composta da diverse realtà funzionali, in rapida trasformazione, dall'aspetto non ancora del tutto codificato. È attraversata da un percorso libero come un'isola pedonale; si presenta come una sequenza di sale e di piazze al coperto, dove si sosta piacevolmente ricevendo stimoli e informazioni; si conclude con alcuni punti di incontro attrezzati e protetti, posti a quote diverse.

Con una forzata sintesi tra esperienze diverse, si richiamano qui le vicende di tre importanti casi realizzati rispettivamente a Berlino, Londra e Parigi, che rappresentano, dal punto di vista dimensionale, i più importanti casi architettonici realizzati alla fine del Novecento.

Nelle schede successive che presentano i progetti, si renderà conto del concorso per la realizzazione della nuova sede della Bibliothèque nationale de France, delle sue consistenze librarie di circa 12 milioni di volumi, 350.000 periodici, un milione di microfilm e 3 milioni di documenti audiovisivi, custoditi in dischi laser e cassette. Si racconterà anche del colossale trasloco che un'istituzione di simile finalità, debole davanti al fuoco e alle razzie, non deve quasi mai affrontare[52]. Con le loro nuove sequenze di sale e torri di molti piani, erette in alternativa alle vecchie sedi in pietra, i tre casi dimostrano ampiamente un modo di concepire lo spazio dichiaratamente simile alla prassi che regola la costruzione della città d'oggi.

La Staatsbibliothek di Berlino, l'opera più complessa realizzata da Hans Scharoun, progettata nel 1964 e inaugurata nel 1978, fa parte del Kulturforum, un centro culturale attraversato da strade di scorrimento veloce. Ora l'area è centrale, ma un tempo era abbandonata perché contigua al muro.

Mentre il retro dell'edificio, che raggiunge l'altezza di undici piani, si presenta cieco e compatto, il fronte occidentale, che si affaccia verso i musei e i giardini, è stato pensato, per contrasto, con un andamento aperto e accomodante. La grande mole della biblioteca, una composizione a incastri di volumi e di corpi in linea, con successivi arretramenti, esprime un profilo fluido e mistilineo, conseguente a una scelta di fondo di compenetrare masse e riunire ambiti di studio e funzioni diverse.

52. Si riporta qualche dato recente sulla consistenza delle collezioni delle grandi biblioteche del mondo. La maggiore rimane la Biblioteca del Congresso di Washington con i suoi complessivi 44.300.000 volumi, escludendo altri supporti; seguono la Biblioteca di Stato di Mosca, con 40.700.00 volumi e la Biblioteca Nazionale russa di San Pietroburgo, con 28.500.000 volumi. La Biblioteca Nazionale cinese di Pechino accoglie 21.008.018 testi, la British Library e la Bibliothèque nationale de France, rispettivamente 13.800.000 e 10.400.000 libri, mentre la Biblioteca Nazionale di Firenze 5.000.000 volumi. La più dotata biblioteca universitaria del mondo è presso l'Harward University a Cambridge, nel Massachusetts, con i suoi 11.200.000 volumi.

La biblioteca del presente e del futuro

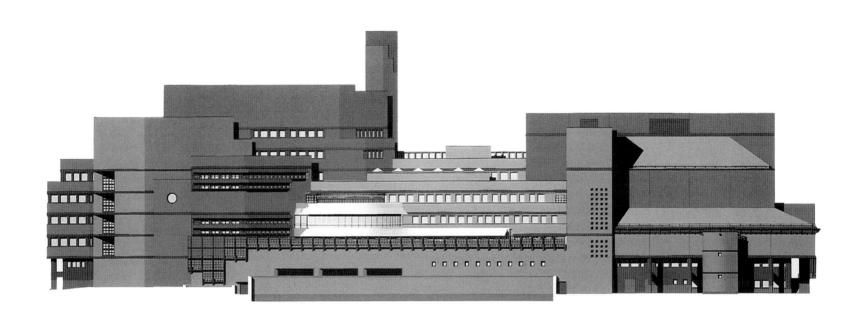

In alto:
L'edificio città. Prospetto della British Library di Londra, opera di Colin St. John Wilson, 1982-1996.
In basso:
L'edificio città. Vista delle sale di lettura della Staatbibliothek di Berlino, opera di Hans Scharoun, 1964-1978.

A sinistra:
L'edificio città. Veduta notturna della proposta di Rem Koolhaas-OMA per la Bibliothèque nationale de France.
A destra:
La macchina misteriosa. Spaccato assonometrico della proposta di Rem Koolhaas-OMA presentata al concorso per la Bibliothèque nationale de France del 1989.

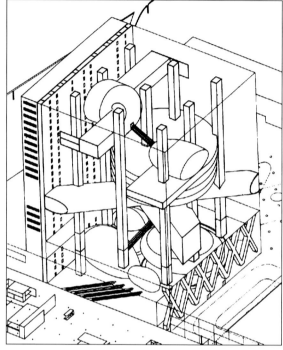

Sul lato ovest si aprono gli ingressi pubblici e le maestose finestre di una sala di lettura, alte 8 metri. Sull'altro lato sono collocate le funzioni tecniche e amministrative. Per precisa scelta dell'autore sono evocate, nei vari fronti, la figura del molo di un porto e l'immagine del pendio naturale di una valle, mediante pareti proiettate in avanti e invasi inaccessibili lasciati tra i diversi dipartimenti. Ma non sono estranei, nel contrasto tra spigoli netti e superfici inclinate, i richiami alle apparenze di due capolavori dell'architettura già presenti nell'area: la Galleria nazionale di Ludwig Mies van der Rohe e il teatro della Filarmonica, sempre di Hans Scharoun.

Le principali aree pubbliche della biblioteca sono al piano terra, in un ambito libero, idoneo per l'accoglienza, le esposizioni, il catalogo principale e il banco prestiti. Al primo livello si trova un'enorme sala di lettura, terrazzata su due altezze, e tra i due piani, una galleria con stanze di studio individuali, isolate acusticamente. Lo spazio interno, fluido, continuo, ben illuminato da una pluralità di sorgenti luminose naturali e artificiali, persino nascoste sotto i corrimano, rivela un'organizzazione su più quote, dettata dai due differenti sistemi di circolazione dei libri e delle persone. Il libro circola mediante carrelli, tubi pneumatici, nastri tra-

sportatori e montacarichi, con un allineamento verticale delle stazioni di distribuzione. Il pubblico percorre il "viale del visitatore", le enormi scalinate realizzate ai confini opposti della sezione pubblica, una collegata all'entrata principale e l'altra al salone di lettura. Entrambe sono connesse da un ripiano intermedio, con vista esterna, e da una galleria sovrastante, dove si incontrano i flussi della circolazione.

La scelta di concepire lo spazio interno dell'edificio come una sequenza di eventi, con l'invito a percorrerne tutte le cavità, sospinti da viste attraenti o da salite invitanti, ha dotato i percorsi di grande chiarezza e fluidità, ma ha di fatto misconosciuto l'unità compiuta della sala. L'alternativa è rappresentata dal singolo tavolo di lettura, isolato o a gruppi, posto su ripiani, terrazze, balconate, tra gli scaffali, lungo le gallerie. Perché il luogo della consultazione non è il punto di arrivo, ma una moderna nicchia collocata nel comune spazio di relazione. Un esplicito contributo alla concezione di edificio dotato di complessità urbana.

Negli ultimi decenni del XX secolo, come espressione di una radicale reazione nei confronti dell'indifferenza, non solo stilistica, presente in gran parte delle opere del Movimento moderno, hanno iniziato a riscuotere un notevole successo posizioni fondate sui con-

La biblioteca del presente e del futuro

cetti di ambiente e di contesto, con la rivalutazione dell'identità storica e culturale dei luoghi dove si insediano i nuovi progetti.

Un esempio concreto è rappresentato dalla Biblioteca nazionale inglese, istituita nel 1973.

La trasformazione ha impiegato più di vent'anni per essere terminata. Ne è risultata un'operazione culturale estremamente mediata, che ha portato a una nuova sede molto efficiente racchiusa da un involucro in mattoni, frantumato e anonimo, modernamente storicista. Un'occasione di rinnovamento funzionale riuscita, con un risultato estetico inautentico che rivisita codici stilistici esistenti.

La nuova sede della British Library è stata progettata da Colin St. John Wilson con lo scopo di riunire tutte le collezioni librarie londinesi sparse in venti diversi edifici della città.

Negli intendimenti di Wilson vi è la concezione di un'architettura vista ancora come arte umanistica e atto di riforma socialdemocratica, in base alla quale l'architetto deve essere, innanzitutto, un buon pensatore. Di conseguenza, i manufatti non possono essere isolati dal contesto socio-urbanistico in cui si vengono a trovare. Di qui la radicale critica dell'autore a qualsiasi manifestazione derivante dagli ideali dal Razionalismo, a sua volta visto come esplicitazione di un'autonomia formale disgiunta dall'espressione.

La biblioteca sorge sopra e sotto un vasto deposito di merci vittoriano, adiacente alla stazione di Saint Pancras, un'epica struttura in ferro e vetro che, nel 1897, vantava la più grande campata del mondo. Ma sono stati i modi raffinati e borghesi in stile gothic revival, in mattoni rossi bugnati, dell'albergo progettato nel secolo XIX da sir Gilbert Scott, a ispirare lo sforzo di contestualismo storico operato dal progetto di Wilson.

Il disegno originale prevede due imponenti fabbricati e un esteso elemento centrale di raccordo. La biblioteca si presenta come una massiccia struttura in cemento, la maggior parte interrata in quattro livelli, complessivamente profondi fino a 30 metri sotto terra, con vasti depositi impermeabili per i libri, di configurazione e dimensioni diverse. Le parti visibili del complesso sono rivestite in mattoni rossi e il tetto in lastre di ardesia nera, in modo che la nuova estensione alluda all'aspetto dell'albergo vittoriano.

Il blocco occidentale ospita le principali sale di lettura ad accesso controllato; quello orientale le sale a ingresso libero e il settore per la consultazione delle opere relative alle scienze e alle invenzioni. Gli uffici sono distribuiti sui tre piani sovrastanti. Al centro, il cuore del complesso, con l'entrata principale per il pubblico, raggiungibile da un'ampia e aperta corte con, adiacente, una serie di ristoranti e gallerie espositive. Un grande numero di scale mobili e ascensori è previsto per far fronte all'altrettanto notevole frequenza da parte degli utenti.

Le sale di lettura sono a tripla altezza, illuminate dall'alto dalla luce naturale tramite vari lucernari e presentano sedili per i lettori distribuiti comodamente in una grande varietà di posizioni.

Grande cura è stata riservata alla trattazione degli interni, in riferimento ai materiali e alle finiture: quercia chiara e rivestimenti di cuoio per i tavoli di lettura; marmi, graniti, contrasti di pietre e venature per i pannelli che ricoprono le altre superfici; legno e cuoio per i corrimano delle scale.

L'edificio è stato aperto al pubblico nel 1994. Conclude e contrasta lo *skyline* della dilatata mole lineare, la spettacolare torre di cristallo della King's Library, con la sua collezione di 60.000 volumi, distribuiti su sette piani, che chiunque può ammirare attraverso un vetro di protezione, addirittura accedendovi dall'interno mediante un ascensore trasparente[53].

Quando la localizzazione di un nuovo grande edificio pubblico interessa un'area di vera periferia, dove la morfologia della città abitata diventa un riferimento sempre meno sicuro, si propongono due strategie urbane alternative. La prima consiste nel comporre un quadro interrotto di relazioni urbane tra nuovi piani e nuovi fronti, recuperando le trame delle coltivazioni, i tracciati di rogge e di vicoli e gli allineamenti di edificazioni preesistenti, magari a partire dal ricorso alla forte immagine urbana di una piazza storica o di un parco compiuto. La seconda consiste nel contrapporre all'incipiente dissoluzione del paesaggio un oggetto architettonico di eccezionale presenza, dalla forma perentoria e dai tratti inconsueti. Non senza una parziale allusione, con i dovuti cambi di scala, al ricordo, alla citazione, se non, persino, alla copia di una colta figura di un importante edificio già eretto e già utilizzato precedentemente con una simile funzione. Così è avvenuto nel passato con il tempio, l'abbazia, la villa o il palazzo.

Oggi ciò si sta verificando per le biblioteche. Lo dimostrano i grandiosi edifici già ultimati o che si avviano a esserlo ad Alessandria d'Egitto, Dortmund, Francoforte, Milano, Torino, Bologna, Londra, Valencia, L'A-

53. Secondo i suoi compiti istituzionali, una biblioteca nazionale deve accogliere anche documenti e fondi che non sono libri. Per esempio la British Library conserva quasi 14 milioni di opere a stampa, tra cui 12 milioni di libri, ma anche ben 8 milioni di francobolli, 2 milioni di stampe, un milione di registrazioni audio e 40 milioni di brevetti. Un problema irrisolto è la classificazione e la conservazione del gran numero di stampati effimeri che arrivano ogni giorno. Alla Bibliothèque nationale de France l'accrescimento annuale delle collezioni consiste in 80.000 volumi, 30.000 titoli di periodici, 3300 manifesti, 1200 incisioni, 7000 carte geografiche, 3500 partiture musicali, oltre a migliaia di videogrammi e a 15.000 fonogrammi, sia dischi sia cassette.

ia, Washington, Toronto, Tokyo. Si tratta di moderni complessi realizzati *ex novo* all'insegna del più rinnovato interessamento per quelli che, un tempo, erano chiamati i templi della memoria, secondo un'evocazione, un'emulazione e, più in generale, una riproposizione edilizia di dimensione rigorosamente contemporanea[54]. In un simile atteggiamento di continuità culturale, è possibile intravedere la risposta a tre sfide che il passato ha lasciato involontariamente irrisolte: la sfida legata a problemi eminentemente costruttivi, da ricondursi alla saturazione dello spazio destinato alla conservazione del libro, una questione irrisolta comune a tutte le biblioteche del mondo; la disputa tra la rigidezza dei metodi di organizzazione delle raccolte e la velocità imposta dal progresso tecnologico incalzante che propone nuove tecniche digitali di lavoro sul libro; infine la battaglia tra lo sforzo di assicurare la più semplice condizione alla lettura, un'attività di per sé anonima e privata, e il rispetto di un complesso rituale astratto che tutto deve ordinare, dai supporti cartacei ai loro contenitori, siano essi nicchie, mensole o scaffali, o maestose sale, o imponenti edifici, se non, addirittura, intere parti di città. A conclusione di un esame che ci ha portato a raggiungere le idee progettuali ancora in cantiere, la consapevolezza delle tre sfide lasciate aperte ci porta a rivalutare una figura poco nota, incontrata nel corso della lunga storia. L'immagine di un'ipotesi teorica, risalente al XIX secolo[55], di un progetto mai realizzato, che rappresenta l'estremizzazione ultima della biblioteca pubblica. Invece dell'assemblaggio di più parti differenti, ognuna delle quali finalizzata all'assolvimento di funzioni diverse, quali lo studio, la sosta, il movimento e la conservazione del libro, l'ipotesi teorica di una biblioteca in forma di spirale, pubblicata nel XIX secolo, rappresenta una paradossale risposta alla continua crescita dei volumi in deposito nelle istituzioni bibliotecarie e una conferma all'esigenza sempre viva di una netta separazione dei depositi dalle sale di lettura.

L'interesse per tale progetto utopistico, al di là della sua sostanziale impraticabilità, scaturisce dal sottile tratto evocativo fortemente estetizzante che esiste tra l'onnicomprensività dello scibile umano senza limiti e la propensione a vederlo forzato in uno spazio ineluttabilmente parziale e inadeguato: l'obiettivo cui tutte le biblioteche, da sempre, hanno teso.

Un anticipatore spirito razionalista ha suggerito la riproposizione di una medesima forma ottimale di fabbricati identici tra loro, adatti all'incremento delle col-

lezioni, più e più volte reiterati, all'infinito, sulla base dello schema compositivo di una spirale a crescita illimitata. Si rinnova il segno senza tempo di un'antica analogia formale, concettuale e tipologica, che risale ai tempi della mitica Biblioteca di Alessandria[56].

La macchina misteriosa. La biblioteca del futuro
È possibile identificare il tipo di biblioteca del futuro? Gli addetti ai lavori sono pessimisti. Forse, dicono, in futuro non ci sarà neppure più bisogno di un edificio per la biblioteca.

Intanto, negli ultimi cent'anni, la biblioteca ha conosciuto un assetto stabile e quasi definitivo, basato su tre centralità: i servizi del lettore, la custodia del libro, l'amministrazione e il lavoro sul libro. In opposizione ai modelli delle epoche precedenti, il luogo della lettura e quello della conservazione, sempre meglio caratterizzati, si sono separati, assumendo una caratteristica architettonica propria. Attorno a questo principio si sono sperimentate molte varianti, accentuando al massimo l'evidenza architettonica della sala (il monumento) oppure sovrastimando la movimentazione del libro e l'imponenza del deposito (la macchina).

Ma il domani, per la prima volta da molto tempo, ci può riservare nuovi scenari. Se volessimo prefigurare il futuro, potremmo ipotizzare una consultazione a distanza sempre più facile e accessibile a tutti con la conseguente fine della sala del catalogo; una crescita illimitata dei supporti diversi dal libro con la fine della centralità della sala di lettura; la diffusione della copia invece dell'originale, rimettendo in discussione la centralità e l'unicità del deposito; per finire, forse, persino con la totale scomparsa della stessa opera stampata su carta, con la lenta fine dell'oggetto libro, almeno così come si presenta ora.

Data per persa l'esistenza futura della stessa casa del libro, ovvero l'edificio della biblioteca, alcuni fantasiosi illustratori dediti alla divulgazione scientifica hanno diffuso tavole accattivanti che rappresentano l'archivio del futuro. Raffigurano modesti depositi digitalizzati di circuiti in miniatura, piantati in tubi sotterranei, scavati in misteriosi bunker disabitati. Ambientate in Giappone, queste icone del futuro sono prefigurazioni verosimili, destinate a lasciare un segno nell'immaginazione del grosso pubblico.

Scomparso il materiale cartaceo di supporto alla memoria e all'immaginario collettivo di un popolo, si avvicina anche l'ipotesi dell'eclissi della relativa sede fi-

54. Accanto ai sempre singolari progetti per biblioteche di grandi dimensioni, molto frequenti sono anche nel presente decennio le esperienze di adeguamento di strutture esistenti con la proposta di nuove sedi di media dimensione per le collezioni municipali e universitarie. Tra i casi di indubbio interesse architettonico, qui non approfonditi, ci sono anche la biblioteca nazionale di scienze mediche di Helsinki, opera di Olli Pekka Jokela, progetto vincitore del concorso del 1995 e realizzata nel 1997; la biblioteca del nuovo campus di Valencia, progetto di Giorgio Grassi, realizzata tra il 1990 e il 1998, e l'estensione del liceo tecnico di Eberswalde, in Germania, realizzata su disegno di Jacques Herzog e Pierre de Meuron tra il 1993 e il 1998.

55. La proposta, suggerita da un anonimo cultore di biblioteconomia della metà del XIX secolo, è stata riportata in H. Grass, *Bibliothekbauten in der 19 Jahrhunderets in Deutschlan*, Verlag Dokumentation, München 1976.

56. L'idea compositiva è riconducibile alle stesse emergenze che più tardi motivarono alcune esperienze novecentesche di ideazione di musei, capolavori della civiltà moderna, quali il progetto per il Museo d'Arte Contemporanea di Parigi di Le Corbusier, del 1931 e il Museo Solomon R. Guggenheim di New York, concluso da Frank Lloyd Wright, del 1959.

La biblioteca del presente e del futuro

sica, costituita dall'edificio della biblioteca, ormai praticamente divenuta un deposito immateriale e inesauribile di documenti. Già oggi, del resto, i sistemi computerizzati rendono disponibile ogni informazione scritta presso qualsiasi terminale ovunque localizzato, perché collegabile a un magazzino nozionistico concepito in termini di entità metafisica. La rivoluzione dei metodi di restituzione del testo scritto, sempre più spesso reperibile solo in versione elettronica, schiude le innumerevoli potenzialità offerte dalla digitalizzazione dei testi e dalla loro trasmissione telematica, che, se appropriatamente impostate, potrebbero consentire il superamento della contraddizione che, da sempre, separa il mitico sogno di una biblioteca universale, nella quale siano riuniti tutti gli scritti esistenti, dalla realtà di collezioni che, seppure ricche e quantitativamente vaste, non possono che fornire un'immagine parziale e lacunosa del sapere universale[57].

A nostro avviso, comunque, l'edificio della biblioteca così come lo conosciamo, ha ancora un grande avvenire, anzi forse, con leggere mutazioni, resisterà per sempre. A patto che nei prossimi anni si risolva il vero problema attuale: la cronica mancanza di spazio, che deriva dalla mancata attribuzione di un valore qualitativo assegnato a ogni documento ricevuto e archiviato. Oggi si assiste a un'enorme dilatazione della consistenza del patrimonio storico e documentale che affluisce nelle grandi biblioteche regionali e nazionali. Dalle raccolte degli atti amministrativi a migliaia di fascicoli prodotti dalla stampa quotidiana, dagli infiniti pieghevoli effimeri a uso commerciale alla più perfetta e rara edizione d'arte.

Per continuare a rispettare i compiti istituzionali, per la prima volta, ai curatori di una biblioteca, quotidianamente, si pone il nuovo problema di selezionare, differenziare, persino cancellare.

Si apre un nuovo scenario che vede il luogo del sapere dividersi in due, dando vita a due diverse future tradizioni spaziali: da una parte la grande biblioteca-museo, considerata la mostra permanente dei valori acquisiti dalla civiltà, spaziosa e aperta al pubblico; dall'altra la grande biblioteca-archivio, poco accessibile, laboratorio industriale della trasformazione del libro in fitte serie ininterrotte di byte e di pixel.

Nella prima istituzione, una raffinata sede dotata di ogni servizio e comfort, assieme a tante altre tracce di sto-

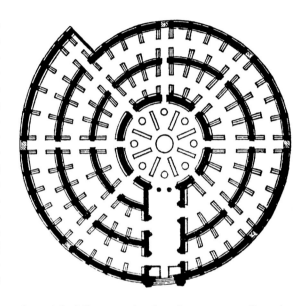

Progetto di anonimo per una biblioteca a spirale, metà del XIX secolo.

ria sociale della comunicazione (prove autografe, scritti, disegni, registrazioni, filmati), si conserveranno in depositi a temperatura costante, dove potranno essere esibiti a pagamento i più eleganti esemplari degli stampati in edizione originale, ovvero tutti quei libri che sono da considerarsi al pari di un bene culturale. Nella seconda costruzione, un ambiente di lavoro dal carattere industriale, decentrato nel territorio, si conserveranno le copie, i multipli, le schede informatiche di edizioni di facile reperimento. I dati saranno di immediata consultazione, in ogni luogo, da parte di migliaia di postazioni collegate con un cavo a fibra ottica o un ponte satellitare.

Già nel prossimo decennio queste due diverse richieste sociali daranno vita a forme nuove. Si accederà sempre a edifici complessi, concepiti come composizioni di parti, con involucri dalla forte identità. Ma ci sarà un solo forte messaggio simbolico da trasmettere: evocare macchine ancor più misteriose o rappresentare luoghi urbani gradevoli e imporre visioni di moderni monumenti.

Comunque non è in gioco la futura esistenza della biblioteca. Come per ogni altro deposito del sapere dell'umanità, si sta definendo quale ruolo, fisico, spaziale, espressivo e comunicativo, dovrà interpretare in futuro l'architettura dell'edificio pubblico, nell'epoca della rivoluzione digitale.

57. Come sempre la discussione sugli assetti futuri coinvolge fasce diverse della società: intellettuali, politici, gestori dell'informazione, bibliotecari e architetti. Di un certo interesse due contributi recenti suggeriti dal dibattito americano sul ruolo delle prime già funzionanti nuove biblioteche digitali: *From Gutenberg to the Global Information Infrastructure* di Christine L. Borgman e *Digital Libraries* di William Y. Arms. Ambedue sono stati pubblicati dalla The Mit Press.

biblioteche
architetture 1995-2005

Dominique Perrault

Bibliothèque nationale de France
Parigi, Francia, 1989-1995

Secondo i rapporti redatti dai responsabili della Bibliothèque nationale de France
alla fine degli anni Ottanta, il numero delle pubblicazioni che ogni giorno entra a far parte
delle collezioni, per via del deposito legale di un esemplare di ogni stampato, era tale
da rendere rapidamente inadeguata la gloriosa sede di via Richelieu. L'antico complesso,
inglobato nella corte del palazzo Mazarino, che era stata oggetto di progetti di estensione
elaborati da Benjamin Delessert, François-Joseph Delannoy, Louis Visconti, Etienne-Louis
Boullée e dal vincitore Henri Labrouste, non aveva più spazio per ulteriori ampliamenti.
Un secondo livello di considerazioni di ordine politico, negli anni di avanzamento dell'ipotesi
di una più stretta integrazione fra le nazioni europee, faceva intravedere la possibilità
di localizzare in una grande capitale una biblioteca d'Europa, che permettesse di conservare
un esemplare dell'intera editoria, in tutte le lingue.
Inoltre, il primo settennio del mandato presidenziale di François Mitterand aveva visto
la crescita, nei media e nella realtà, di alcuni cantieri spettacolari, per nuove istituzioni statali
per la cultura, nella città di Parigi.
Il punto di vista dei dirigenti della Bibliothèque Nationale venne quindi favorevolmente
a coincidere con quello dell'amministrazione centrale e, proprio in quegli anni, il Ministero

della Cultura aggiunse alle sue competenze anche i *Grands Travaux*.
Sulla base di un dossier redatto da una commissione composta da tre esperti di biblioteconomia nel 1988, si formulò la base per un grande concorso di architettura.
Malgrado la volontà di dare inizio alla realizzazione, tra convocazione al concorso, esame, premiazione, inizio dei lavori e conclusione del cantiere, trascorse un periodo di sette anni, che coincise in gran parte con il secondo mandato di François Mitterand.
Il cantiere iniziò nel dicembre del 1990. La biblioteca, non ancora pronta per essere aperta al pubblico, fu inaugurata dal presidente della Repubblica nel 1995.
Non verrà qui ricostruita la vicenda del concorso, con il suo confronto fra ipotesi progettuali molto differenti, che comprende alcuni dei migliori progetti contemporanei; verrà esaminato solo l'edificio disegnato da Dominique Perrault, che presenta caratteristiche del tutto diverse dagli altri esempi documentati.
L'originalità della nuova sede della Bibliothèque nationale de France è da ricondurre alla dimensione dell'o-

Bibliothèque nationale de France, Parigi

A destra in alto:
Veduta aerea.
A destra in basso:
*Pianta a livello della piazza pedonale
di accesso pavimentata in legno.*

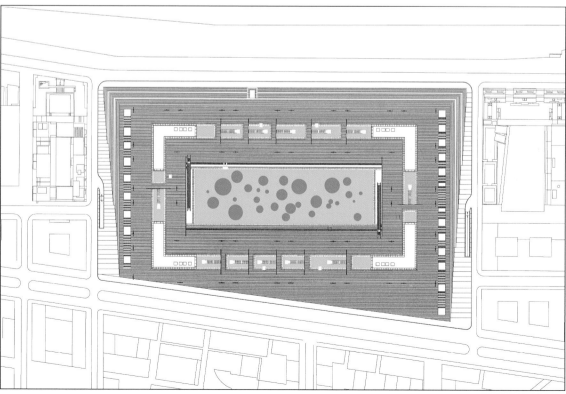

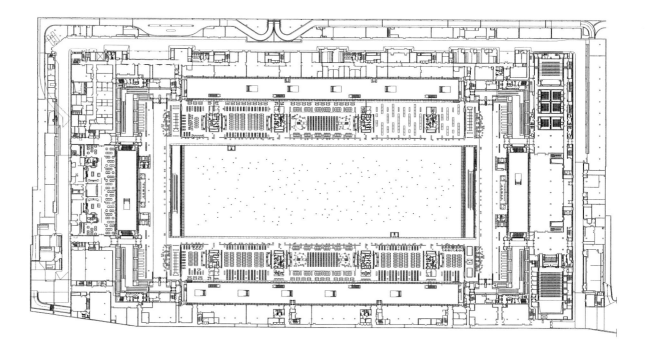

perazione, alla stretta interazione tra ipotesi di organizzazione del servizio in rapporto alla specifica forma architettonica, alla complessità della grande "macchina". Il patrimonio di 11.000.000 libri, i 300.000 periodici e le collezioni della fonoteca dell'antica sede hanno occupato metà dei depositi del nuovo edificio, con una previsione di futuri incrementi del patrimonio librario di 90.000 volumi all'anno. Per i frequentatori è prevista una capacità di 2.100 posti a sedere.

Al concorso di idee la proposta di Perrault si affermò per l'intrinseca chiarezza comunicativa, in linea con le attese del programma, sollecitate dall'opinione pubblica e fondate su un evidente simbolismo.

Il progetto consiste in un'*esplanade* estesa quanto la piazza della Concorde – 60.000 metri quadrati – sovrastante due piani, di cui uno interrato e destinato ai ricercatori, di sale di lettura e luoghi di incontro, sosta, studio.

All'interno del blocco, un vuoto cavo centrale racchiude un giardino di circa 12.000 metri quadrati, superficie pari a quella del cortile del Palais Royal, ricco di piante esotiche e inaccessibile al pubblico.

Quattro torri alte venti piani e dalla pianta a "L" delimitano l'*esplanade* accogliendo due livelli di impianti tecnici, sette livelli di uffici amministrativi e undici di depositi.

L'ipotesi progettuale colpì fortemente la giuria del concorso e l'opinione pubblica, grazie ai suoi codici paradossali: il simbolismo primario poco sofisticato del grattacielo per uffici, derivato dalla tradizione architettonica locale degli anni Sessanta e reinterpretato in termini di smisurato tomo enciclopedico del sapere; l'incongruenza di una soluzione progettuale che prevede la sistemazione delle sale di lettura nei due livelli interrati del grande blocco trapezoidale, rispetto ai magazzini dei libri destinati a essere racchiusi in torri di vetro; il ricercato gigantismo dell'operazione finalizzato alla concentrazione di enormi quantità di risorse in un solo edificio, che in un regime democratico si traduce necessariamente in un depauperamento dei fondi delle altre istituzioni periferiche.

Lo studio del giovane architetto francese venne immediatamente supportato da competenze tecniche di ogni tipo e partì il grande progetto esecutivo, che, pur nel totale rispetto dell'idea originaria, risultò diverso da quello presentato al concorso, ma pienamente rispondente alle richieste avanzate dalla pubblica amministrazione.

Nei due livelli intorno al giardino si snoda un corridoio che serve una successione di sale di lettura. Ognuna di queste può accogliere più di un centinaio di utenti e riunisce, secondo temi prestabiliti, libri, periodici, Cd-Rom, liberamente consultabili.

Al primo livello, alto 12 metri, posto alla quota del giardino interno e quindi interrato, è la biblioteca di studio e ricerca. Comprende circa 2.000 posti a sedere, riuniti in sale e studioli e 400.000 volumi. Al secondo, alto 6 metri, sono le biblioteche di attualità, del suono e dell'immagine, accessibili al grande pubblico, con circa 1.700 posti a sedere e 500.000 testi.

I piani delle biblioteche sono collegati da monumentali scale mobili, posizionate ai piedi delle quattro torri, che involontariamente ricordano immagini aeroportuali.

La luce naturale laterale, che le sale ricevono dalle immense vetrate che si affacciano sul giardino interno, è potenziata da lampadari e da centinaia di mini riflettori. Ogni lettore dispone di un punto-luce regolabile e di prese di corrente per computer o altre attrezzature.

Veduta della piazza rialzata con le torri dei depositi dei libri.

Caratteristica la moquette rosso scoiattolo, segno dell'originalità del progettista, che ha ideato anche tutti gli arredi, in legno d'Africa, con tavoli di diverse dimensioni che, nella parte centrale della struttura, celano parte degli impianti.

Inedito anche il metodo di distribuzione dei documenti ai lettori. I volumi da consultare viaggiano lungo una rete di 8 chilometri di binari sospesi al soffitto, arrivando, dalle torri dei depositi, direttamente al tavolo del lettore: dal momento della richiesta a quello di arrivo dovevano trascorrere non più di 15 minuti.

Alcune pareti del piano interrato e delle hall di ingresso accolgono opere d'arte plastica contemporanea, incentrate sui temi della scrittura, della parola, del sapere, del dialogo. Allegorie, simbolismi, rimandi a scritture bibliche, illustrati in quadri, tappezzerie, rilievi metallici colorati, sembrano perpetuare la tradizione iconologica, tipica di molte biblioteche del passato e di oggi, riproposta in una versione moderna, pur sempre centrata sulla cultura dell'immagine, ma attuata con mezzi espressivi e materiali del tutto inediti.

I prospetti dell'edificio si riducono alle facciate delle quattro torri, realizzate in vetro e acciaio, dotate di pannelli di protezione, fissi per i depositi e mobili per gli uffici, che spiccano al di sopra del basamento in cemento armato.

All'interno, oltre al legno utilizzato per la gran parte dei rivestimenti, largo uso è stato fatto di elementi metallici, che, oltre a celare gran parte degli impianti, supporti elettrici e tecnici della struttura, sono utili al-

Le biblioteche nazionali

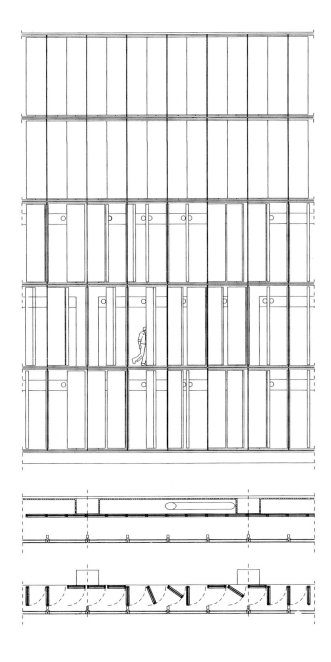

la riflessione e alla diffusione della luce naturale e artificiale.

A qualche anno dalla definitiva apertura al pubblico, l'attenzione dell'opinione pubblica sulla Bibliothèque Nationale de France non è cessata.

Fra i pamphlet che denunciano i differenti aspetti della carente gestione, non ultimo è quello riguardante le lunghe attese dovute alla distribuzione del materiale librario agli utenti, protratte a circa 45 minuti.

Nella comprensione del funzionamento di questo grande complesso vanno separate le scelte di organizzazione spaziale del lavoro di impiegati e utenti, dalle soluzioni formali adottate. Alle prime vanno fatti risalire il posizionamento delle sale di lettura rispetto ai depositi dei libri; la suddivisione del materiale in

quattro dipartimenti tematici (filosofia-storia-scienze dell'uomo, diritto-economia-politica, scienza-tecnica, letteratura-arte), ognuno dotato di proprie sale di studio concepite come le *schole* degli antichi palazzi di sedi universitarie del Rinascimento italiano; l'originale metodo di distribuzione del materiale librario; la separazione tra ricercatori specializzati e il resto della massa di utenti. Alle seconde, le soluzioni estetiche attuate e la cura riservata ai particolari e ai dettagli dell'edificio; le straordinarie dimensioni degli spazi di distribuzione del pubblico, così come la scelta dell'allestimento di un giardino interno, probabile rievocazione dei chiostri degli antichi monasteri e delle abbazie medievali, ma prezioso e astratto fondale del tutto inaccessibile.

Bibliothèque nationale de France, Parigi

In alto:
Sezione trasversale.
In basso:
Sezione di dettaglio ai livelli delle sale di lettura con i carrels *di ricerca.*

Nella pagina accanto:
Sala di lettura.

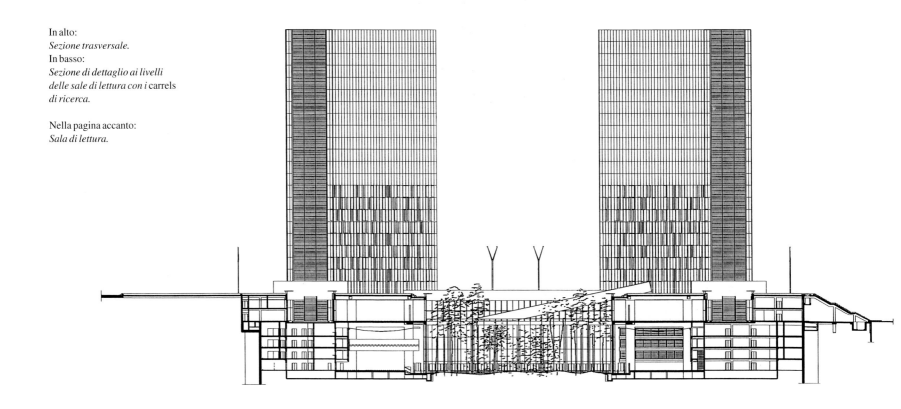

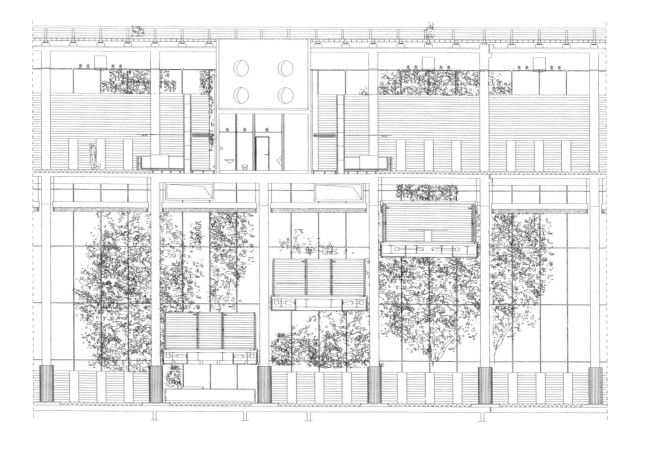

Det Kongelige Bibliotek Copenaghen, Danimarca, 1993-1999

Nel centro di Copenaghen, a pochi metri dal palazzo di Christiansborg, è stata realizzata la nuova biblioteca reale, che svolge funzione di biblioteca nazionale, quale imponente simbolo e fulcro catalizzatore e propulsore della cultura danese.

La biblioteca storica più vasta dei paesi nordici era accolta in un edificio appositamente costruito e inaugurato nel 1906, opera dell'architetto H.J. Holm e occupa il lato sud-est di una piazza quadrata, trattata a giardino che ospita, a sud-ovest, anche l'esteso corpo in linea del Tøjhusmuseet, antico arsenale e oggi museo militare.

Il fronte opposto si apriva sulla frequentatissima strada di circolazione Christians Brygge, che costeggiava il braccio di mare Inderhavnen, nel tratto racchiuso tra i ponti Langebro e Knippelsbro.

Dopo un periodo di confronto fra le diverse ipotesi proposte, avviato con il concorso del 1993, nel 1995 si decise di dare inizio all'estensione della stessa istituzione, occupando aree adiacenti prospicienti il canale, fino a quel momento facenti parte delle attrezzature portuali e occupate da tettoie per il carico e lo scarico delle merci.

Il cambiamento di destinazione d'uso del quartiere, chiamato Slotsholmen, rientrava in un piano di rivitalizzazione urbana dell'intera zona, conseguente alla dismissione

dell'antica destinazione legata al porto e alla sua attività. L'intervento si concluderà con la costruzione di un vasto complesso dedicato alla musica, che andrà ad affiancarsi al museo militare e alla biblioteca reale esistenti. Il progetto scelto è opera dello studio Schmidt, Hammer & Lassen K/S, con sede ad Århus, in Danimarca. La nuova biblioteca reale di Danimarca, come si presenta oggi, è quindi una riunione di più edifici dalle funzioni e dall'aspetto architettonico differenti, che copre una superficie totale di quasi 50.000 metri quadrati. La struttura recentemente completata si compone di quattro parti chiamate Holm, Hansen, Diamante e Pesce, e presenta una nuova entrata sulla Søren Kierkegaards Plads, la piazza, ortogonale all'asse nord-sud del complesso, realizzata in occasione dell'ampliamento della storica istituzione.

Holm è il nome attribuito all'antico edificio a blocco, prevalentemente mantenuto, con la grande sala colonnata a tre navate e due cortili rettangolari al centro. Hansen, la cui denominazione deriva dal nome dell'architetto ispettore del Palazzo Reale, Preben Han-

Nella pagina accanto:
Collegamento aereo tra i due blocchi
principali dell'edificio.

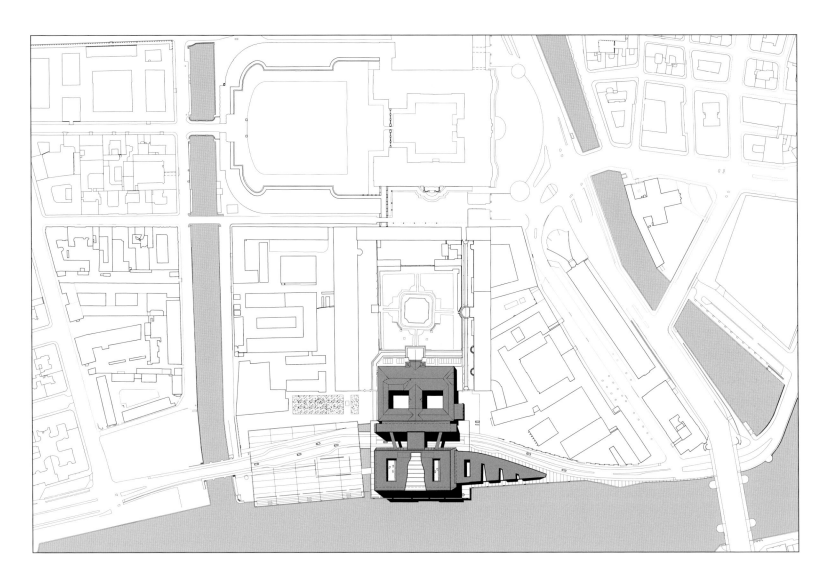

sen, consiste in un corpo lineare di uffici e locali tecnici, in parte già esistente ma trasformato, alto sei piani fuori terra, cui se ne aggiunge uno interrato e la cui costruzione iniziò nel 1968.

Al di là della strada, la nuova estensione: il blocco, chiamato il Diamante.

Si presenta come un unico blocco compatto alto sette piani, dalla struttura a pilastri, impostati su una rigida maglia ortogonale, interrotto al centro da un profondo invaso di sezione trapezoidale.

Il fronte sull'acqua è inclinato, propendendo verso il canale da cui riceve luce per riflessione.

Il piano terreno, oltre alla hall di ingresso – Queen's Hall –, ospita esposizioni permanenti di carte, stampe e libri, la libreria, la caffetteria, il ristorante. Al centro, in corrispondenza dell'asse trasversale della pianta rettangolare dell'edificio, sono posizionati i due tapis roulant che conducono direttamente al ponte pedonale vetrato – Lending Department Bridge, largo 18 metri – che, sovrastando la via Brygge, dà accesso alla sala di lettura della vecchia biblioteca, posta al primo piano dell'antica sede.

Il livello superiore è sostanzialmente di passaggio e accesso agli ambiti di studio e accoglie altri spazi espositivi per mostre fotografiche e la mensa.

Al secondo piano, le sale di lettura a doppia altezza affacciate sul grande atrio centrale racchiudono più di 300 posti a sedere. Lungo i fronti nord-est e sud-ovest sono addossate le scaffalature dei libri, mentre le scale di distribuzione e servizio, i montacarichi, gli ascensori e i servizi sono allineati parallelamente al prospetto posteriore e a esso adiacenti.

I livelli successivi sono adibiti a depositi con scaffali a consultazione libera e ospitano, sempre lungo il fronte prospiciente il canale, spazi di lettura organizzati a *carrels* e studioli individuali.

All'ultimo piano, lungo i muri perimetrali, sono riuniti gli uffici dell'amministrazione, che ricevono luce da due giardini a patio all'aperto.

Al piano interrato sono i depositi dei libri e l'auditorium, usato come sala polivalente e accessibile anche dal livello superiore.

Diverse passerelle di servizio collegano il Diamante all'Hansen.

Nella pagina accanto in alto:
Inquadramento urbano con la vecchia e la nuova sede.
Nella pagina accanto in basso:
Veduta notturna e più lontano il Christiansborg.

In alto:
Veduta dal braccio di mare Inderhavnen.

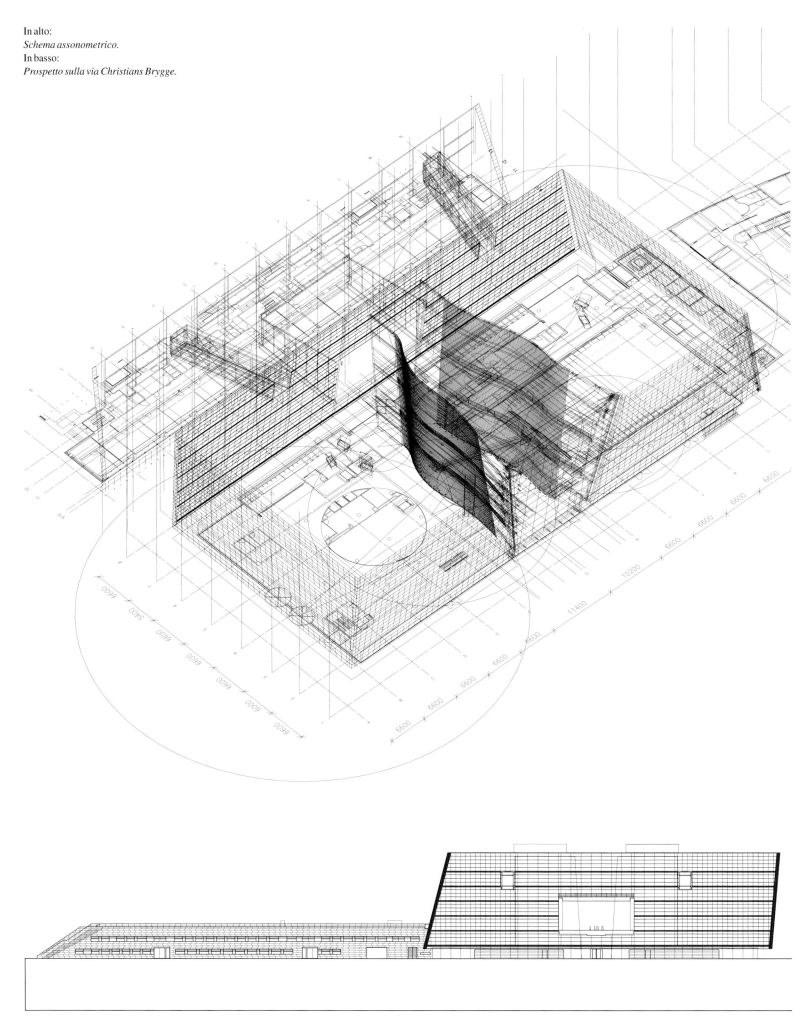

Le due parti che compongono il grande blocco si affacciano sul cortile centrale con ballatoi a sbalzo ad andamento ondulato, che variano di piano in piano perché degradanti. Ospitano inoltre le collezioni di mappe e stampe e le sezioni di musica e teatro, cultura orientale e giudaica, manoscritti e libri rari.

Scopo del grande invaso è di fornire luce laterale ai livelli adibiti alla lettura. La continuità dei fronti dell'edificio è infatti interrotta solo da basse finestre a nastro, di lunghezza variabile e disposte irregolarmente. Gli arredi interni del Diamante sono in legno.

Esternamente, l'imponente blocco è completamente rivestito di granito colore antracite, che lo rende oggetto di evidente singolarità nell'omogeneo paesaggio della riva. Conclude il complesso, a nord-est, il corpo in linea a

tre piani del Pesce, il cui schema planimetrico segue l'andamento della via Brygge, assumendo forma leggermente curva e culminando in una scala di raccordo con la quota stradale. Da questo si dipartono dei bracci trasversali che, propendendo verso l'Inderhavnen, creano tre corti interne, aperte sul canale, di forma trapezoidale e degradanti.

L'edificio ospita atelier di lavoro al piano terra e uffici facenti capo a istituzioni esterne ai piani superiori (Centro per informazione interdisciplinare su studi delle donne – Kvinfo; Archivi del folclore danese, Società per la letteratura e la lingua danese, Centro di informazione della letteratura danese). Consente l'accesso al Diamante tramite un passaggio coperto ortogonale alla via Brygge.

Grande apertura vetrata sul fiume che dà luce al sistema di distribuzione interna.

A pagina 68 in alto:
Particolare dei ballatoi interni.
A pagina 68 in basso:
Sezione longitudinale e trasversale della nuova e della vecchia sede del 1906.

A pagina 69:
Spazio centrale a tutta altezza.

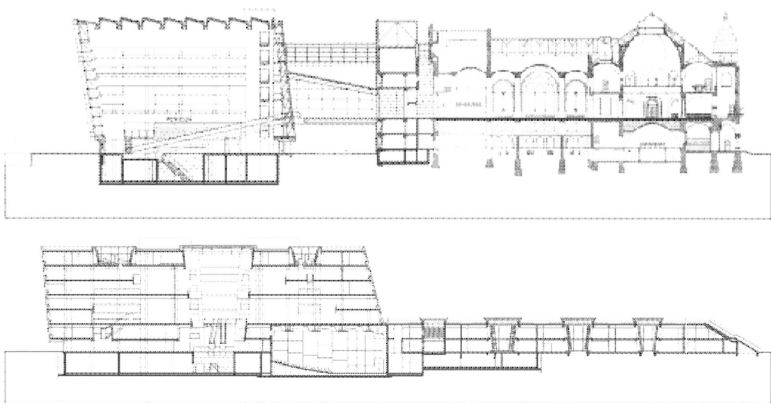

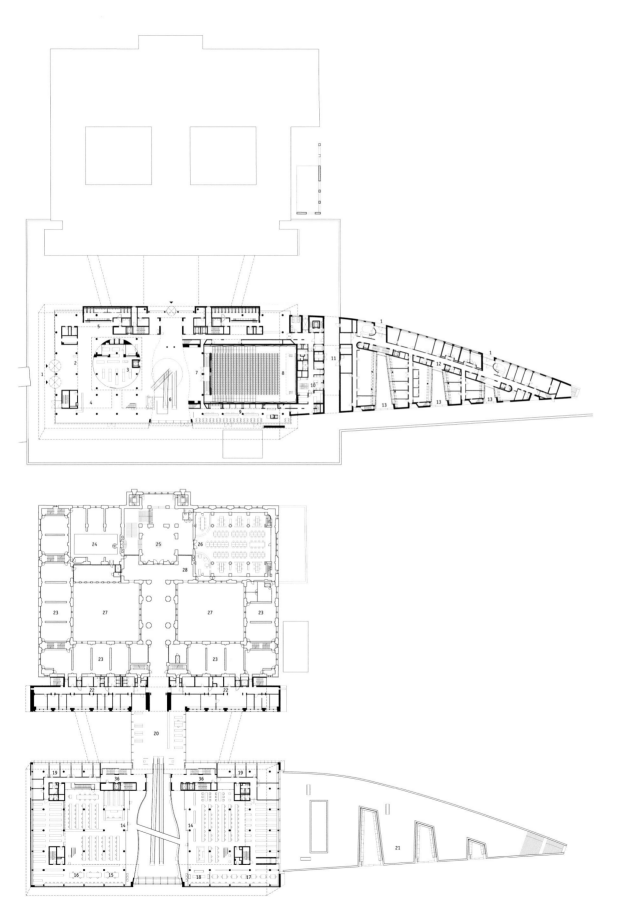

*Piante del piano seminterrato
e del primo livello delle sale di lettura.*

*Nella pagina accanto:
Dettaglio dei ballatoi e dei collegamenti
aerei nello spazio centrale.*

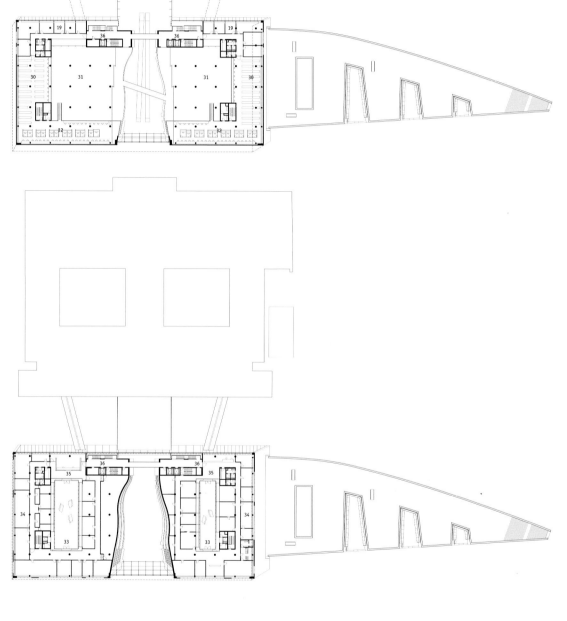

Si distingue dall'edificio principale della biblioteca grazie al rivestimento esterno in lastre di pietra dai toni chiari. Il contrasto tra i diversi elementi si acuisce nell'accostamento delle pareti in vetro dell'Hansen al sobrio e solido mattone dell'Holm.

Elemento di unificazione e continuità tra interni ed esterni, vecchio e nuovo, può essere considerata l'opera dei cinque artisti chiamati a decorare il Lending Department Bridge, la Queen's Hall, il Pesce e la Søren Kierkegaards Plads.

L'insieme degli edifici bene interpreta l'identità storica e consolidata del luogo. Valorizza la leggibilità delle parti, pensate come un tutto concluso, non autonomo dalla città con cui continua a dialogare, punteggiando con elementi definiti le sue rive e i suoi grandi spazi liberi.

Nuova Bibliotheca Alexandrina
Alessandria d'Egitto, Egitto, 1996-2002

Ad Alessandria d'Egitto, su un'area frontemare di 85.000 metri quadrati, si è appena completata la costruzione della Nuova Bibliotheca Alexandrina.

Dopo la posa della prima pietra, avvenuta simbolicamente il 26 giugno 1988, il concorso internazionale di architettura promosso dal governo egiziano, dall'Unesco e dall'United Nations Development Programme, si è concluso il 29 settembre 1989 con la proclamazione della proposta dello studio norvegese come progetto vincitore.

Scopo dell'intervento è di restituire alla città di Alessandria l'antico ruolo di centro della cultura in grado, grazie alla qualità e alla ricchezza delle collezioni della nuova istituzione bibliotecaria, di competere con le più grandi biblioteche e mediateche del mondo.

La nuova struttura amplierà inoltre il circuito delle biblioteche di ricerca della città egiziana, costituito dalla biblioteca dell'ufficio regionale dell'Organizzazione Mondiale della Sanità e dalla biblioteca municipale.

Il sito che accoglie il nuovo edificio è stato scelto in modo da includere quello ipoteticamente occupato dalla Biblioteca Alessandrina fondata alla fine del IV secolo a.C. da Tolomeo I Soter – il Salvatore – e compresa all'interno della cinta muraria del palazzo reale dei Tolomei, in stretta vicinanza con il *Mouseion*. L'antico lotto avrebbe coinciso con l'attuale via Nabi Daniel.

Nella pagina accanto:
Vista notturna del grande muro istoriato
con geroglifici.

Per l'edificazione della nuova biblioteca di ricerca, il governo egiziano ha quindi messo a disposizione la porzione di terreno delimitata a nord dalla stretta lingua di terra chiamata El-Gueish, che lo separa dalla riva e accoglie una strada ad alto scorrimento, e a sud dalla via Port-Said, al di là della quale è il complesso universitario – facoltà delle arti e università di Alessandria –, che accoglie anche un ospedale. Il sito è delimitato a sud-ovest da un edificio residenziale.

La bellezza del paesaggio e la storia della mitica istituzione, indiscutibilmente legata a quella delle differenti culture mediterranee delle quali ha custodito per secoli testimonianze e "tesori", sono stati gli elementi essenziali per la scelta della localizzazione della biblioteca in prossimità del lungomare.

Il progetto urbano comprende anche una passerella che, attraversando in diagonale il lotto, collega gli edifici universitari alla riva, creando un lembo di piazza circoscritta di fronte all'auditorium esistente.

Questi e altri edifici, tra cui una piramide con la pianta a forma di triangolo equilatero che ospita la hall To-

lomeo, il padiglione emisferico del museo della calligrafia e una serie di altri corpi emergenti, creano una piazza della cultura con vista sul mare.

L'edificio della nuova biblioteca di Alessandria d'Egitto presenta una forma geometrica semplice, costituita da un tronco di cilindro di 160 metri di diametro, dall'altezza di 32 metri a sud e di 20 metri a nord-ovest, parzialmente interrato. La copertura del complesso doveva, secondo le disposizioni imposte dal governo egiziano, essere rappresentata da un piano inclinato.

La scelta della forma circolare come planimetria del nuovo edificio è da ricondurre, oltre che all'immaginario collettivo locale che vi vede simboleggiati l'antico sole egizio e la luna, alla riproposizione della morfologia del Porto dell'Est, quale punto di passaggio tra la terra ferma e la penisola, anticamente culminante nel faro di Pharos.

Alla base del progetto è anche l'idea di contrapporre alle preesistenze del palazzo dei congressi – situato all'estremità sud-ovest del lotto e capace di 2.500 posti a sedere – una forma che poco o nulla ha a che vedere con la tradizione degli edifici del *waterfront* della città.

All'interno, l'edificio si presenta come una successione di terrazze degradanti verso l'alto, collegate da una serie di gradinate, che concretizza l'asse nord-sud della composizione. La sequenza di piani conta sette livelli principali e quattordici secondari.

Il progetto degli interni della biblioteca è stato dettato da criteri tecnici e funzionali e da considerazioni estetiche e simboliche, finalizzati a una sostanziale economicità. Questo atteggiamento ha condotto anche all'ottenimento di un notevole grado di flessibilità degli spazi, vista l'assenza di muri portanti interni, sostituiti da

setti utilizzati per la realizzazione di trame modulari che permettono schemi organizzativi liberi.

La composizione è quindi basata sull'uso di due moduli geometrici di 120 centimetri – depositi dei libri – e di 180 centimetri – sale di lettura e spazi pubblici. L'entrata della biblioteca è situata al livello 0.00, l'unico dell'edificio a insistere su un piano di forma circolare.

La hall Callimaco dà accesso al polo di orientamento del pubblico, al prestito, alla biblioteca per bambini, mentre la hall Tolomeo conduce al piccolo auditorium. Al piano terreno si trovano anche la caffetteria, il museo della calligrafia, la scuola per bibliotecari, il centro conferenze e il parcheggio del personale.

La vasta sala di lettura – un ambiente unico scandito da una selva di colonne che, nonostante l'altezza variabile, ricordano i *karnak* dei templi egizi – è stata suddivisa in ambienti diversi e più o meno specializzati. A una parte centrale dedicata alle monografie, ai periodici, a servizi amministrativi e a installazioni tecniche, corrisponde, nella parte inferiore, la sezione dei manoscritti, dei documenti rari e preziosi, delle collezioni musicali e audiovisive, mentre la zona superiore della sala è occupata dalla Scuola internazionale di scienze dell'informazione – Isis.

Nel sottosuolo sono i depositi dei libri non accessibili al pubblico. La maggior parte dei testi è tuttavia lasciata in libera consultazione nella sala di lettura.

Le scale e gli ascensori per il pubblico sono racchiusi nel muro perimetrale curvilineo che delimita l'edificio, che è in realtà una doppia parete tecnica.

Lo stesso muro è esternamente decorato da geroglifici rappresentanti i caratteri di tutti i modi di scrittura e gli alfabeti del mondo.

Vista del ponte pedonale.

Nella pagina accanto:
Dettaglio del punto d'innesto tra il ponte pedonale e l'ingresso della biblioteca.

A destra:
Pianta del piano interrato.
In basso:
Vista generale esterna.

Nella pagina accanto:
Piante dei vari livelli.

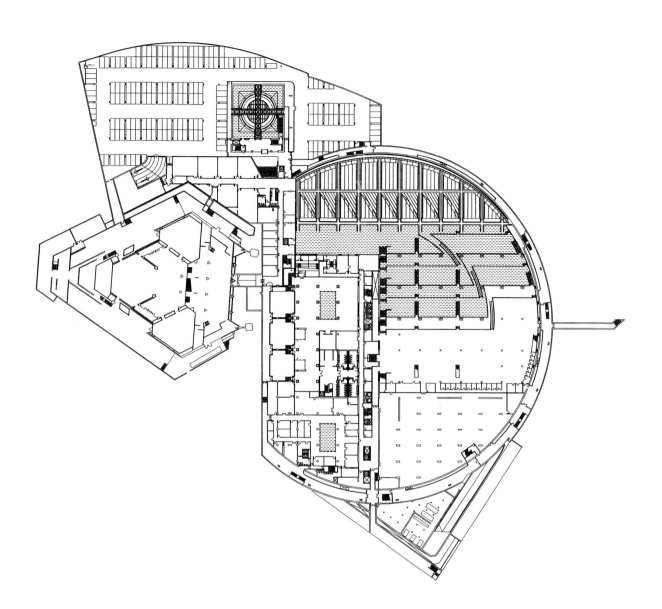

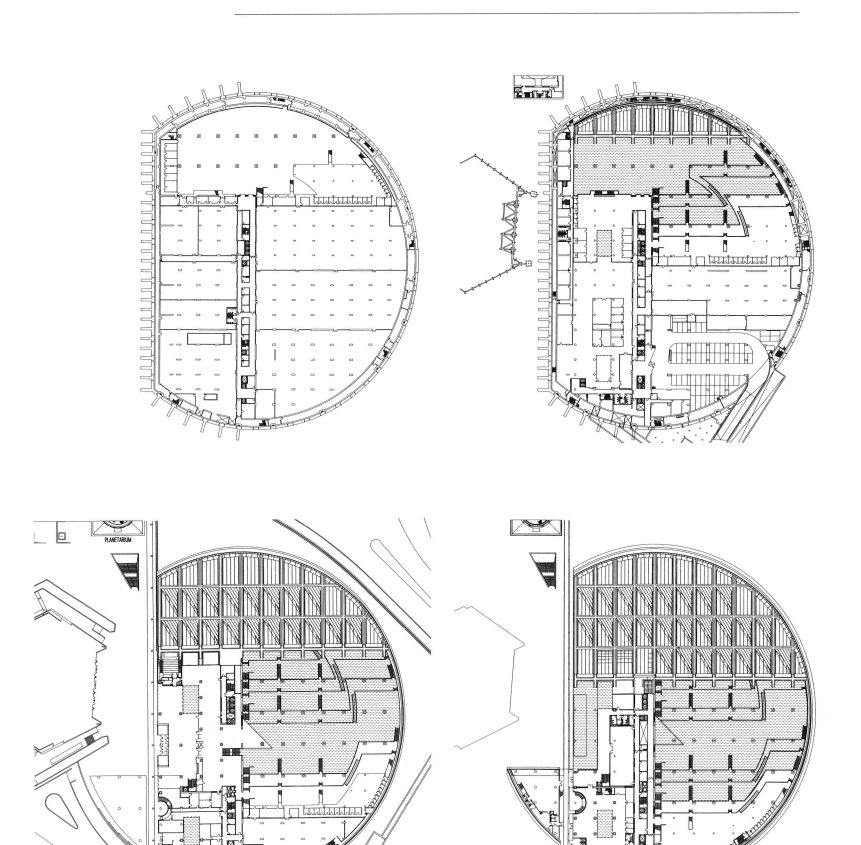

A destra:
Piante dei vari livelli.
In basso:
Lucernari di copertura.

Nella pagina accanto:
Sala di lettura a più livelli.

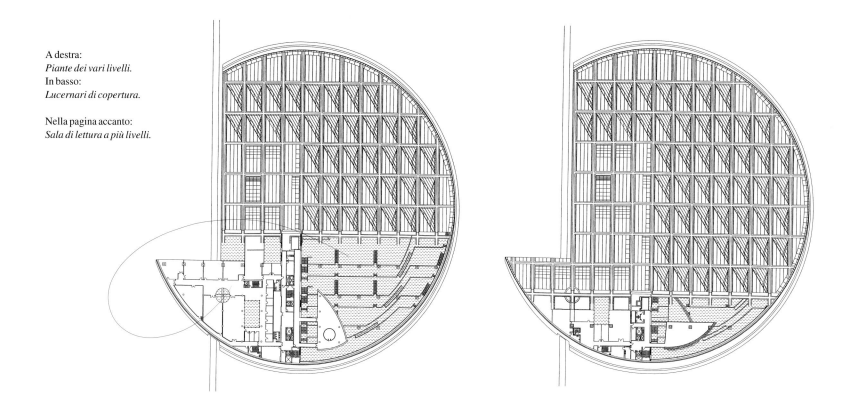

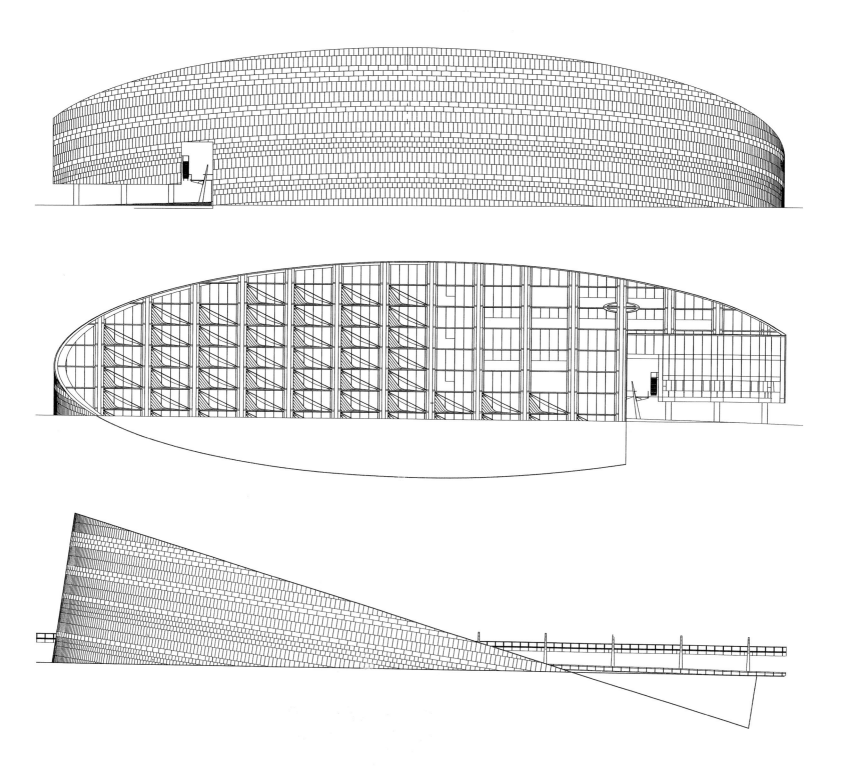

Prospetti esterni della biblioteca.

L'inclinazione del tetto dell'edificio è dovuta essenzialmente alla ricerca di accorgimenti di protezione delle strutture dai venti desertici provenienti da sud e dalle correnti salmastre nord-occidentali. Il piano di copertura è formato da pannelli per lo più triangolari che, non coprendo completamente i settori rettangolari in cui è suddiviso il tetto, lasciano penetrare la luce naturale zenitale nella vasta sala di lettura.

Per gli stessi motivi, l'edificio è stato circondato da un bacino d'acqua, volto a limitare gli effetti dannosi della sabbia portata dai venti meridionali.

L'edificio è nel complesso rispettoso della cultura locale. La maggior parte dei materiali utilizzati in fase di costruzione sono infatti di uso corrente e largamente disponibili in Egitto.

Dal punto di vista progettuale, l'importanza dell'incarico e le dimensioni eccezionali dell'intervento non hanno comportato novità spaziali particolari, soprattutto per quanto concerne la sala di lettura, i depositi dei libri e le loro reciproche relazioni.

Il ricorso al tipo classico della sala unica, per diversi secoli protagonista dell'architettura delle biblioteche, è qui riproposto in una versione contemporanea grazie alla grande quantità di luce naturale zenitale proveniente dalla copertura che, unita alla notevole altezza degli ambienti interni, caratteristica della tradizio-

ne culturale e architettonica araba di moschee e bazar, contribuisce a creare un'atmosfera sempre sospesa tra il mistico e il profano.

A pochi mesi dall'apertura ufficiale della nuova biblioteca al pubblico, le critiche sul suo funzionamento sembrano non cessare. Ragioni di natura gestionale e organizzativa, storica, socio-culturale ed economica sono alla base delle polemiche che pubblicizzano l'istituzione. In primo piano è la delusione relativa alle collezioni: frammentarie, troppo varie, non specializzate e in parte sottoposte a censura, all'apertura erano costituite da un fondo di 300.000 esemplari, rispetto ai 4-8 milioni previsti.

Dal punto di vista storico, gli archeologi locali lamentano una sostanziale incuranza nella scelta del sito di progetto – ipoteticamente coincidente con quello dell'antico complesso – dove, la costruzione della nuova biblioteca, potrebbe aver causato la cancellazione di tracce della mitica civiltà.

Infine, a livello economico, lo stanziamento di ingenti capitali per un progetto internazionale di queste dimensioni, è per i più incomprensibile in una realtà socio-culturale come quella egiziana, caratterizzata da un tasso di analfabetismo stimato al 46% della popolazione e da università che non sarebbero all'altezza di formare ricercatori in grado di utilizzarne strutture e servizi.

Vista dei volumi aggettanti sullo spazio interno della grande sala di lettura.

Juan Navarro Baldeweg

Biblioteca Pedro Salinas
Madrid, Spagna, 1990-1994

La realizzazione della nuova biblioteca di Puerta de Toledo rientra
nell'intervento di risistemazione del quartiere di San Francisco el Grande,
situato nella zona sud-ovest di Madrid e che comprende anche un centro
per l'infanzia, una sala polivalente, un centro sociale.

Il progetto urbano riguardava l'assorbimento dell'impatto visivo che l'apertura
della Gran Via de San Francisco aveva comportato.

Al termine di questa larga strada è la Glorieta Puerta de Toledo, una piccola
piazza di forma oblunga, pedonale, da cui è possibile scorgere i tre monumenti
caratteristici della zona: la chiesa di San Francisco el Grande, l'arco della porta
e la chiesa della Virgen de Paloma.

La preesistenza dell'antico accesso alla città e il rispetto per la topografia
del sito, degradante verso il letto del Manzanarre, sono state le linee guida
del progetto.

Le principali quote del terreno davanti alla chiesa Virgen de Paloma sono state
mantenute fino alla porta, in continuità con il declivio naturale che conduce alla
piazza, raggiungibile anche tramite una rampa sorretta da un muro di sostegno:

gli stessi elementi costruttivi che caratterizzano lo zoccolo basamentale della biblioteca, collocata sul lato opposto della Calle de Toledo.

La sede della nuova biblioteca è stata pensata in una
scala adeguata: un volume unico, dai tratti chiaramente
marcati, che domina la piazza senza però occultare la
Puerta de Lopez Aguado e che permette così di mantenere la prospettiva rivolta al Parque de Bomberos, ap-
partenente ai vigili del fuoco e che doveva essere pre-
servato.

L'edificio della biblioteca consiste in un blocco compatto di quattro piani, che ricorda l'archetipo di un
tamburo cilindrico sormontato da una cupola.

A un esame più attento emerge come il volume del-
l'edificio sia in realtà costituito da un blocco perimetrale di base, di forma trapezoidale irregolare, derivante
dal disegno della piazza e racchiuso da pareti cieche
ritmate da ampie vetrate, in cui si inscrive un cilindro
stereometrico puro, scandito dall'ordinato disegno
compositivo delle finestre quadrangolari.

La simultanea alternanza di curve concave e convesse

Biblioteca Pedro Salinas, Madrid

In alto:
*Profilo della biblioteca inserito
nel contesto urbano.*
A destra:
*Planimetria d'inquadramento
urbano.*

Nella pagina accanto:
*Ballatoi con scaffalature a vista
che delimitano la sala di lettura.*

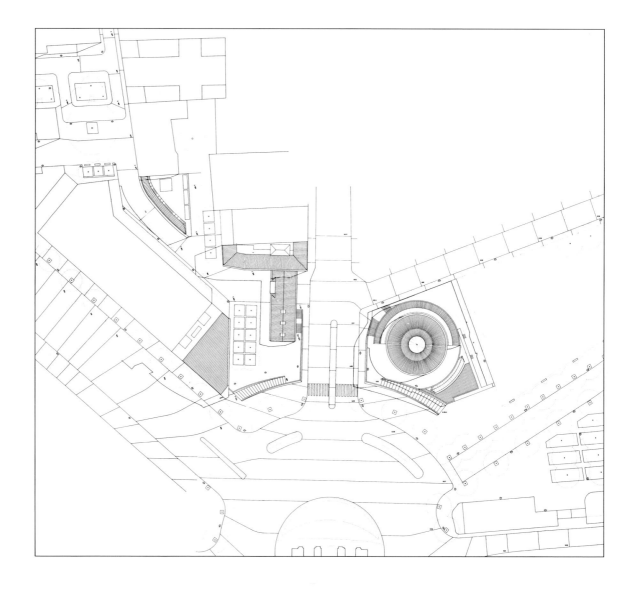

Piante dei vari livelli.

del profilo esterno, produce un vivace effetto di contrasto che bene interpreta e si adegua ai diversi requisiti dello spazio urbano circostante.

La gerarchia delle due parti che formano la biblioteca è riflessa anche nella suddivisione interna delle destinazioni d'uso.

Lo zoccolo dell'edificio, corrispondente all'altezza dei due piani interrati, è adibito al deposito dei libri, che occupa una superficie di circa 160 metri quadrati, e a una specifica sezione per bambini, capace di 13.400 volumi e 80 posti a sedere, nello spazio corrispondente alla proiezione della base del cilindro a terra. Ospita i

corpi scala, gli ascensori e i locali tecnici nella zona circostante.

L'accesso alla biblioteca è al secondo livello, corrispondente alla quota della strada, mentre la parte riservata all'infanzia ha un ingresso laterale indipendente, pur essendo raggiungibile anche dal piano sovrastante, così come gli spazi di lettura dei livelli superiori, cui si può accedere anche tramite la rampa esterna conducente alla Glorieta Puerta de Toledo.

Al secondo piano dell'edificio si trova una sala capace di 70 posti a sedere.

Il blocco centrale accoglie la sala di lettura principa-

Dettagli degli interni.

le, distribuita su due livelli. Vi si trovano inoltre l'amministrazione, la sala riunioni, la sezione audio e video della biblioteca, organizzate come un open space. L'ultimo piano di studio ospita 156 posti a sedere e presenta una superficie minore di quello sottostante.

Lo spazio a corona circolare che ne risulta è occupato dagli scaffali delle pubblicazioni a consultazione libera che, alternandosi alle finestre, sono disposti su tre livelli di ballatoi degradanti verso l'esterno e accessibili dalle scale del piano inferiore. Possono accogliere fino a 44.000 volumi, al livello della strada esterna, e altri 10.000 a quello superiore.

Biblioteca Pedro Salinas, Madrid

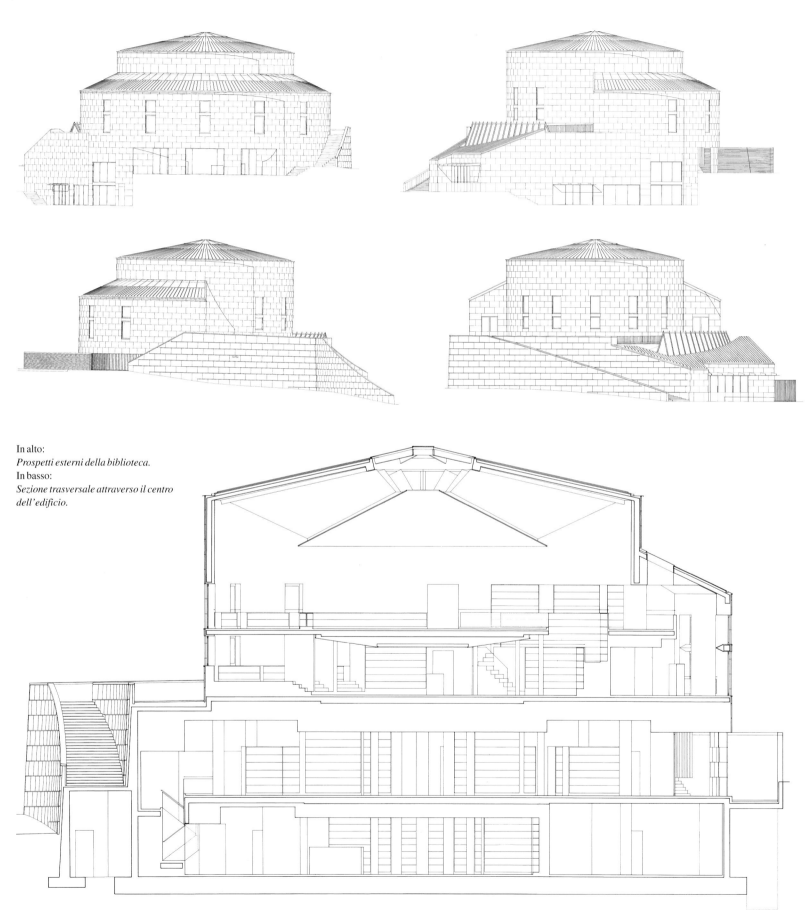

In alto:
Prospetti esterni della biblioteca.
In basso:
Sezione trasversale attraverso il centro dell'edificio.

Al primo piano adibito alla lettura – il terzo dell'edificio – questa soluzione, unitamente ad altre librerie organizzate secondo uno schema radiale e ortogonalmente alla parete curvilinea perimetrale, permette di suddividere lo spazio in *carrels*, che ricevono luce naturale laterale.

Planimetricamente, la distribuzione degli uffici dell'amministrazione e dei banchi di studio degli ultimi due livelli dell'edificio avviene per corone circolari concentriche e scandite da setti murari che, secondo direzioni radiali convergenti al centro, dividono le piante in settori.

Sulla base di un espediente forse di origine museale, non è prevista alcuna fonte di luce zenitale diretta.

A sostituirla è un controsoffitto appeso alla struttura, di sezione conica, concavo, che diffonde la luce irradiandola all'interno in modo indiretto.

Un'ulteriore illuminazione puntuale e artificiale, costituita da faretti assicurati alla parete perimetrale e posti in corrispondenza delle finestre sottostanti, riproduce la luce diurna per assicurare il funzionamento della biblioteca anche durante le ore notturne.

Lo spazio interno che ne risulta è fluido e caratterizzato dal continuo cambiamento di prospettiva, che è tipico delle composizioni basate sull'uso della figura circolare; da un ottimo sfruttamento della luce naturale; dalla possibilità di cogliere il volume complesso delle sale come un tutto accogliente le funzioni principali di una biblioteca: la lettura, il deposito dei libri, la circolazione delle persone e delle informazioni.

Il principio di gerarchizzazione che domina l'intero progetto si riflette anche nei materiali impiegati per la costruzione dell'edificio, scelti in relazione a quelli utilizzati nei fabbricati circostanti.

Mentre il basamento è rivestito di granito grigio, il fronte curvilineo del cilindro centrale della biblioteca è in pietra naturale bianca.

L'edificio della biblioteca sarà collegato a una scuola, composta da due volumi paralleli e da un corpo indipendente, da destinarsi a sala di riunione. Il concetto è quello di intendere questi volumi come compatti contenitori che possano al tempo stesso ospitare gli alloggi per gli studenti o gli uffici dell'amministrazione.

Lo scopo è di definirne a priori la scala, la forma, gli allineamenti, per la creazione di una parte di città complessa e bene strutturata.

La sala di lettura sotto il grande controsoffitto circolare.

Antonio Cruz, Antonio Ortiz

Biblioteca pubblica provinciale Infanta Elena Siviglia, Spagna, 1995-1998

A Siviglia, non lontano dal complesso universitario della città, nel lotto pressoché triangolare
che accoglie i padiglioni dell'esposizione ispanoamericana del 1929, è stata costruita
una nuova biblioteca pubblica.

Il sito è delimitato dal fiume Guadalquivir e dall'avenida Marìa Luisa, che lo separa
dall'omonimo parco.

La forma del lotto di progetto deriva dall'organizzazione planimetrica del quartiere,
che si sviluppa secondo uno schema radiale ed è attraversato da strade ad alto scorrimento,
confluenti in un importante nodo di smistamento del traffico. In questo centro nevralgico
della circolazione cittadina converge il ponte di collegamento con la parte di città
che si sviluppa al di là del fiume e il cui asse coincide con quello della Plaza de España,
di forma semicircolare, alla quale è collegato tramite una lunga strada che ne rappresenta
il prolungamento.

La nuova biblioteca è racchiusa tra l'avenida de Chile e il Paseo de las Delicias.

Occupa un'area che faceva parte del padiglione degli Stati Uniti ed è circondata, oltre
che da quello americano, anche dai padiglioni espositivi dell'Uruguay, del Perù e del Cile.

La forma semplice e chiara del complesso contrasta e si impone sulla natura pittoresca

del parco adiacente. L'andamento centripeto della composizione dà origine a un edificio a blocco alto due piani fuori terra, dalla forma irregolare, chiuso su se stesso intorno a un patio, ma aperto verso il parco Marìa Luisa.

Il doppio ingresso alla biblioteca, avviene tramite un'*infilade*: un lungo corridoio che si affaccia sull'esterno grazie alle ampie vetrate e che dà accesso a una serie di locali di servizio e strutture di collegamento verticale, filtro obbligato per accedere agli spazi di lettura.

All'interno si trova una grande sala. L'ambiente è unico.

Gli spazi di lettura, che al centro del complesso si presentano a doppia altezza, sono per lo più riuniti intorno alla corte e sono direttamente collegati ai magazzini dei libri in libera consultazione.

L'illuminazione naturale e laterale degli ambiti di studio, derivante dal giardino interno, è completata dal sistema di faretti a incasso, fissati ai controsoffitti e al solaio del secondo piano dell'edificio.

Gli elementi di arredo degli spazi di lettura della biblioteca, il cui disegno è stato parte integrante del progetto dei due architetti spagnoli, comprendono como-

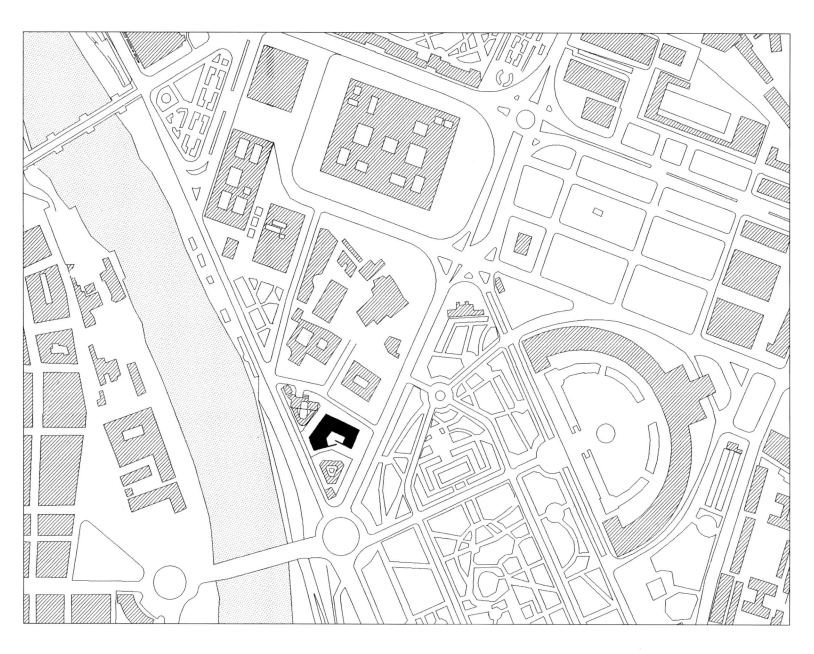

Giardino interno della biblioteca.

Nella pagina accanto in alto:
Planimetria d'inquadramento urbano.
Nella pagina accanto in basso:
Vista esterna dei fianchi dell'edificio.

de poltrone e tavoli di lavoro, rigorosamente bianchi, come il banco delle informazioni, le scaffalature dei libri e le pareti interne dell'edificio, così da agevolare gli effetti di riflessione e diffrazione della luce naturale e artificiale.

Corona la sala unica così costituita il deposito dei libri, distribuito su due livelli su tutta la fascia perimetrale dell'edificio e il cui ballatoio, al secondo livello, si affaccia sul vuoto lasciato dalla doppia altezza degli spazi di lettura.

Il piano terra della biblioteca accoglie, oltre alla sala di lettura, il polo di orientamento e informazione degli utenti, la sezione prestito, l'emeroteca, la biblioteca per bambini e diversi spazi per attività culturali, con collezioni di musica, cinema e arti sceniche.

Al primo piano si trovano la consultazione, che ospita anche esposizioni tematiche temporanee e le ultime acquisizioni, il fondo locale Nicolàs Antonio, gli uffi-

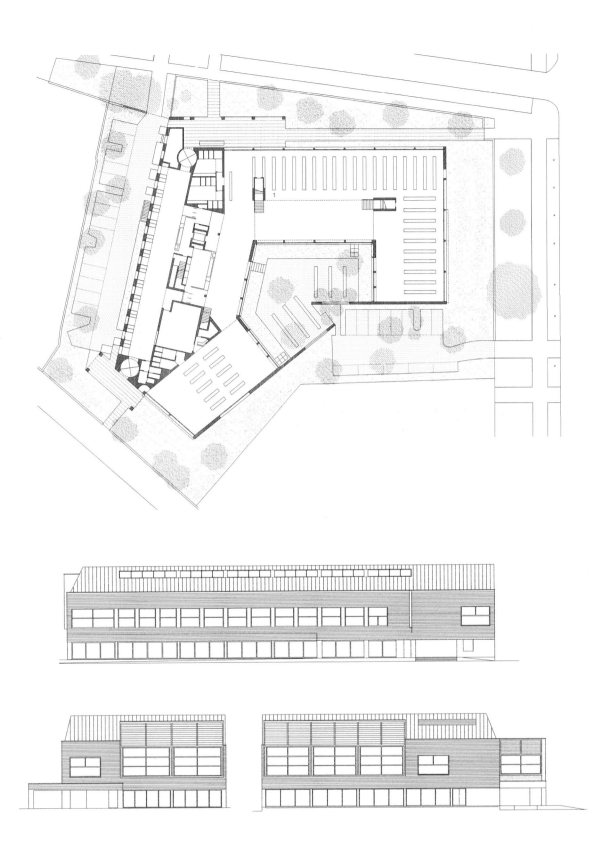

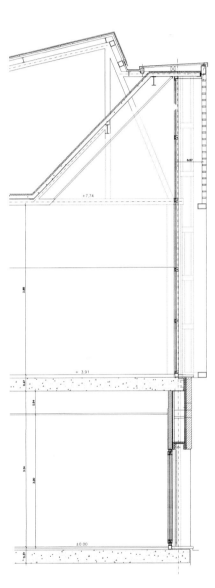

A sinistra in alto:
Pianta della biblioteca al piano terra.
A sinistra in basso:
Prospetti esterni dell'edificio.
In basso:
*Sezione di dettaglio sul grande
serramento di facciata, completato
nella parte alta con un brise-soleil.*

Nella pagina accanto in alto:
La sala di lettura a doppia altezza.
Nella pagina accanto in basso:
*Dettaglio dell'apertura ottenuta
divaricando la giacitura del muro
perimetrale.*

ci della direzione e dell'amministrazione della biblioteca, la videoteca e la fonoteca.

Grazie alla forma stereometrica ma irregolare del volume che accoglie la biblioteca, il complesso presenta dieci prospetti, di cui quattro interni.

La distinzione tra le facciate interne ed esterne è realizzata tramite l'uso di materiali diversi: grandi pannelli in vetro, trasparenti, verso il giardino, così da sfruttare al meglio la luce naturale per buona parte dell'anno; prevalenza del mattone rosso sulle strade che circondano il

lotto, alternato a elementi di rivestimento e infissi in zin-co grigio, che delimitano aperture di varie dimensioni, scandite da moduli che presentano altezze e larghezze spes-so differenti. I pannelli in zinco, che sottolineano il ba-samento dell'edificio al piano terra, sono ripresi nella co-pertura a falde, dall'inclinazione irregolare, interrotte per accogliere gli stretti e lunghi lucernari che consen-tono alla sala di lettura di godere di una doppia fonte di illuminazione naturale. Il patio, che consente l'espleta-mento di attività di studio e lettura all'aperto, chiude la

biblioteca verso il lato del padiglione degli Stati Uniti. Il giardino è delimitato da due setti murari, che rappre-sentano il prolungamento dei muri perimetrali dell'edifi-cio e che, sviluppandosi su direzioni differenti, si inter-rompono per lasciare una piccola apertura, chiusa da bas-si pannelli in vetro trasparenti, montati su telai in zinco. L'ideale classico della ricerca di centralità si traduce, nel lavoro dello studio spangolo, nella realizzazione di spazi interni sorprendenti, insospettabili dall'esterno, spesso misteriosi.

Pur mantenendo i caratteri di originalità tipici dei padiglioni espositivi, il progetto della nuova biblioteca assume il significato di percorso iniziatico, che conduce il lettore dalla confusione rumorosa della città al silenzio contemplativo della corte interna, semiaperta. Esternamente, la ricerca costante di effetti di contrasto con l'esistente è mitigata dal rispetto per l'identità del luogo. Un uso insistito del mattone rosso a vista conferisce alla biblioteca un'immagine eclatante nel verde della natura circostante.

Grande vetrata della sala di lettura aperta sul patio interno.

José Ignacio Linazasoro

Biblioteca della Universidad nacional de educación a distancia. Madrid, Spagna, 1989-1994

In un ristretto e lungo sito, delimitato da due lunghi viali alberati che lo separano dalla sede autostradale e dal fiume Manzanarre, nella periferia di Madrid, è stata costruita la nuova biblioteca dell'Universidad nacional de educación a distancia (Uned).

Gli edifici preesistenti, di ispirazione razionalista, tra i quali spicca la facoltà di scienze economiche, opera recente di José Ignacio Linazasoro, e lo splendido paesaggio circostante hanno fornito le linee guida del progetto.

L'idea centrale è di realizzare una struttura ermetica e imponente che, simboleggiando il luogo di custodia del sapere, favorisca la lettura e lo studio, ma dalla quale, accedendo all'ultimo livello, sia possibile percepire il vasto panorama esterno.

La biblioteca è costituita da un corpo a blocco a pianta centrale, quadrata, alto nove piani fuori terra, cui se ne aggiunge uno interrato, sormontato da una copertura piana praticabile e coronato da un cornicione aggettante.

L'edificio è impostato su una griglia regolare di 81 pilastri a sezione circolare, il cui modulo, di 4,5 metri, è stabilito dalla lunghezza degli scaffali per i libri. I primi due livelli sono rappresentati da vaste sale ipostile che, attraverso le quattro porte di ingresso della biblioteca, creano un collegamento, non solo visivo, con il piazzale antistante l'edificio.

Dal secondo al settimo piano, la continuità della maglia strutturale è interrotta dal grande vuoto interno, su cui si affacciano i tavoli di studio.

Il volume conico cavo è inscritto nella superficie quadrata compresa nei sedici moduli centrali dell'edificio ed è separato dal primo allineamento di pilastri, che lo delimita da un breve corridoio di passaggio, la cui larghezza diminuisce progressivamente salendo.

Fa eccezione l'ultimo livello della grande hall, dove il vuoto centrale presenta una forma quadrata.

Ogni piano presenta due file di librerie perimetrali, sostituite nel lato nord da studioli individuali e spazi di lettura più raccolti.

La distribuzione verticale avviene tramite due piccole scale che, occupando l'ampiezza di due moduli, sono posizionate trasversalmente ai fronti est e ovest. Altri corpi scala di servizio, completi di ascensori e montacarichi, sono racchiusi agli angoli nord-ovest e sud-est dell'edificio, mentre in quello nord-est sono i servizi.

Al piano terreno, oltrepassate le porte di ingresso, si accede a un ampio atrio vetrato e, da questo, ai cata-

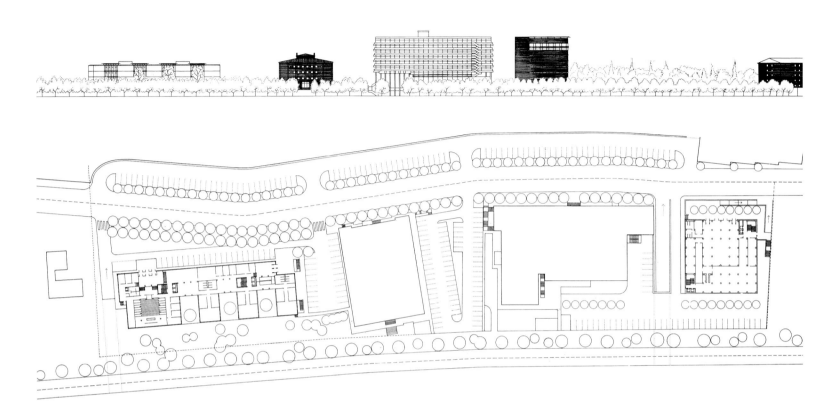

Dettaglio della facciata.

Nella pagina accanto in alto:
*Profilo della biblioteca nel contesto
urbano e planimetria generale
degli edifici universitari.*
Nella pagina accanto in basso:
*La sistemazione della zona esterna
di ingresso.*

*Posti di lettura sulla balconata
del quinto piano.*

loghi e agli schedari della consultazione e al prestito.
Il centro dell'edificio è sottolineato da quattro aperture di forma quadrata, praticate nel solaio e protette da
pannelli di vetro.
La biblioteca vera e propria inizia al primo livello e si
estende per sei piani.
Lo spazio pubblico di incontro e sosta, con sala riunioni
e caffetteria, e l'amministrazione sono distribuiti al
settimo piano, intorno al vuoto centrale quadrato e sono circondati da terrazze.
Il piano attico è riservato agli impianti tecnologici, protetti da una tettoia perimetrale che lascia penetrare la
luce al centro dell'edificio tramite i sedici lucernari, di
sezione troncoconica, aperti nel solaio di copertura.
I tavoli per la lettura sono infatti illuminati zenitalmente,
con luce naturale, diffusa e diretta e solo parzialmente dalle strette finestre a nastro dei prospetti, che sor-
montano le librerie.
Il livello interrato è destinato ai magazzini dei libri.
Internamente, oltre al cemento armato della struttura,

domina il legno, che crea un ambiente di studio accogliente e raccolto.
I pavimenti e i soffitti di ogni livello sono trattati con
sostanze traslucide per favorire gli effetti di riflessione e diffrazione della luce proveniente dalle aperture
laterali.
Un solaio cassettonato, da cui penetra e si diffonde la
luce che piove dall'alto, conclude la corte centrale.
Il rigore con cui sono trattati i prospetti dell'edificio
esalta la sacralità dell'istituzione che vi è accolta.
Fatta eccezione per il piano terra, dove grandi porte a
vetro indicano l'ingresso principale e quelli secondari, i fronti sono scanditi da finestre a nastro continue,
per culminare, all'ultimo livello prima del solaio di coronamento, in pareti completamente vetrate che danno accesso a terrazze.
Le zone adibite ai servizi e alla distribuzione verticale sono cieche.
Il blocco è interamente rivestito in mattoni, in confor-
mità con gli edifici universitari circostanti.

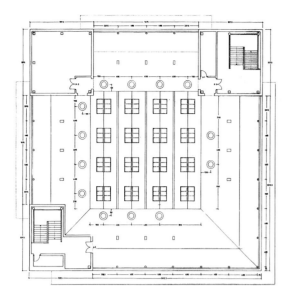

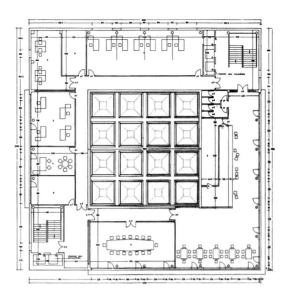

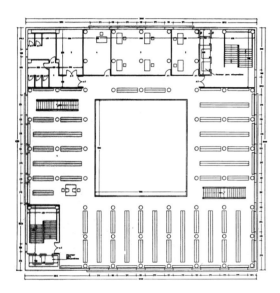

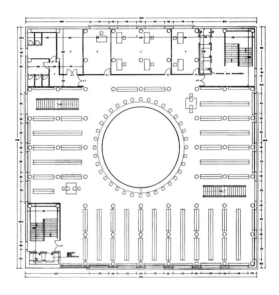

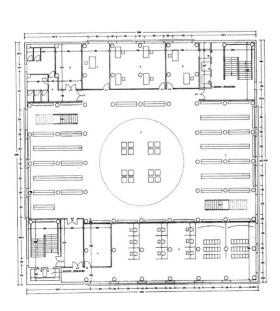

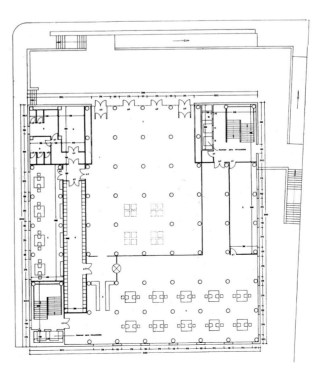

A destra:
Prospetto esterno.
In basso:
*Vista interna del settimo piano
con la grande finestra a nastro
perimetrale.*

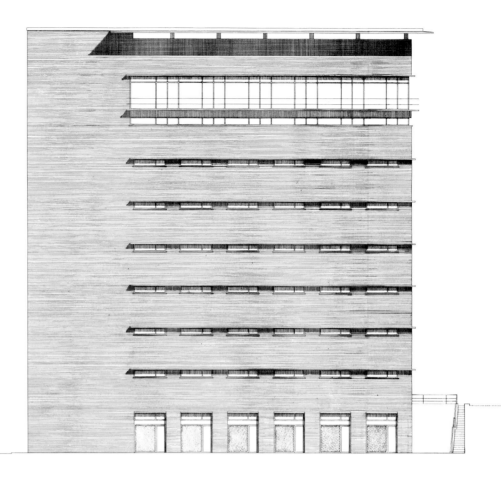

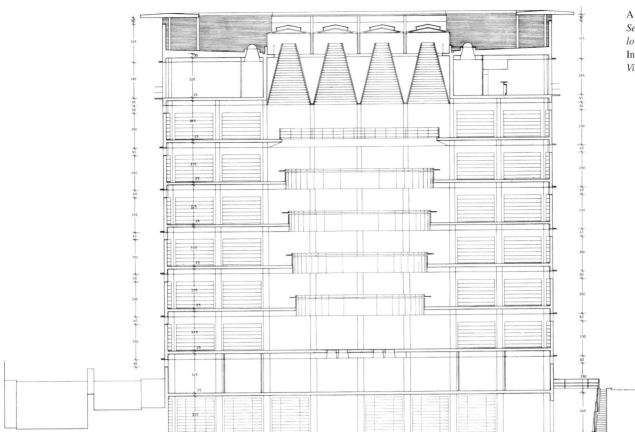

Biblioteca della Universidad nacional de educación a distancia, Madrid

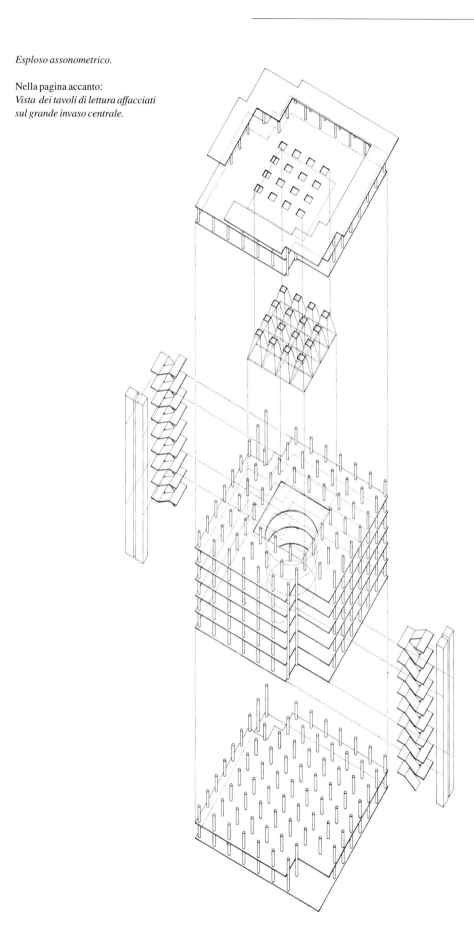

Riunendo elementi tipici della tradizione architettonica islamica e di quella rinascimentale spagnola, le cui sale ipostile con corte interna si possono ancora ritrovare nella moschea di Cordoba, della fine del VIII secolo, o nell'Alhambra di Granada, risalente al 1526, l'architetto spagnolo utilizza la luce come unico elemento di definizione della natura e della qualità dello spazio, racchiuso in volumi che si caratterizzano per l'alternanza e l'intersezione di forme pure e semplici di solidi regolari, dando origine a un vivace ritmo di vuoti e pieni perfettamente complementari all'interno di un volume ermetico.

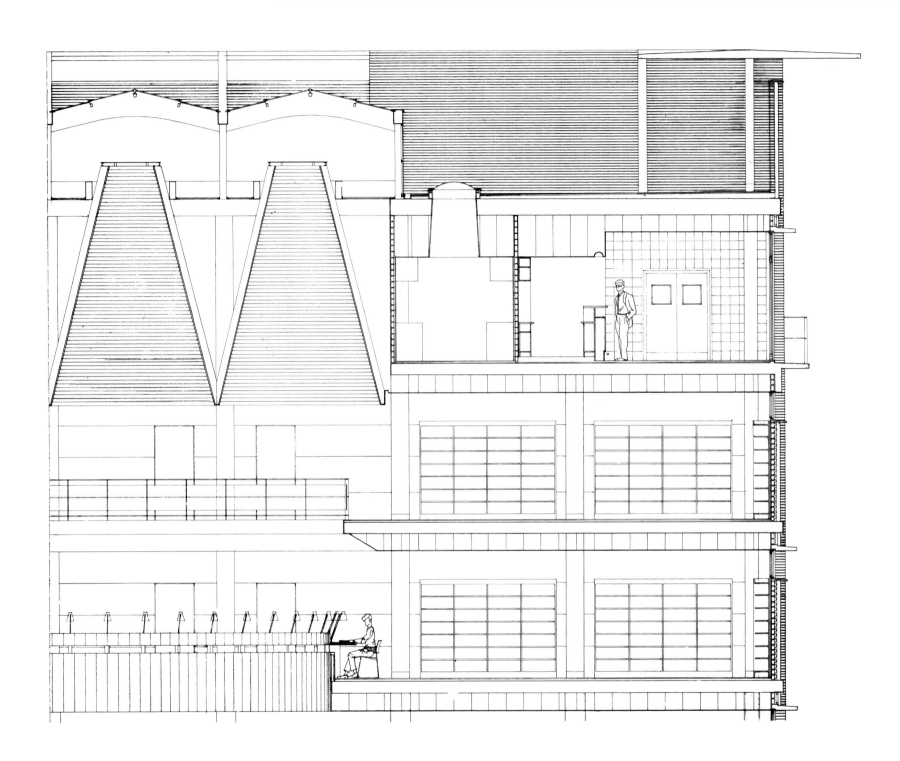

Dettaglio della sezione.

Nella pagina accanto:
*Vista d'insieme dei banchi di lettura
e delle scaffalature dei libri distribuite
sui diversi piani.*

Alvaro Siza Vieira

Biblioteca universitaria di Aveiro
Aveiro, Portogallo, 1988-1994

Nella fase di espansione economica che il Portogallo sta conoscendo in questi anni, mirata a incentivare l'identificazione culturale e architettonica dei centri minori, una notevole importanza riveste la politica di riorganizzazione delle strutture universitarie del Paese.

Situata a pochi chilometri dalla costa atlantica, la cittadina di Aveiro, che conta circa 7.000 abitanti ed è compresa nella Beira Litoral, non possedeva alcuna sede universitaria.

Oggi, in un'area periferica in leggero pendio, circondata da un paesaggio lacustre pianeggiante e da terreni per lo più impraticabili, si è realizzato un nuovo campus, grazie a una serie di interventi pubblici cui hanno partecipato alcuni dei migliori architetti portoghesi.

Fra questi sono la sede del rettorato, opera di Gançalo Byrne; gli edifici del dipartimento di ceramica e di quello di chimica, progettati da Alcino Soutinho; il dipartimento di geologia, disegnato da Eduardo Souto de Moura; gli edifici del dipartimento di ingegneria e meccanica e della casa dello studente, ultimati da Adalberto Dias; il padiglione espositivo Jo?o Almeida, di Victor Carvalho; la torre dell'acqua e la nuova biblioteca, realizzati da Alvaro Siza Vieira.

Posizione predominante all'interno del campus è occupata dalla biblioteca, collocata al margine estremo di una zona ricca di stagni e saline.

La nuova struttura bibliotecaria è capace di ospitare 1.020 utenti giornalieri e 300.000 volumi.

L'edificio planimetricamente si presenta come una riunione di tre corpi a blocco con corte centrale, pur assumendo, all'esterno, l'aspetto di un massiccio corpo in linea unitario e compatto.

La pianta è impostata su una griglia geometrica a modulo costante.

Il primo corpo addossato, quello dell'ingresso e degli studi individuali, interessa nove moduli; il corpo centrale, con le sale di lettura e il deposito principale, ne occupa dodici e il terzo, con la sala riunioni e i corpi scala, solo tre.

L'atrio di ingresso della biblioteca è situato in corrispondenza del lato sud-est e al primo piano dell'edificio, al livello di un basamento esistente ed è collegato con la quota dei percorsi pedonali che conducono al centro del campus attraverso due piccoli ponti.

Al piano terra, seminterrato, sono i locali tecnici, i depositi dei libri, l'amministrazione e alcuni spazi per la lettura individuale.

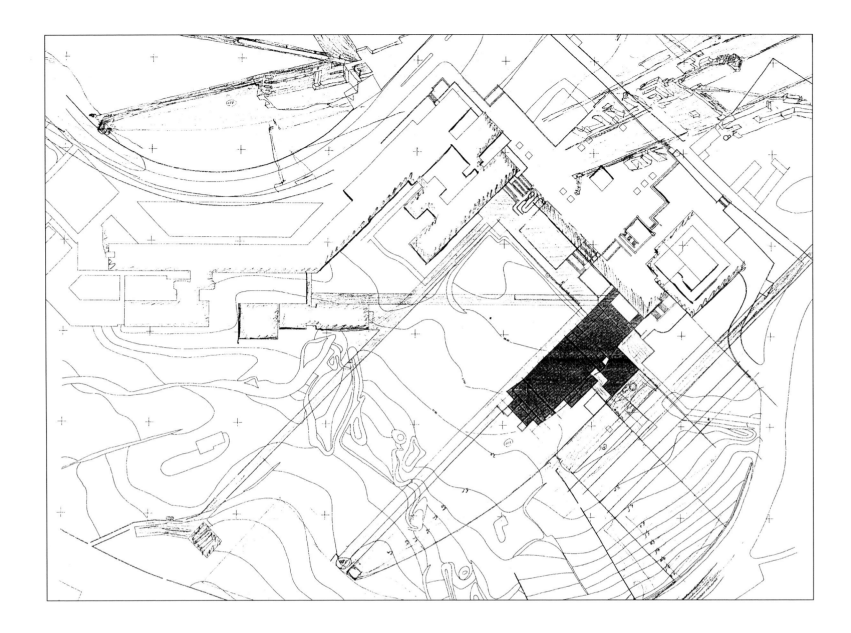

Il primo, il secondo e il terzo piano sono divisi longitudinalmente in tre parti. Mentre la zona centrale di ogni livello ospita gli schedari e le sale di lettura, secondo un rigido principio gerarchico per cui il secondo livello è dedicato alle opere di cultura generale e l'ultimo alle collezioni speciali, negli ambiti laterali sono distribuite le funzioni secondarie della biblioteca: uffici, locali tecnici e di servizio, studioli individuali, altri spazi di lettura per piccoli gruppi di utenti.

Al primo piano sono inoltre il vestibolo, il guardaroba e la sala mostre; al secondo la sezione audiovisivi. Le grandi sale di lettura, consultazione e prestito sono quindi riunite in un unico volume centrale e distribuite su livelli sovrapposti, secondo un'organizzazione verticale che le rende visivamente collegate grazie all'alternanza irregolare di piani tipo e di aule a doppia altezza, che conferisce unitarietà allo spazio interno.

Vista la totale assenza di finestre, all'ultimo piano i tavoli di lettura ricevono illuminazione diretta e zenitale proveniente dai lucernari circolari a sezione troncoconica sporgenti dal solaio di copertura.

Grazie ai tagli sfalsati operati dei solai sottostanti, la luce naturale raggiunge gli ambienti di studio degli altri piani, già illuminati lateralmente dalle finestre dei fronti nord-est e sud-ovest.

I grandi ambienti di lettura, riuniti intorno agli spazi cavi aperti a ogni livello, sono caratterizzati da tavoli di studio collettivi, capaci di accogliere fino a 8 utenti, alternati a scaffali di libri in libero accesso che, disposti ortogonalmente ai lunghi muri perimetrali, a fianco delle finestre, compongono unità di studio che ricordano i *carrels* della tradizione inglese e che corrispondono alla metà del modulo di base.

L'edificio, alto quattro piani, è quindi impostato sulla composizione verticale di due principi progettuali diversi: il piano dei servizi e dei depositi, trattato come corpo in linea sospeso e sorretto da pilotis a vista, e il volume ininterrotto, di tre piani, adibito a lettura, consultazione e prestito.

La differenziazione gerarchica cui è ricorso l'architetto portoghese è riscontrabile anche negli involucri di rivestimento delle due distinte parti. Mentre il piano dei servizi è intonacato bianco, il volume fluido e compatto destinato allo studio è interessato dall'impiego dei mattoni lasciati a vista, in ottemperanza al regolamento del campus che vincolava la scelta del rivestimento

esterno dell'edificio e della struttura portante in cemento armato.

Nonostante l'applicazione di principi finalizzati all'ottenimento di un'evidente continuità nel trattamento degli esterni dell'edificio – riconoscibili nella lunga finestra a nastro centrale dei lati nord-est e sud-ovest, nello spazio cavo della loggia dell'entrata principale, nell'apertura dal disegno orizzontale del prospetto nord-ovest – i quattro fronti del fabbricato si caratterizzano grazie alla presenza di elementi di identificazione unici.

Nelle due testate brevi dell'edificio, ciò è evidenziato dal ricorso a due soluzioni architettoniche diverse: la citazione di una pensilina in calcestruzzo intonacato bianco, che assume il significato di pronao di ingresso, e l'utilizzo di semplici volumi stereometrici e verticali sul lato opposto, avanzati o arretrati rispetto all'allineamento della facciata, che generano i cavedi aperti nella torre degli studioli individuali.

Nonostante il semioccultamento alla vista dei lucernari dietro alle velette in calcestruzzo del piano di copertura, è esplicito, nella soluzione di illuminazione verticale, il riferimento alla biblioteca di Viipuri di Alvar Aalto.

Biblioteca universitaria di Aveiro, Aveiro

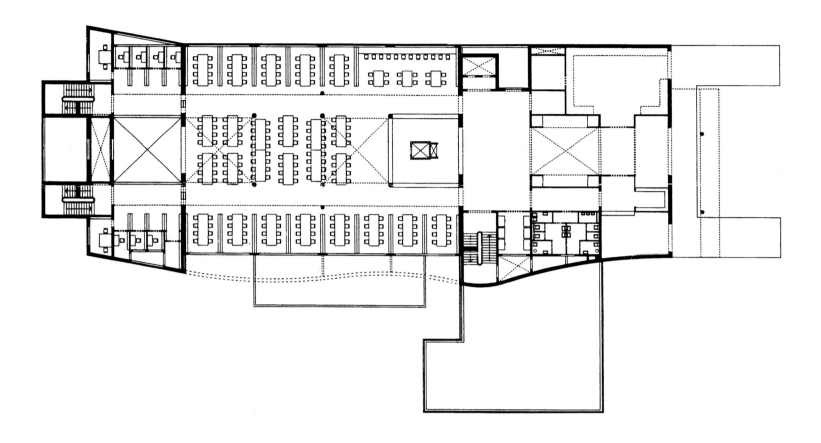

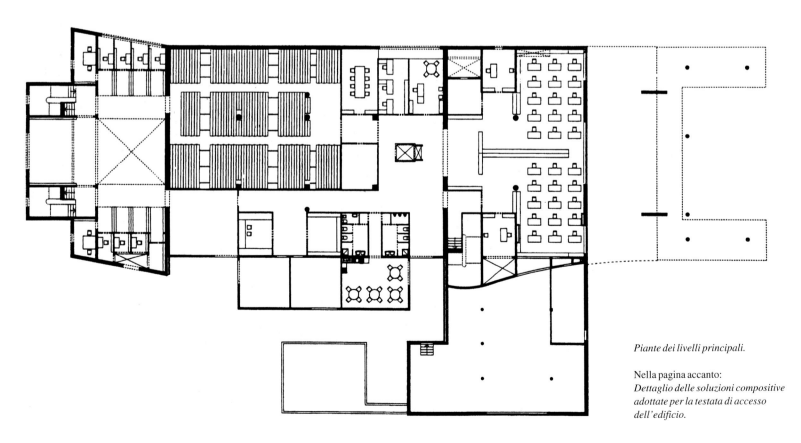

Piante dei livelli principali.

Nella pagina accanto:
*Dettaglio delle soluzioni compositive
adottate per la testata di accesso
dell'edificio.*

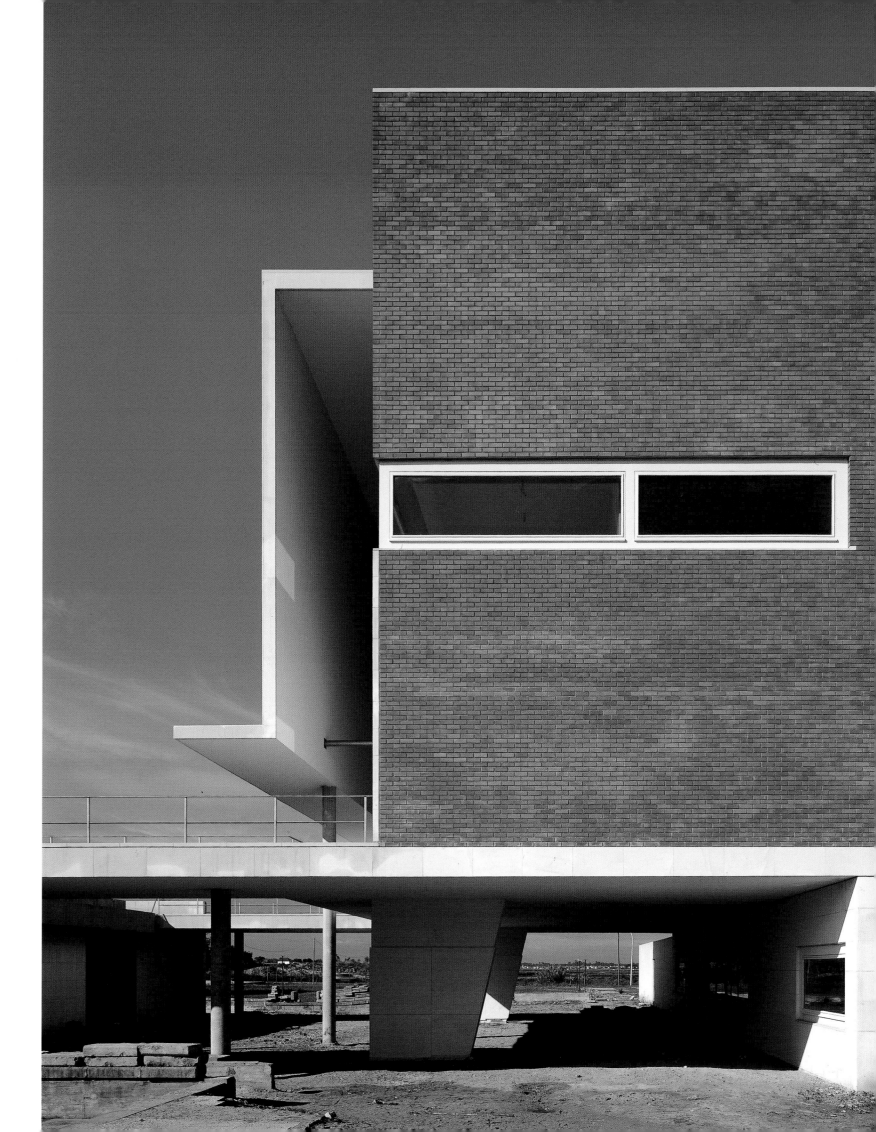

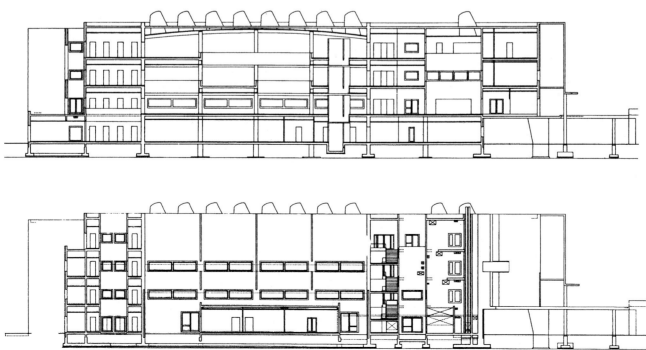

In alto:
Veduta di una sala di lettura.
A sinistra:
Dettaglio dell'interno.

Nella pagina accanto in alto:
*Vista d'insieme dell'interno
dell'ultimo piano dell'edificio.*
Nella pagina accanto in basso:
Sezioni longitudinali.

Paul Chemetov, Borja Huidobro

Biblioteca municipale a vocazione regionale Montpellier, Francia, 1996-1999

Le *bibliothèques municipales à vocation régionale* nascono in seguito alle trasformazioni di ordine gestionale – aumento e diversificazione delle collezioni – e progettuale – maggiore varietà degli spazi pubblici e di lettura – intervenute nell'organizzazione delle biblioteche municipali francesi tra il 1970 e il 1980 e sono ufficialmente divenute l'oggetto di leggi sulla decentralizzazione nel 1986.

Espressione dell'esigenza di divulgazione di una cultura prevalentemente mediatizzata, le Bmvr, a partire dalla biblioteca pubblica d'informazione del Centro Pompidou, a Parigi, aperta nel 1977, sostituiscono le antiche biblioteche municipali ampliandone le competenze e i servizi offerti, in un gran numero di comuni d'oltralpe con più di 100.000 abitanti, dove i cantieri non ancora terminati saranno conclusi entro il 2003.

Negli ultimi vent'anni, le mediateche di Chalôns-sur-Marne, La Rochelle, Limoges, Poitiers, Reims, Rennes, Tolosa, Troyes, Pau, Clermont-Ferrand, Besançon, Rouen, risultato della collaborazione di architetti e bibliotecari e di una volontà politica volta a una più evidente democrazia, triplicano il numero delle biblioteche municipali francesi, introducendo nuove modalità e strumenti di studio, da organizzarsi in spazi di qualità.

Una di queste nuove istituzioni culturali francesi è la Bmvr di Montpellier, che occupa

un lotto centrale della città, compreso nel quartiere di Antigone, risistemato da Ricardo Bofill nel 1985.

Il progetto prevede la riunione di biblioteca e archivio nello stesso edificio, per la realizzazione di un complesso che comprenderà altri cinque fabbricati e la mediateca Fellini.

Tra la piscina olimpica e l'università, sulla riva orientale del fiume Lez, il nuovo edificio si compone di parti a destinazioni d'uso diverse, che si differenziano esternamente grazie ai materiali utilizzati, ai volumi rientranti, ai giochi di pieni e vuoti, alle dimensioni e alla quantità delle bucature.

Una vasta pensilina, coprente una superficie di 15.000 metri quadrati, raccorda i due corpi in linea che formano l'edificio, separati da una piazza coperta.

I tre elementi principali della composizione, così come le strutture dei collegamenti verticali e orizzontali – ballatoi, passerelle metalliche, corpi scala – poggiano su una griglia di pilastri e colonne, rivestite in metallo galvanizzato spazzolato, a modulo variabile.

Ogni corpo in linea si compone planimetricamente di

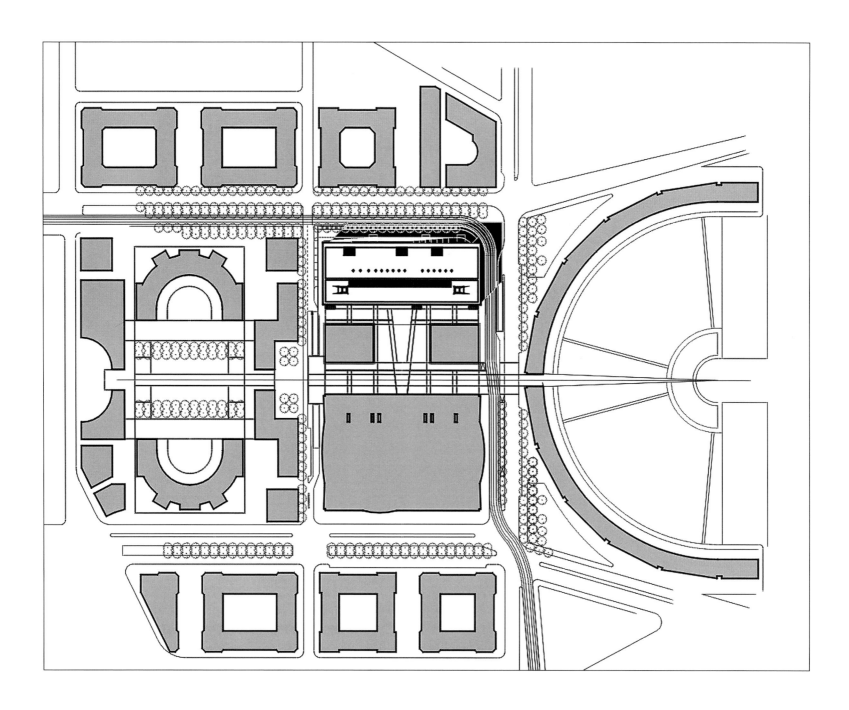

una vasta area centrale pubblica e delle due terminazioni laterali, destinate alla lettura e che concludono gli edifici sui lati est e ovest del lotto, al di là delle passerelle che, sospese sull'atrio, li collegano.

Il piano terra è unico. Accoglie una zona di ingresso che traversa il complesso da nord a sud e distribuisce a un insieme di spazi pubblici comprendenti il polo di orientazione e prestito, l'auditorium, la sala per le esposizioni, il caffè delle lettere, il forum dell'attualità (lato nord) e il centro di risorse per le scuole e la gioventù (lato sud).

Il corpo a nord, alto quattro piani fuori terra di cui i primi due, come il piano terra, sono a doppia altezza, racchiude ulteriori spazi pubblici e le sale di lettura.

In ogni spazio di lettura, prevalentemente a carattere misto o generico, i testi sono lasciati in libera consultazione. Le zone di studio e i tavoli di lavoro sono separati solo dagli elementi di arredo e dagli scaffali per i libri.

L'ultimo piano è dedicato alla ricerca e vi si mettono a disposizione le collezioni del fondo occitano e patrimoniali, oltre a quelle degli archivi municipali.

L'edificio a sud, alto sette piani fuori terra, accoglie i magazzini dei libri e gli uffici dell'amministrazione. Il piano ammezzato comprende la musicoteca, una sala conferenze e una sala di lettura.

Al centro, nel grande atrio longitudinale, che riceve luce naturale dall'alto e delle dimensioni di 70 metri di lunghezza, 12 metri di larghezza e 25 metri di altezza, sono riuniti i corpi scala di accesso ai vari livelli dei due fabbricati adiacenti.

La distribuzione del materiale di studio è automatizzata. La differente destinazione d'uso dei due corpi in linea è riproposta nel disegno dei prospetti.

La facciata nord dell'edificio adibito alla lettura, al di sopra dello zoccolo che designa il piano terra, è infatti interamente costituita da lastre di cristallo, che per-

Biblioteca municipale a vocazione regionale, Montpellier

Piante dei vari livelli

Nella pagina accanto:
*Veduta dello spazio distributivo
centrale con le rampe delle scale
di sicurezza.*

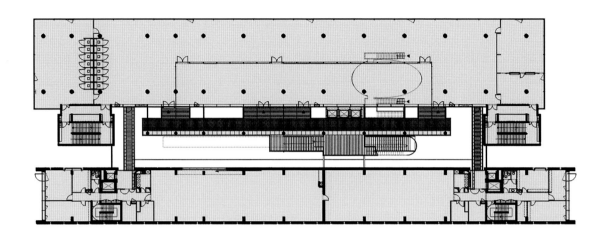

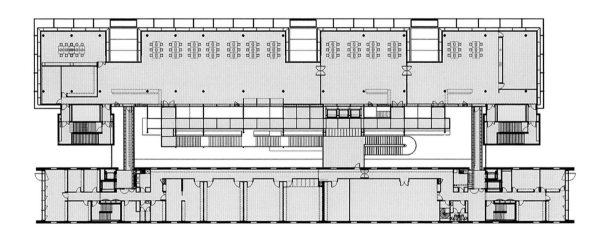

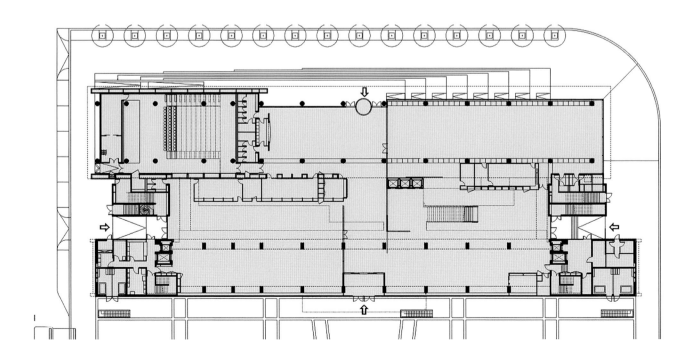

*Veduta dello spazio distributivo
centrale con i percorsi ai diversi livelli.*

Nella pagina accanto:
*I ballatoi dell'ultimo piano e le scale
che collegano i vari livelli dello spazio
distributivo centrale.*

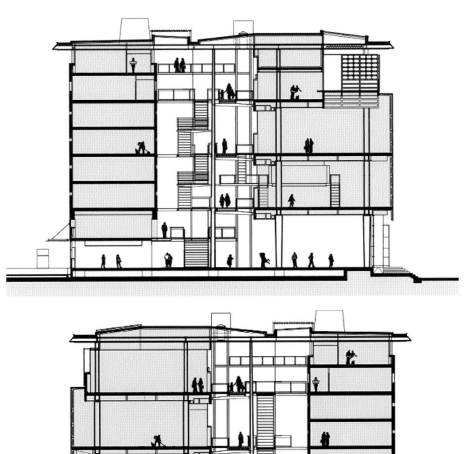

In alto:
Sala di consultazione.
A sinistra e in basso:
Sezioni trasversali.

Nella pagina accanto:
Lo spazio di sosta al piano terreno.

mettono agli spazi di lettura di ricevere luce naturale diretta, mentre il prospetto sud dei magazzini è in cemento e pietra, e presenta delle piccole bucature quadrate per l'aerazione dei depositi dei libri.

La scelta di una composizione rispettosa del sito urbano nel quale va a inserirsi e dei suoi assi; il ricorso a forme geometriche regolari ma scomposte in volumi contrapposti; i materiali utilizzati, che privilegiano la trasparenza nella ricerca di uno spazio di qualità dall'identità forte; la cura dei dettagli costruttivi e degli interni – acciaio, iroko, acero, marmi – contribuiscono alla realizzazione di un edificio che, dialogando con la città attraverso la piazza pubblica coperta e gli scorci prospettici che ne offre a ogni livello, invita e accoglie il lettore in spazi confortevoli e propizi allo studio.

Norman Foster & Associates

Squire Law Library
Cambridge University, Gran Bretagna, 1990-1995

L'impianto urbano dell'antica città degli studi di Cambridge prevede gli edifici dei collegi
e delle moderne facoltà localizzati lungo i fronti dei viali e delle strade principali di un vasto
sito di forma quadrangolare.

Le sedi della vita universitaria sono rappresentate da fabbricati di varie tipologie e dimensioni,
che si alternano a grandi prati alberati.

Il campus è specializzato in studi di criminologia e di diritto internazionale.

In uno dei pochi appezzamenti rimasti liberi, accanto alla facoltà di storia, con la nota biblioteca
di James Stirling risalente agli anni Sessanta, si è situata la nuova biblioteca del centro di ricerca
dell'istituto di legge.

Il ristretto sito – Sidgwick, centro degli studi d'arte di Cambridge, ricavato a ovest della città –
e le adiacenti preesistenze hanno condizionato la forma dell'edificio, che copre una superficie
di 9.000 metri quadrati.

Si presenta come un corpo in linea, alto quattro piani fuori terra, cui se ne aggiungono due
interrati, posto al limite della strada intermedia che lo separa dalla facoltà di criminologia, a sud.

È sormontato da una volta a botte – parziale, del diametro di 39 metri – che congiunge, senza
soluzioni di continuità, la quota dell'ultimo piano del fronte sud dell'edificio con il punto

di attacco a terra, a nord, coincidente con il livello del terreno esterno.

Planimetricamente, la forma adottata ricorda un trapezio rettangolo, con lo spigolo opposto all'angolo retto smussato, a facilitare l'innesto con il lato obliquo, a sua volta inclinato a 45° e parallelo al fronte principale dell'edificio di Stirling.

La composizione ha andamento centripeto.

Dalla fascia perimetrale, costituita da due brevi corpi posti a est e a sud, ortogonali l'uno all'altro e contenenti le scale, i servizi, alcuni studioli e file di tavoli di studio a nord e a ovest, si passa al nucleo della biblioteca: i depositi dei libri.

La pianta trapezoidale è quindi scandita nelle due figure di base del triangolo, adibito ad atrio-belvedere e alla lettura, e del rettangolo centrale, che ospita file parallele di librerie a consultazione libera.

Vista l'originale forma dell'edificio, nel lato che affaccia sul parco, la grande hall centrale a tutta altezza consiste in una successione di piani degradanti verso l'alto, con spazi di lettura distribuiti su mensole a sbalzo, an-

A destra:
*Inquadramento generale
dell'inserimento della biblioteca
nel campus universitario.*

In basso:
Vista del fianco dell'edificio.

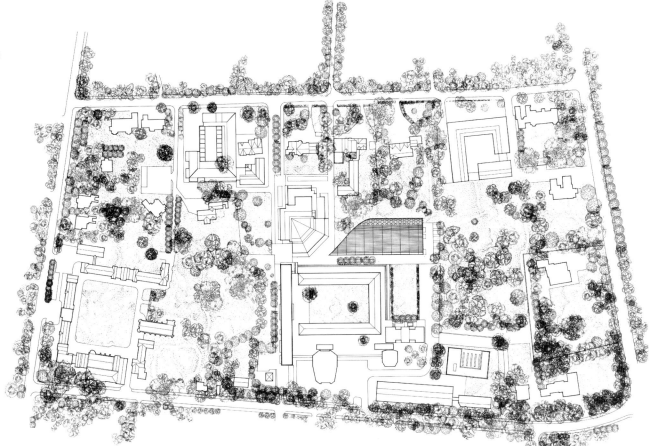

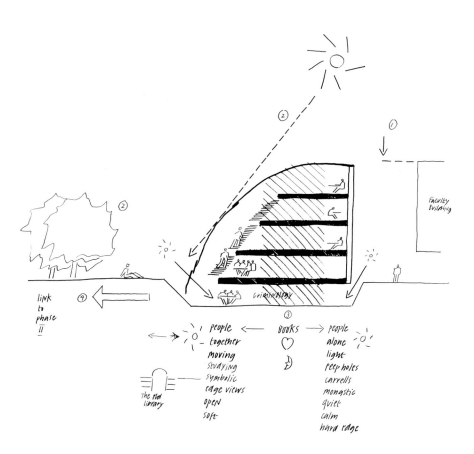

A sinistra:
*Schizzo di studio sull'incidenza
della luce naturale.*

In basso:
*Vista notturna della grande vetrata
voltata.*

A pagina 134:
*Vista esterna della facciata laterale
dell'edificio.*

corate ai sei pilastri inclinati della struttura portante.
Le aree di studio del lato nord sono ricavate nei larghi
intercolunni frapposti ai pilastri e, seppure sovrapposte e sfalsate, risultano in continuo contatto visivo, a formare una sequenza di terrazze coperte con vista sul
parco, da cui ricevono un'illuminazione naturale, zenitale
e laterale, tramite la copertura trasparente e curva.
Fa eccezione il piano terra che, pur anticipando la
scansione geometrica di quelli superiori, ospita l'atrio
di ingresso, sale di riunione, aule e uffici per l'amministrazione.
La hall di accesso alla biblioteca, posta nello spazio ri-
sultante dalla differenza tra la forma curva sinusoida-

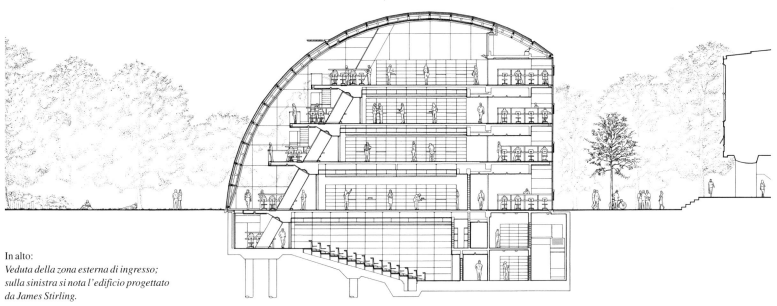

In alto:
*Veduta della zona esterna di ingresso;
sulla sinistra si nota l'edificio progettato
da James Stirling.*

In basso:
Sezione trasversale della biblioteca.

Squire Law Library, Cambridge

Piante dei tre livelli principali.

Nella pagina accanto:
Vista interna della zona delle scale.

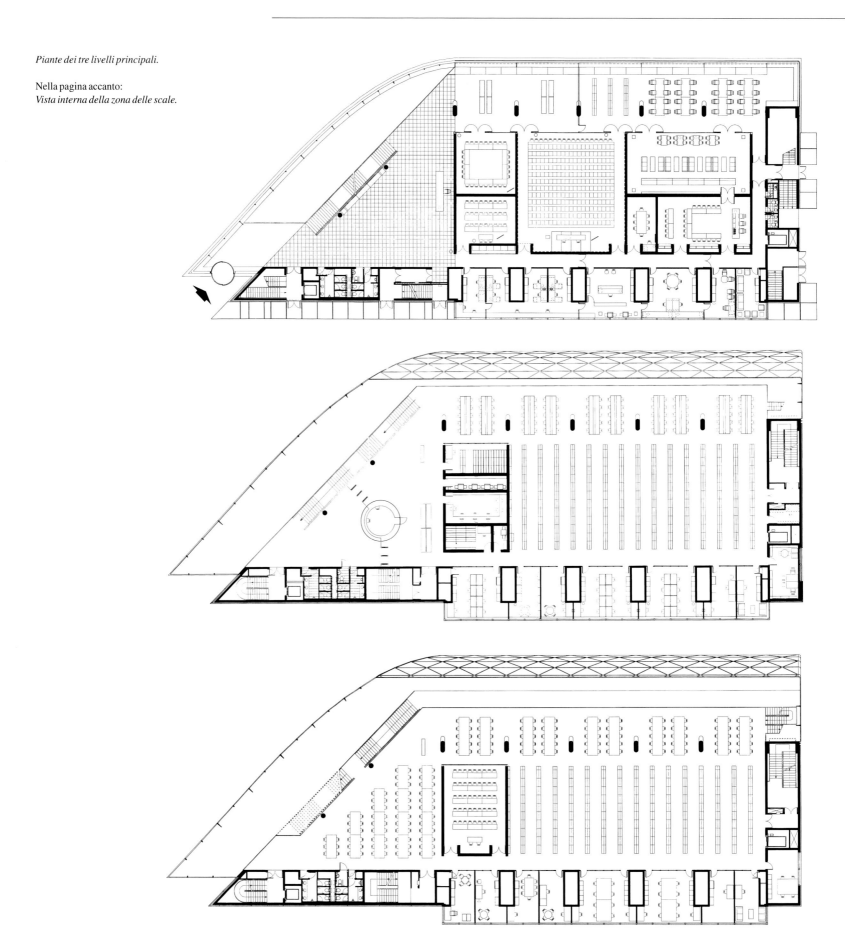

Vista delle aule universitarie comprese nel piano sotterraneo della biblioteca.

Nella pagina accanto:
Scalone principale ricavato parallelamente al taglio obliquo nella hall dell'edificio.

le del fronte ovest e quella triangolare di suddivisione della pianta trapezoidale, caratterizza la terminazione a ovest di ogni livello dell'edificio e assume destinazione d'uso differente a ogni piano. Da *atrium building* al piano terra, diventa zona di prestito e accesso alla biblioteca vera e propria al primo piano e sala di lettura ai due successivi.

La distribuzione verticale interna è regolata da una scala a quattro rampe che si sviluppa parallelamente alla parete obliqua che delimita il trapezio di base a ovest, su cui appoggia.

I due livelli interrati sono destinati ai cinque auditorium, a magazzini librari e a una sala per gli studenti, che riceve luce zenitale diretta dal sovrastante atrio a tutta altezza di accesso alla biblioteca.

Il tasso di dispersione dell'energia è minimizzato all'interno dell'edificio da sofisticati impianti di condizionamento e ventilazione, che regolano la temperatura e il livello di umidità dei differenti ambienti, sulla base delle condizioni climatiche esterne.

La grande copertura-parete vetrata è sorretta da una struttura reticolare interna, anch'essa curva, il disegno delle cui aste è ripreso a scansione dei pannelli triangolari di facciata. Raggiungendo un'altezza di 19 metri, termina in corrispondenza del fronte sud, dove una pa-

rete rientrante e sormontata da una pensilina, completamente cieca, cela i servizi e un'altra, più aggettante, interrotta da finestre a nastro protette da *brise-soleil*, nasconde gli studioli.

Entrambe sono rivestite da pannelli rettangolari: la prima in pietra di Portland; la seconda in vetro traslucido.

Lo snodo tra i prospetti ovest e sud è risolto in un ulteriore arretramento di quest'ultimo, che sottolinea l'ingresso all'edificio, a sua volta evidenziato da un'esile e alta colonna d'angolo, che assume il significato simbolico di origine della costruzione, quale ideale punto di appoggio finale della copertura-parete.

Internamente, i pilastri sono rifiniti in granito scozzese. Perfetto esempio di architettura high-tech, il progetto è interamente giocato sull'alternanza di pieni e vuoti all'interno di un contenitore ipoteticamente multifunzionale. Grazie al sapiente utilizzo di materiali trasparenti e all'accostamento di figure geometriche semplici, a formare volumi dalla forma e dall'altezza continuamente variabili, l'edificio si caratterizza per la presenza predominante di spazi cavi, dove l'abbondanza di luce – protagonista della composizione – e l'apertura sul paesaggio circostante consentono un contatto visivo costante tra interno ed esterno, e l'espletamento di attività di studio e ricerca in uno spazio unico di qualità.

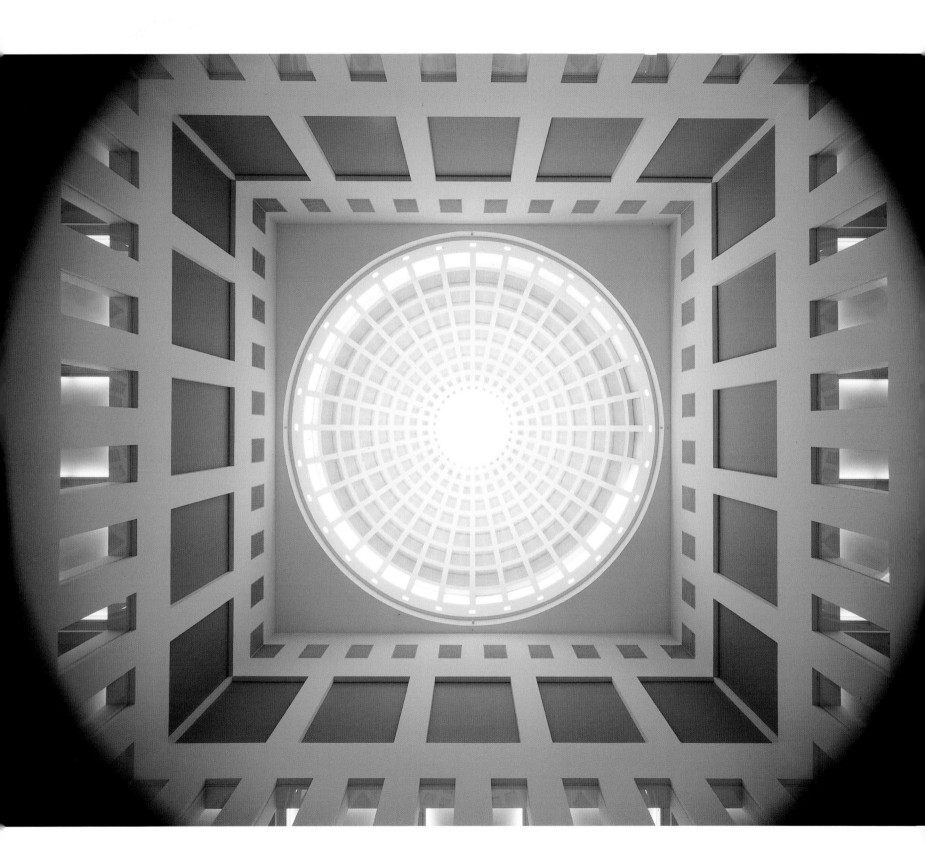

Oswald Mathias Ungers

Badische Landesbibliothek Karlsruhe, Germania, 1979-1992

Nel lotto racchiuso tra la Erbprinzenstrasse, la Ritterstrasse, la Blumenstrasse
e la Herrenstrasse, a Karlsruhe, è stata costruita la nuova biblioteca regionale del Baden.
Vincitore del concorso di architettura organizzato nel 1979, che vedeva tra i partecipanti Aldo
Rossi, Rob Krier e Gustav Peichl, il progetto di Ungers rispetta lo schema radiale neoclassico
della città, pianificato nei primi anni dell'Ottocento dall'architetto e urbanista Johann Jacob
Friedrich Weinbrenner, che nel 1807 vi assunse l'incarico di supervisore delle opere pubbliche.
Le persistenze storiche e le caratteristiche del sito dettano le linee guida del progetto urbano
e architettonico.
L'isolato che accoglie la biblioteca è chiuso sulla Herrenstrasse da edifici residenziali
a corte che vengono mantenuti.
La chiesa di Santo Stefano, situata a nord del complesso, al di là della Erbprinzenstrasse,
presenta una pianta centrale a croce greca con tetto a cupola.
Oltre la Ritterstrasse, la Friedrichs Platz è adiacente all'ex edificio delle raccolte, di impianto
ottocentesco, che presenta un'edificazione perimetrale, la cui corte interna è parzialmente
occupata da un corpo di fabbrica prominente al centro di quello longitudinale principale.
L'insieme è concluso a sud dal Nymphengarten.

Nella pagina accanto:
Vista della grande cupola centrale.

Sintesi delle forme dalle quali è circondata, la biblioteca di Ungers ripropone lo schema tipico degli edifici a blocco neoclassici, con grande corte rettangolare interna.
Il lungo corpo longitudinale principale è più alto delle due ali laterali e di quello che costeggia la Ritterstrasse, dove è situato uno degli accessi alla biblioteca.
Il volume, un parallelepipedo a base rettangolare con copertura a falde, è interrotto, al centro, da un edificio a pianta quadrata che cela una volta cassettonata.
Questa contrapposizione di volumi ad altezze differenti sottende la diversa destinazione d'uso delle due parti dell'edificio: al centro è la grande sala di lettura della biblioteca con i suoi spazi di servizio, mentre nei tre bracci perimetrali che racchiudono il giardino interno sono gli spazi pubblici.
I tre corpi di fabbrica secondari sono alti due piani fuori terra, cui si aggiungono due livelli interrati.
Al piano terra, attraversando l'edificio da sud a nord, vi si trovano l'ingresso secondario della biblioteca, le caffetterie, la sala per le esposizioni, l'auditorium, i ca-

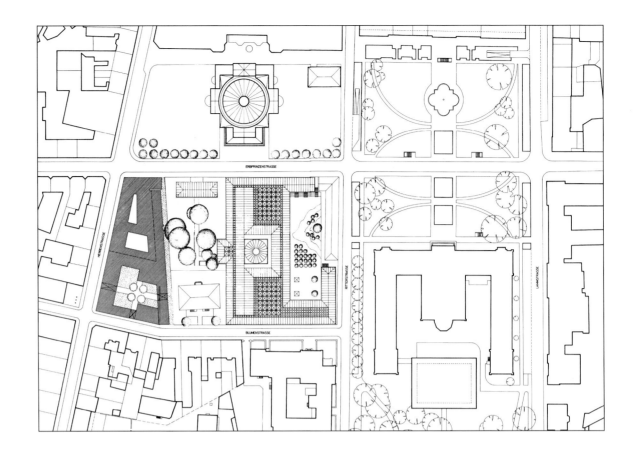

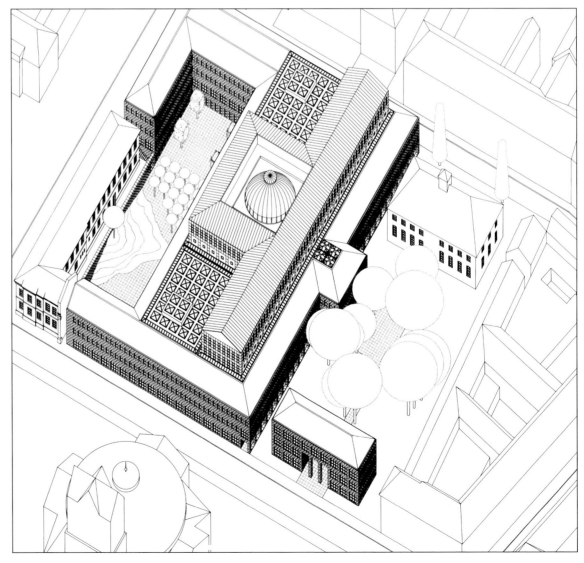

Veduta esterna del complesso.

taloghi della bibliografia regionale, gli uffici postali e l'accesso al parcheggio sotterraneo.

Al primo piano sono le sale di studio collettive, gli uffici amministrativi e i depositi dei manoscritti, la sezione acquisti.

Il secondo livello è riservato agli uffici della direzione generale e all'amministrazione della biblioteca musicale. L'edificio che racchiude il nucleo vero e proprio della biblioteca è alto cinque piani fuori terra.

Al piano terra accoglie la vasta sala rettangolare dei cataloghi, con il polo di orientazione del pubblico, il prestito, il guardaroba, cui si accede dall'ingresso principale, posto sul retro dell'edificio ed evidenziato da una hall quadrata.

I corpi scala e gli ascensori posti al centro della sala conducono ai livelli superiori dove, al primo piano, si

trova la sala di lettura principale, a tutta altezza e sormontata dalla grande cupola di copertura. Lo spazio restante a nord e a sud della sala è occupato da altri ambienti di studio di varia dimensione e attrezzati per tutte le esigenze di lavoro: tavoli collettivi, *carrels*, studioli individuali, magazzini di libri a consultazione libera, periodici.

Il secondo e il terzo livello dell'edificio sono costituiti da un unico grande ambiente occupato dalle scaffalature dei libri lasciati in libera consultazione, talvolta alternate a piccoli tavoli di lettura, per lo più concentrati attorno al vano cavo centrale e quadrato, corrispondente alla cupola di copertura.

Altri studioli, uffici e una sala per riunioni affacciano sul giardino interno.

La terrazza del terzo livello, posta sul retro dell'edificio

*Piante dei livelli principali riportanti
la modulazione sulla quale è basata
la griglia distributiva.*

Nella pagina accanto in alto:
Vista notturna del fronte principale.
Nella pagina accanto in basso:
*Dettaglio delle coperture in rapporto
agli edifici preesistenti.*

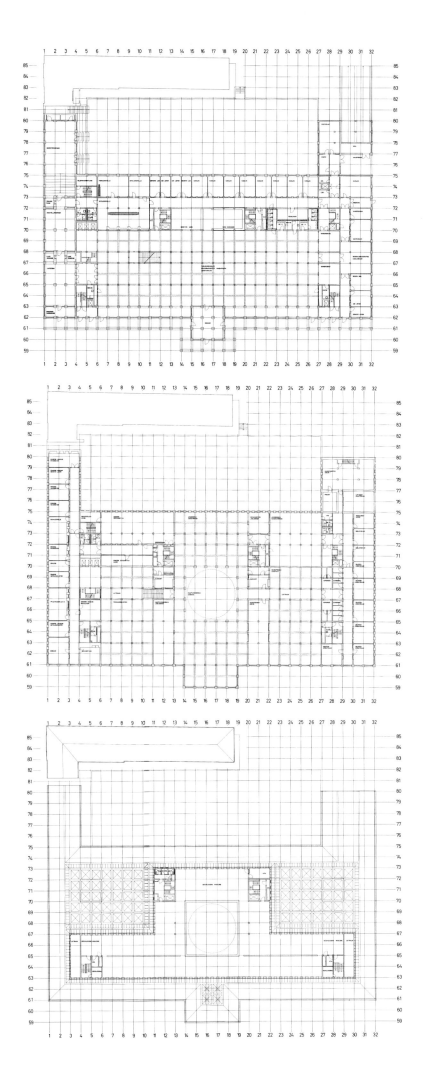

– lato ovest – completa il sistema di lucernari posti a
illuminazione delle sale di lettura dei piani inferiori.
Gli ultimi due piani dell'edificio, emergenti dal resto
del complesso, sono destinati a depositi dei libri non
accessibili al pubblico.
La struttura dell'edificio è costituita da una griglia di pilastri, basata sull'alternanza di due moduli geometrici di
diversa ampiezza, così da distinguere i percorsi dei collegamenti orizzontali dagli spazi pubblici e di lettura.
I prospetti della biblioteca rispecchiano la rigorosa
geometria dei suoi interni.
Le dimensioni e la forma delle bucature deriva dalla
ripetizione di un unico modulo quadrato, usato singo-
larmente nella serie di finestre che percorre il lato ovest
del quarto livello.
Grandi aperture quadrate scandiscono la facciata del
piano terreno della biblioteca, dove un portico ne sottolinea l'ingresso posto sul retro del fabbricato.
Alla separazione in volumi distinti, risultato dell'attenta
differenziazione delle funzioni della biblioteca, corrisponde l'uso di materiali e colori diversi: il porfido rosso per i bracci perimetrali del complesso, sormontati
da una copertura a falde in tegole di ardesia, e il rivestimento in intonaco per il corpo principale, al di sopra del basamento rivestito con lastre di basalto sulla
corte interna, scandito da giunti ricavati, e dal tetto in
lastre di rame.
Il rispetto dell'identità del luogo e della tradizione del-
l'architettura delle biblioteche e la cura dei dettagli costruttivi hanno dato origine a un edificio caratterizzato da una chiara gerarchizzazione degli spazi, risultato di una composizione interamente giocata sull'uso del
doppio modulo dimensionale e del quadrato come unica forma posta alla base del progetto, dove la grande
sala di lettura e il lettore sono ancora i protagonisti di
un'istituzione culturale concepita come un monumento della città neoclassica.

A destra:
Prospetti laterali principali.
In basso:
*Vista dello spazio riservato
agli archivi.*

Nella pagina accanto:
Vista dei ballatoi interni.

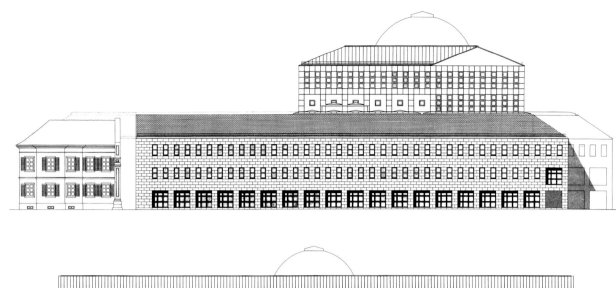

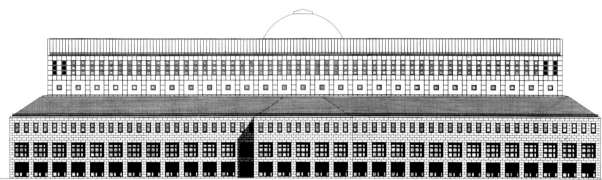

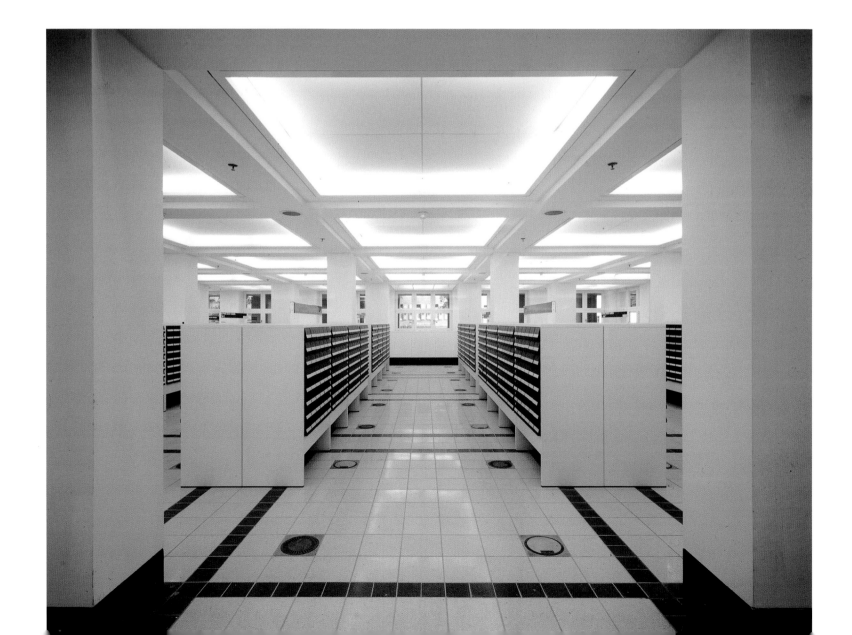

Badische Landesbibliothek, Karlsruhe

In alto:
La sala di lettura principale.
A destra:
Sezione trasversale.

Nella pagina accanto:
Le sale di deposito e di consultazione a scaffale aperto.

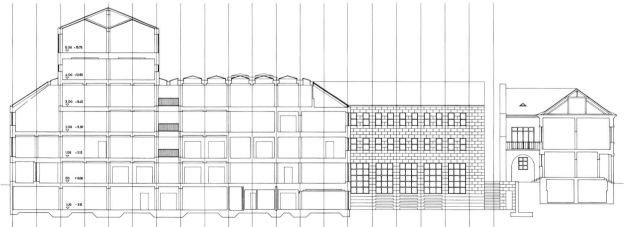

Mario Botta

Biblioteca statale e regionale
Dortmund, Germania, 1995-1999

Situata al centro della Vestfalia, regione tedesca che si estende a nord del Reno, Dortmund
è la provincia più orientale e una delle più importanti, dal punto di vista economico,
produttivo e commerciale, del bacino della Ruhr.

I quartieri che si trovano ai bordi della città storica sono stati occupati, alla fine del XIX
secolo, dalla sede della nuova stazione ferroviaria.

La vasta area che interessa gli isolati compresi tra il centro storico e la stazione, si compone
di lotti urbani che ospitavano edifici industriali, depositi e magazzini.

Negli ultimi anni del secolo scorso la città è stata protagonista di importanti interventi
di trasformazione del tessuto urbano, che hanno implicato la riconversione della periferia
ottocentesca in nuovo centro della città, oggi compreso all'interno della circonvallazione.

Uno dei recenti concorsi per edifici pubblici, organizzati al fine di occupare i numerosi isolati
rimasti inedificati in seguito alle demolizioni delle antiche fabbriche, prevedeva la realizzazione
della nuova biblioteca pubblica.

L'edificio della biblioteca occupa un lotto di forma pressoché rettangolare, immediatamente
adiacente alla stazione ferroviaria e posto parallelamente a una delle principali strade
di scorrimento della città, la Kampstrasse.

Il complesso, facilmente accessibile dalle adiacenti
Platz von Amiens, Katharinen Straße, Mallstraße, Kö-
nigswall e Bahnohstraße, insiste su una superficie utile di 14.130 metri quadrati.

La biblioteca si compone di due parti separate da un
passaggio scoperto e collegate, al secondo e terzo piano, da due ampie passerelle.

Le principali funzioni dell'istituzione – lettura, depositi, amministrazione – risultano quindi nettamente distinte, in quanto organizzate all'interno di due edifici
che si differenziano per la forma, il volume occupato,
l'altezza, i materiali costruttivi e i colori utilizzati.

A un corpo in linea a pianta rettangolare, massiccio e
austero, principalmente destinato agli uffici dell'amministrazione e ai magazzini dei libri, è contrapposto
un volume troncoconico, aggettante e completamente
vetrato, che accoglie gli spazi pubblici di incontro, sosta e lettura.

L'accesso alla biblioteca avviene dal passaggio coperto intermedio ai due corpi di fabbrica.

Il blocco curvilineo è costituito da un unico ambiente

A destra:
Inquadramento urbano.
In basso:
*Veduta esterna sulla testata cieca
del corpo in linea.*

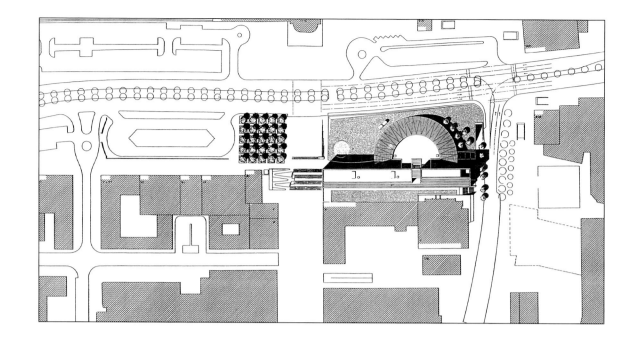

A sinistra:
*Schizzo prospettico di studio
dell'inserimento nel contesto urbano.*
A sinistra in basso:
*Dettaglio del corpo vetrato contenente
le sale di lettura.*
A destra in basso:
Schizzi preparatori.

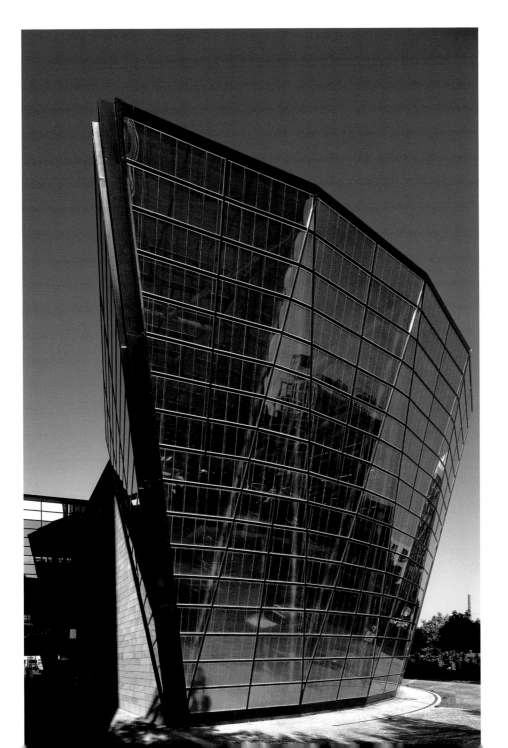

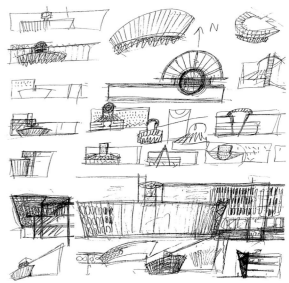

a tutta altezza, su cui si affacciano le terrazze degradanti e a sbalzo dei tre piani che lo compongono, i cui solai poggiano su una struttura portante costituita da colonne disposte radialmente rispetto al centro della pianta semicircolare.

Al piano terra, la vasta hall di ingresso è interrotta al centro dalla zona circolare che accoglie i servizi di informazione e orientamento dei lettori, distribuita intorno alle scale mobili di collegamento ai livelli superiori dell'edificio. Altri corpi scala e ascensori si trovano nei blocchi retrostanti, laterali e posti simmetricamente rispetto al centro della semicirconferenza di base. Ai livelli superiori, scaffalature dei libri in libera consultazione e tavoli di studio sono disposti radialmente, secondo uno schema parzialmente a panottico, che ricorda i progetti per biblioteche e penitenziari della seconda metà del XIX secolo.

Il corpo di fabbrica che ospita principalmente il setto-

re amministrativo della biblioteca, alto quattro piani fuori terra, è formato da tre nuclei di servizio – che racchiudono corpi scala, ascensori, montacarichi, servizi igienici – che si alternano – da ovest – a negozi e gallerie commerciali, caffetteria, sala conferenze, uffici. Ai livelli superiori, gli stessi spazi accolgono, oltre alle funzioni amministrative dell'istituzione, l'istituto di ricerca stampa e l'artoteca (primo e secondo piano), l'emeroteca (terzo e quarto piano).

All'ultimo piano, al di là dei locali tecnici, una pensilina in ferro e vetro, cui se ne sovrappone un'altra più arretrata, evidenzia l'accesso alla terrazza-belvedere, coincidente con la parte centrale della copertura piana del volume troncoconico degli spazi pubblici. È

questa l'unica zona opaca del tetto dell'edificio semicircolare – e l'unica zona di intersezione dei due corpi che compongono il complesso –, concluso inoltre da un volume a forma di corona circolare e completamente vetrato, che lascia penetrare la luce naturale zenitale negli spazi di lettura.

L'illuminazione naturale delle grandi hall pubbliche e delle sale di studio avviene anche lateralmente ed è integrata dagli originali punti-luce posti lungo il prospetto interno dell'edificio che, paragonabili a elementi di arredo urbano, si presentano come alte piantane terminanti in larghi schermi traslucidi circolari di diffrazione della luce.

Entrambi gli edifici comprendono due livelli interrati.

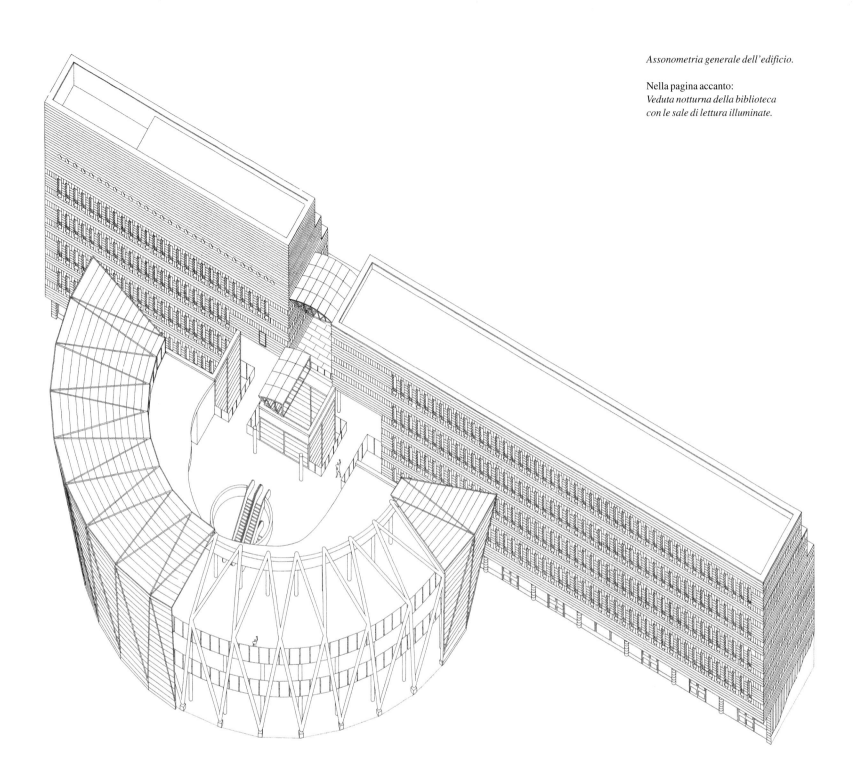

Assonometria generale dell'edificio.

Nella pagina accanto:
*Veduta notturna della biblioteca
con le sale di lettura illuminate.*

All'interno del complesso, gli arredi e i rivestimenti in legno presentano lo stesso colore dei pavimenti. Si giustappongono agli elementi tecnici e strutturali, realizzati in alluminio termolaccato nero.

I due edifici presentano prospetti molto differenti. Il volume curvilineo aggettante è delimitato da una facciata strutturale, formata da pannelli di vetro ancorati alla struttura metallica lasciata a vista: all'andamento orizzontale e modulare delle lastre trasparenti, si contrappone la verticalità accentuata dei montanti in acciaio, inclinati, non solo per seguire il profilo dell'edificio, ma anche per ritmarne il prospetto secondo un motivo a sfaccettature.

Il corpo in linea presenta una facciata regolarmente scan-

Piante dei vari livelli.

Nella pagina accanto:
*Dettaglio interno della vetrata a livello
degli appoggi della struttura.*

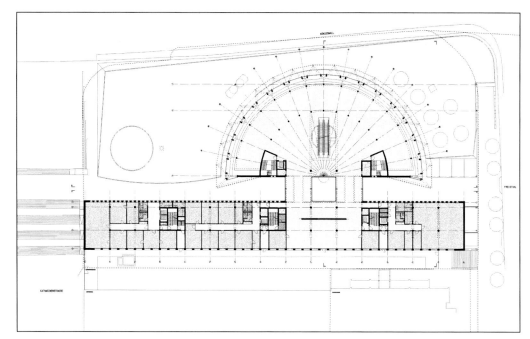

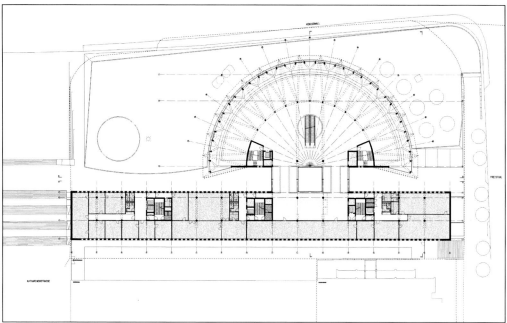

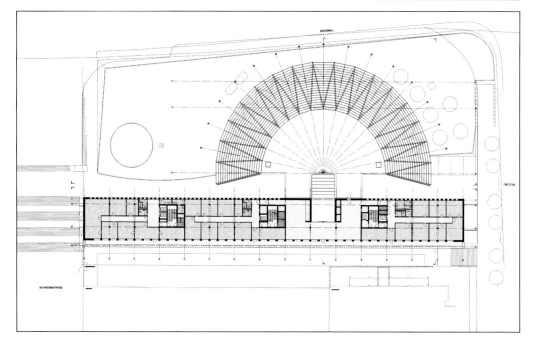

Biblioteca statale e regionale, Dortmund

Sezioni trasversali.

Nella pagina accanto:
*Dettaglio della vetrata a livello
della copertura.*

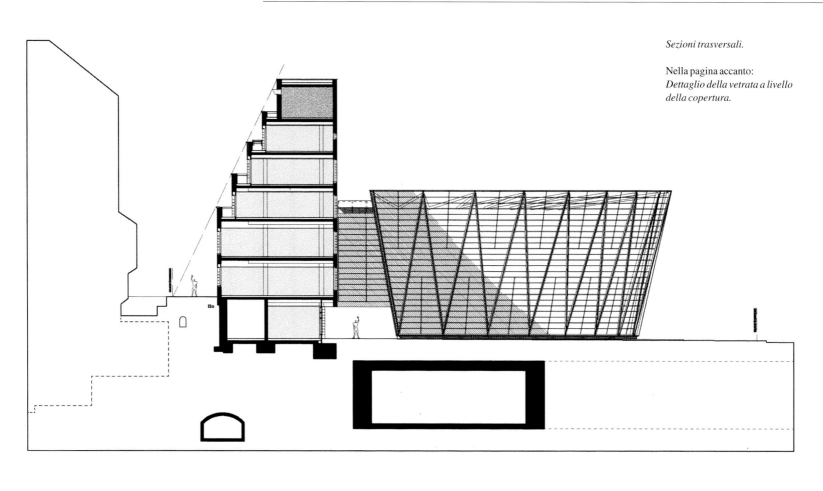

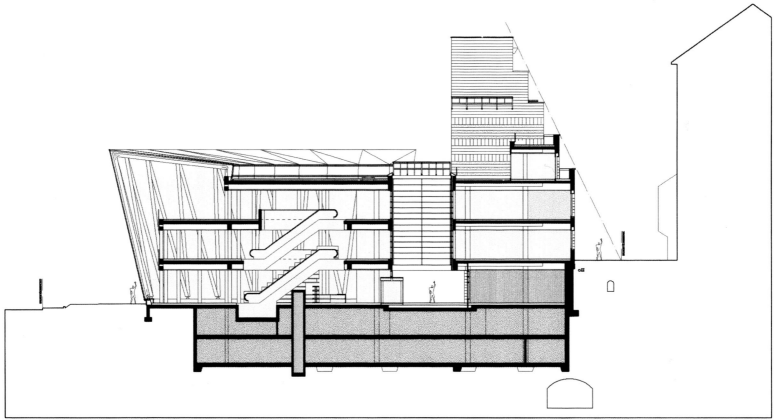

dita da strette e alte bucature rettangolari. È rivestito in pietra naturale rossa. Il blocco a est, più alto del resto del complesso, è concluso da una lunga fila di oblò circolari, posti alla stessa quota del cornicione del corpo a ovest e da un alto fronte cieco.

"Materializzazione della memoria", "luogo dove essa si sedimenta", la nuova biblioteca di Dortmund presenta caratteri peculiari rispetto al tradizionale linguaggio dell'architetto svizzero, principalmente derivati dall'identità del luogo: le caratteristiche del sito e la sua posizione all'interno della città hanno quindi ispirato la forma dell'edificio.

Se le condizioni climatiche e la scarsità di luce naturale, tipica dei paesi del Nord Europa, sono state prese in considerazione nella definizione degli spazi di lettura – dove l'origine della luce è utilizzata come "elemento strutturale" –, la necessità di rafforzare un fronte urbano destinato a marcare il limite della città storica, ha suggerito la realizzazione del lungo corpo in linea, soddisfacendo così anche la necessità di una netta distinzione tra le parti funzionali dell'istituzione.

La differenziazione di forme, materiali e colori vuole essere soprattutto il risultato dell'evidente contrapposizione di pieni e vuoti: a livello spaziale, costruttivo, ma soprattutto urbano, dove alla compattezza del tessuto storico esistente, si giustappone il vuoto della sede ferroviaria e, precedentemente, dei quartieri industriali ottocenteschi.

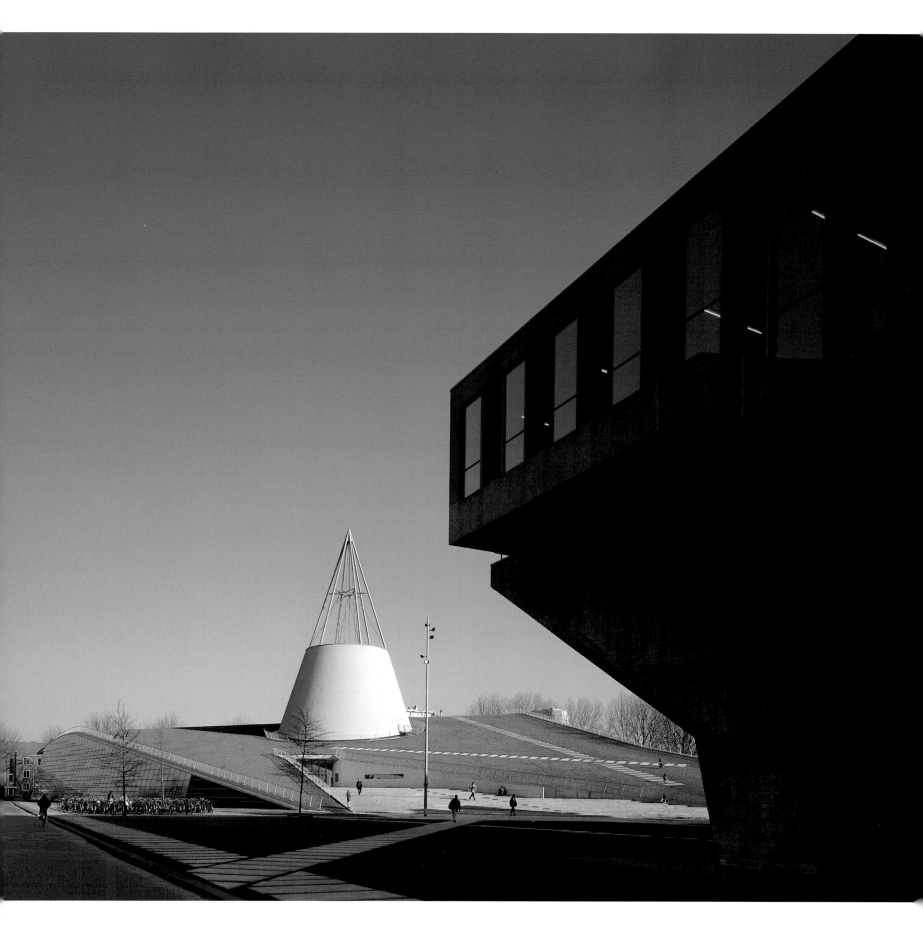

Mecanoo

Biblioteca della Technische Universiteit Delft, Olanda, 1993-1998

Nella rigida maglia di strade alberate del Politecnico di Delft, esteso in una zona periferica della città, si percepisce una frequente ripetizione di corpi in linea di edifici risalenti al secondo dopoguerra.

Al centro di un lotto rettangolare c'è il grande auditorium-aula magna, di ispirazione chiaramente brutalista e realizzato in cemento armato faccia a vista, rilevante opera dello studio Van den Broek & Bakema, docenti del dipartimento di architettura, iniziato nel 1959 e terminato nel 1966. Come altre strutture del campus, è caratterizzato da una sagoma imponente che lo rende immediatamente riconoscibile.

Nel terreno libero retrostante è stata collocata la nuova biblioteca universitaria.

La scelta degli architetti dell'équipe olandese è di inserire in un contesto così consolidato e omogeneo una figura spaziale inedita, ricorrendo all'espediente di riprodurre un frammento di natura artificiale dalla planimetria fortemente irregolare.

La sede della nuova biblioteca è racchiusa in un edificio ipogeo costituito da un vasto tetto simile a una collina e sovrastato da una torre conica che raggiunge i 45 metri di altezza, in parte trasparente.

Il prato di copertura è praticabile e accessibile dall'esterno. È attraversato da percorsi pavimentati che si svolgono parallelamente alle tre linee direttrici principali di progetto, in direzioni del tutto indipendenti dal disegno urbano che domina e ordina l'intero villaggio universitario.

Il grande edificio presenta una sezione ad andamento decrescente. La differenza tra il piano orizzontale del sito e l'esteso piano inclinato trattato a verde connota la facciata principale, a est: una parete completamente vetrata, obliqua e protetta da un cornicione aggettante. Sul lato opposto, a ovest, una cordonata di forma sghemba dà accesso alla biblioteca.

L'ingresso è posto al primo piano dell'edificio.

Il vasto spazio cavo dell'atrio è scandito dalla griglia degli esili pilastri di sostegno alla copertura, al cui interno è alloggiato l'impianto d'illuminazione, e da quelli obliqui che, disposti a coppie e convergendo l'uno verso l'altro, scaricano il peso del cono a terra; al centro, la parte inferiore del cono accoglie i primi due livelli di spazi di studio.

La grande hall ad altezza variabile ospita una libreria, una caffetteria, la zona di consultazione dei periodici

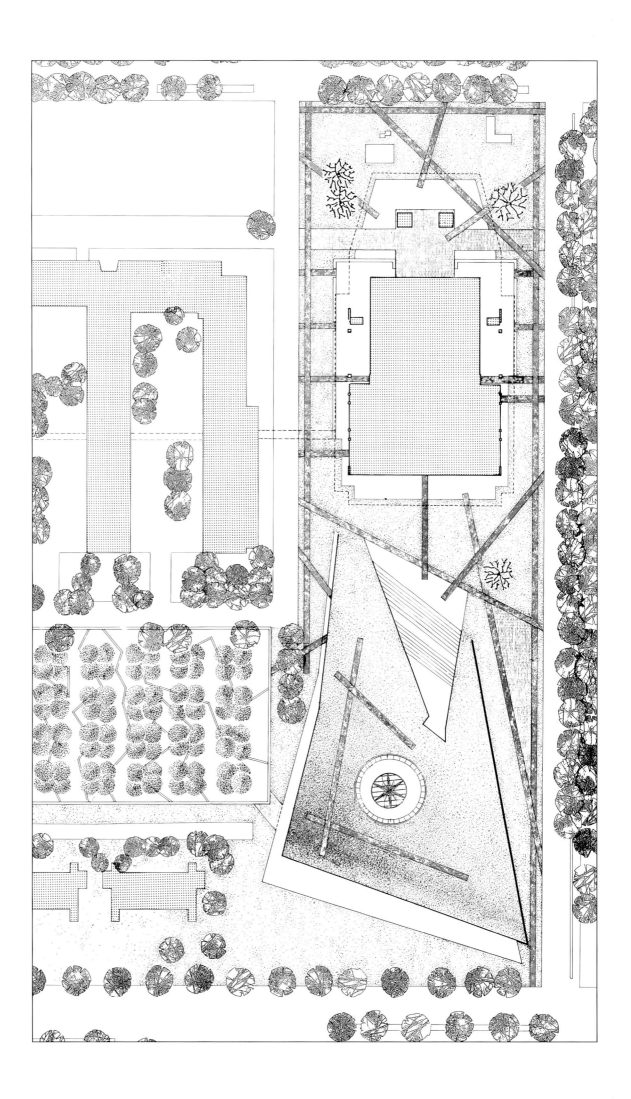

e una vasta sala, capace di 300 posti, attrezzata con terminali, sul lato nord; uffici a est; un'entrata di servizio, la zona di consultazione e gli studioli individuali a sud; aule per seminari, sale di studio e servizi per il pubblico, nei locali che affiancano l'ingresso, a ovest. Lo spazio circolare centrale accoglie il catalogo e i servizi di informazione al pubblico.

L'intersezione tra le due figure primarie dell'irregolare copertura-collina e della torre conica lascia un varco, a forma di corona circolare, trattato a lucernario, che rappresenta la principale fonte di illuminazione diretta del grande volume a tutta altezza centrale che costituisce la parte rilevante dell'edificio.

Le tre funzioni primarie facenti capo alla biblioteca – la lettura, il deposito e l'amministrazione – occupano parti ben distinte e gerarchizzate dell'edificio.

La grande torre conica ospita cinque piani di sale di lettura e, insieme ai posti disponibili al primo piano, può arrivare ad accogliere 1.000 utenti contemporaneamente. È sormontata da una struttura metallica a traliccio, lasciata a giorno, dalla quale penetra la luce naturale destinata a illuminare i livelli sottostanti, grazie al grande vuoto centrale e ai fori circolari praticati nei solai, che aumentano di dimensione procedendo verso il basso.

La distribuzione alle zone di studio avviene tramite una scala elicoidale che segue il progressivo restringimento della superficie dei piani all'interno del cono.

Una grande libreria metallica, alta quattro piani e posta sul lato est dell'edificio, separa lo spazio della lettura da quello dell'amministrazione e permette la consultazione libera di circa 80.000 volumi. È accessibile dall'atrio e dai primi due livelli di studio del volume conico, per mezzo di passerelle. Un altro deposito di libri, climatizzato, è ospitato nel piano parzialmente interrato della biblioteca.

Gli uffici dell'amministrazione sono distribuiti sui cinque livelli del corpo vetrato dell'edificio che affaccia sul lato est, protetto da una pensilina che segue l'andamento della copertura e la conclude, poggiando su esili pilastri inclinati.

I materiali utilizzati si riducono al cemento armato del

In alto:
Vista notturna.
In basso a sinistra e a destra:
Piante dei livelli principali.

Nella pagina accanto in alto:
*Dettaglio del fronte con la
copertura aggettante.*

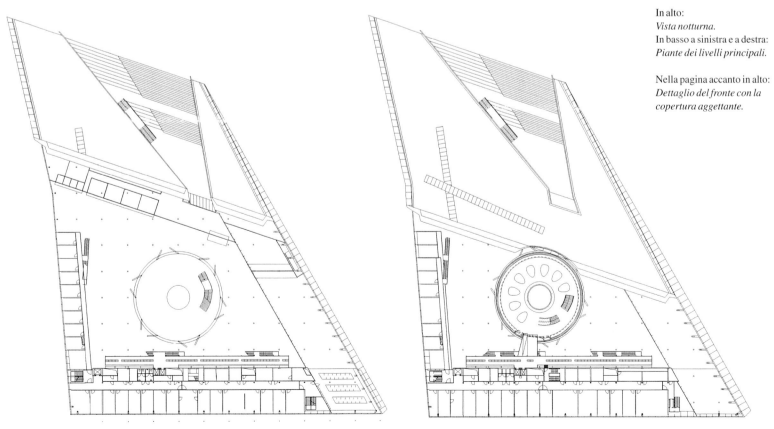

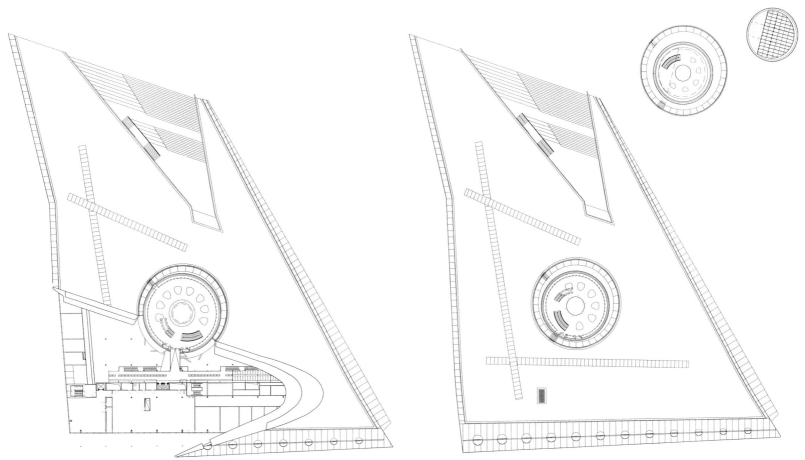

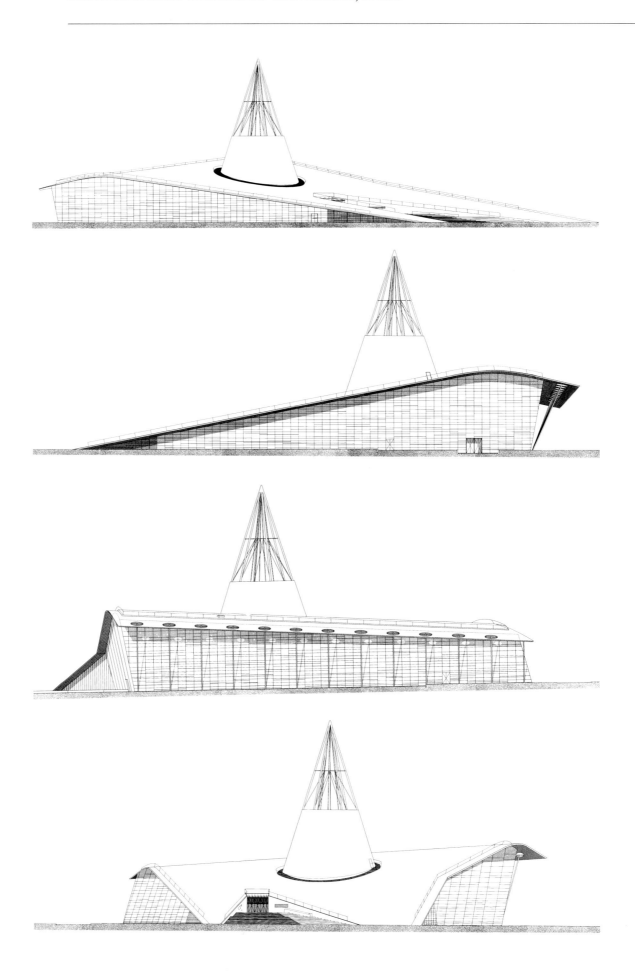

Prospetti della biblioteca.

Nella pagina accanto:
Postazioni di lettura.

Alle pagine 170-171:
*Vista d'insieme della grande sala
di lettura e consultazione.*

A destra:
Sezione longitudinale.
In basso:
Banco per la distribuzione dei libri.

Nella pagina accanto:
*Collegamenti aerei tra il volume
conico e i depositi.*

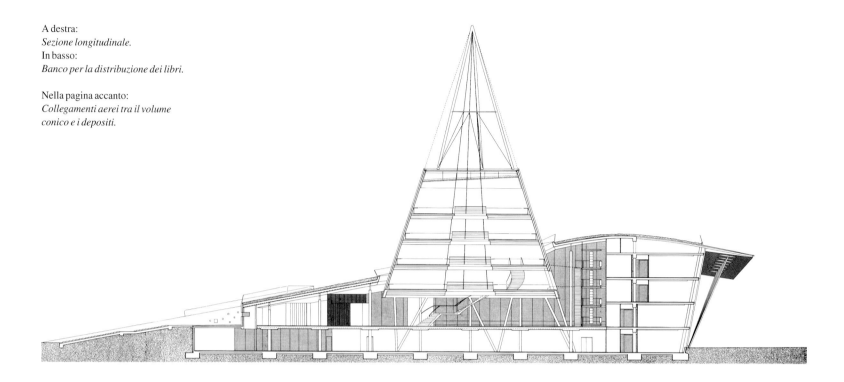

solaio inclinato di copertura e del basamento della torre conica, che cela piccole porte apribili dall'esterno; al
vetro della parete del prospetto principale e di quelli laterali, degradanti verso il lato ovest dell'edificio; alla struttura metallica nella quale culmina il grande cono.
Ciononostante, la luce che piove dall'alto spargendo-
si nel grande invaso ad altezza variabile della hall del
piano terra e negli spazi di lettura affacciati sul vuoto
centrale, crea un efficace effetto di diffrazione della luminosità interna, accentuata dai vivaci colori che celano alcune parti metalliche della struttura, marcando
ancora una volta la decisa scelta di centralità imposta
a un volume fortemente irregolare.

Robert Venturi, Denise Scott Brown and Associates

Charles P. Stevenson Jr. Library, Bard College, Annandale-on-Hudson, Stati Uniti, 1989-1994

Il sistema bibliotecario del Bard College di Annandale-on-Hudson, presso New York, consta di numerosi istituti, specializzati nelle varie aree di studio facenti capo all'università e distribuiti in diversi siti.

All'interno del campus, la biblioteca è costituita da tre edifici risalenti a epoche differenti, riuniti a formare un complesso che occupa un'area centrale rispetto all'organizzazione del vasto insieme. Poste al limite settentrionale della zona che accoglie i principali luoghi di studio e ricreazione degli studenti, le tre biblioteche sembrano segnare il confine con l'area retrostante, destinata ai futuri ampliamenti del collegio – dormitori degli studenti – oltre la quale si trovano le abitazioni degli insegnanti e il Performing Arts Center.

L'accesso alla biblioteca avviene tramite una lunga strada che percorre l'intero college, da nord a sud – l'Annandale Road – e che, grazie alle infinite diramazioni, conduce a tutti i servizi destinati a studenti e insegnanti.

La sede originaria – Hoffman – è stata costruita nel 1895 su una ripida scogliera dominante l'Hudson Valley. Realizzato in stile *greek revival*, che gli valse il riconoscimento di simbolo del classicismo statunitense per oltre un secolo, l'edificio dell'antica biblioteca è caratterizzato da un imponente colonnato, sovrastato da un frontone e concluso

da una copertura in rame. Si erge su un basamento rialzato rispetto alla quota del terreno, che, rivestito in pietra bianca, ricorda un'acropoli greca.

Una prima estensione – Kellogg – è stata necessaria nel 1967 e fu costruita a nord dell'Hoffman.

La Charles P. Stevenson Jr. Library integra e completa le due istituzioni bibliotecarie già esistenti.

Il progetto richiesto allo studio di Filadelfia prevedeva il raddoppiamento dello spazio allora disponibile, al fine di accogliervi fino a 230.000 volumi e 400 utenti, nuove postazioni di lavoro multimediali, studioli individuali più specializzati e numerosi, sale di lettura più ampie, un migliore isolamento acustico.

Dal punto di vista architettonico, si trattava dell'estensione di un "tempio classico" che doveva mantenere il prestigio e la posizione di preminenza rispetto alla nuova costruzione e all'intero campus.

L'edificio, realizzato a ovest dell'antica sede e adiacente alla Kellogg, chiude la piazza antistante la biblioteca originaria, da cui si ha accesso all'istituzione Seth Goldfine Memorial Field, utilizzata come campo atletico e spa-

Nella pagina accanto:
Vista esterna d'insieme.

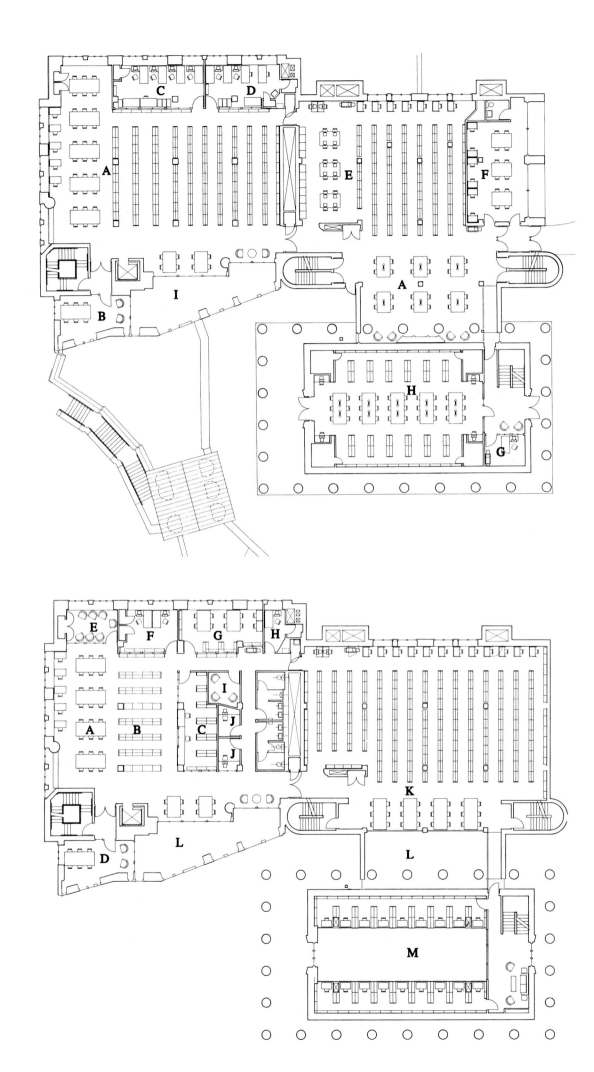

Piante dei livelli principali.

Nella pagina accanto in alto:
Vista esterna d'insieme.
Nella pagina accanto in basso:
*Disegno della finitura di rivestimento
delle testate verso il parco.*

zio di incontro e studio all'aperto durante i mesi estivi.
La nuova biblioteca si presenta come un volume unico, compatto, dalla forma irregolare ed è dotata di ingresso indipendente.

Accoglie sale di studio specializzate e le funzioni amministrative dell'intero polo bibliotecario del campus, mentre la Kellogg è oggi prevalentemente adibita a depositi e la Hoffman ad archivi e collezioni speciali.

La struttura regolare a pilastri e travi divide lo spazio interno in campate che bene si adattano ad accogliere i depositi delle collezioni di libri e manoscritti.

Il piano terreno dell'edificio ospita la North Mall, a doppia altezza, da cui si ha accesso alla biblioteca vera e propria. Si compone di una zona di lettura con tavoli di lavoro collettivi – posti a ovest, in modo da ricevere luce naturale laterale –, un piccolo nucleo centrale di scaffalature in libero accesso e un'area occupata da postazioni di lavoro multimediali. A nord sono due locali di studio dotati di computer.

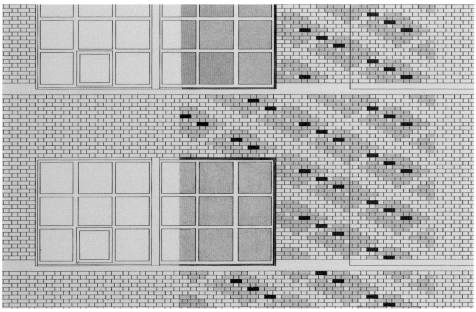

A destra:
*Dettaglio del rivestimento esterno
della facciata.*
In basso:
Schizzo di studio.

Nella pagina accanto:
Sezioni trasversali e longitudinale.

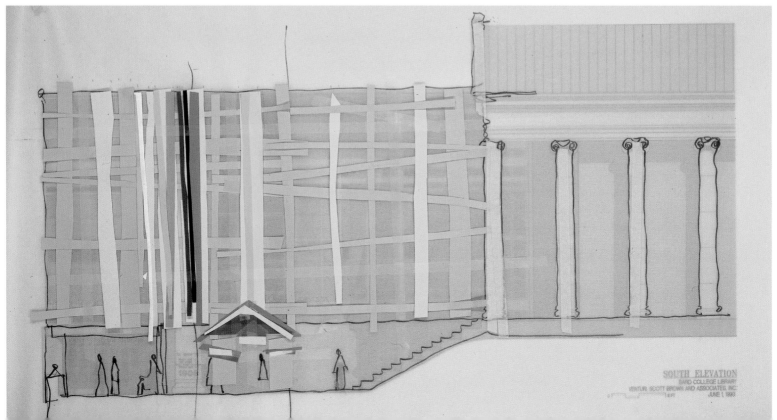

SOUTH ELEVATION
BARD COLLEGE LIBRARY
VENTURI, SCOTT BROWN AND ASSOCIATES, INC.
JUNE 1, 1990

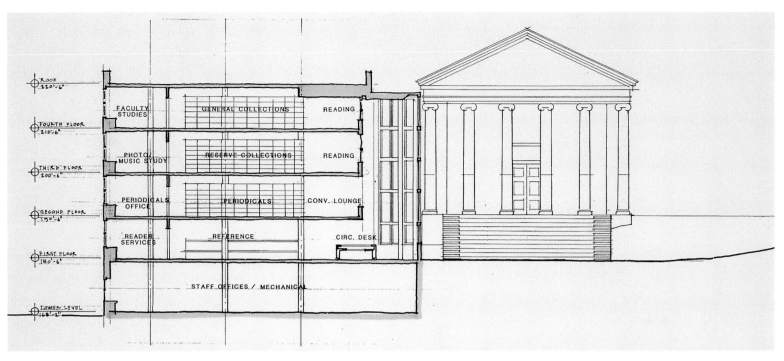

ROOF
220'-6"

FOURTH FLOOR
210'-6"

THIRD FLOOR
200'-6"

SECOND FLOOR
190'-6"

FIRST FLOOR
180'-6"

LOWER LEVEL
168'-1"

FACULTY STUDIES

GENERAL COLLECTIONS

READING

PHOTO/ MUSIC STUDY

RESERVE COLLECTIONS

READING

PERIODICALS OFFICE

PERIODICALS

CONV. LOUNGE

READER SERVICES

REFERENCE

CIRC. DESK

STAFF OFFICES / MECHANICAL

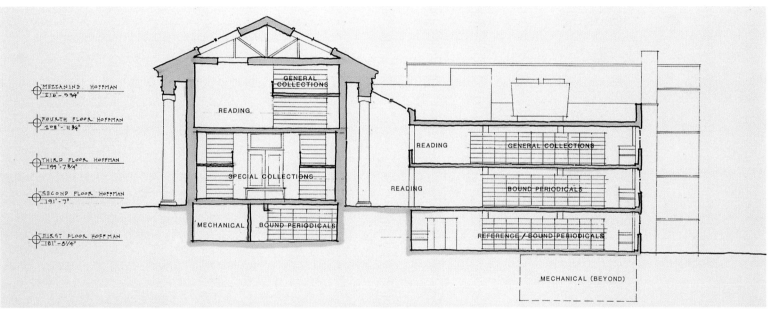

MEZZANINE HOFFMAN
216'-5 3/4"

FOURTH FLOOR HOFFMAN
208'-11 3/4"

THIRD FLOOR HOFFMAN
199'-7 3/4"

SECOND FLOOR HOFFMAN
191'-7"

FIRST FLOOR HOFFMAN
181'-8 1/4"

GENERAL COLLECTIONS

READING

SPECIAL COLLECTIONS

MECHANICAL

BOUND PERIODICALS

READING

GENERAL COLLECTIONS

READING

BOUND PERIODICALS

REFERENCE / BOUND PERIODICALS

MECHANICAL (BEYOND)

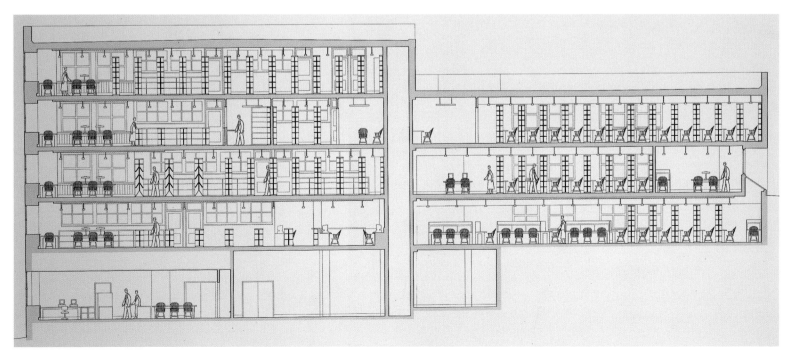

Una postazione di lettura.

Nella pagina accanto:
*Vista della zona di ingresso
della biblioteca.*

Al primo piano si trovano le collezioni di letture ricreative e popolari, Browsing Collection, e una parte degli archivi di cartografia locale, Hudson Valley Archives. Vi si trovano inoltre una piccola sala di lavoro per gruppi, uffici e postazioni di lavoro multimediali. Al secondo livello, la biblioteca ospita l'emeroteca. Il terzo piano è dedicato alle collezioni speciali, Arendt e Bardiana, alla videoteca e alla discoteca, le cui raccolte sono conservate nella Nesuhi Ertegun Music Room, dove si trovano diverse sale di ascolto, opportunamente insonorizzate.

Il piano interrato accoglie i locali tecnici e altre postazioni di lavoro fornite di computer.

Il nuovo edificio presenta prospetti che differiscono per la vivace policromia e per il ricorso a motivi decorativi originali.

Se il prospetto ovest si caratterizza per il rivestimento in tessere quadrate rosa, la facciata principale – est – risulta ritmata da pannelli che assumono tutte le sfumature e le tinte del bianco e del giallo, alternati – verticalmente – ad alte e ampie bucature, composte da moduli prevalentemente quadrati che evidenziano i tre piani della costruzione che si innalzano al di sopra

dell'"acropoli", e – orizzontalmente – da sottili lesene bianche che, interessando tutta l'altezza del fabbricato, si possono interpretare come citazione dell'archetipo della colonna in facciata.

Grazie alla curvatura della sua facciata principale, la nuova estensione assume il ruolo di quinta scenica dell'antica costruzione, di cui delimita la piazza d'accesso a ovest e che resta percepibile dalle finestre di ogni sala dell'edificio esposta a est. Ciò è confermato dal portale di ingresso della nuova estensione, costituito da due basse colonne sormontate da un frontone, riferimento esplicito al profilo e ai caratteri dell'antica sede, e dal trattamento degli interni, dove protagonista è ancora un'imponente colonna rivestita in legno.

Il ricorso a una forma anticonvenzionale e l'uso di colori eclatanti producono un vivace effetto di complementarietà e contrasto tra il vecchio e il nuovo. Ciò risulta particolarmente evidente dall'immagine prodotta dall'accostamento dei due edifici, da cui emerge come la solidità e la pacatezza di un "tempio classico" bene possano essere rispettate e integrate dal ritmo incalzante – e a suo modo stravagante – di un'architettura contemporanea.

In recognition of those whose support has made this library possible

Patricia Ross Weis '52
Robert F. Weis
Warner Music International
Barbara and Alan Finberg
Jonathan Greenburg and Elizabeth Ely '65
Leon Levy
Booth Ferris Foundation
The Starr Foundation
National Endowment for the Humanities
The Kresge Foundation
Fred L. Emerson Foundation
James H. Ottaway, Jr.
The Robert F. Maguire III Family
Stewart and Lynda Resnick

Morgan Guaranty Trust • Arthur Vining Davis Foundations
Central Hudson Gas and Electric Corporation • Jeffrey A. Levy '67 and Della Gilson Levy
Lee Gray '50 • Mary Louise Henderson '50 • Lewis J. Silvers, Jr. '50
Albert and Elinor Friedman • The Lucius N. Littauer Foundation
Martin A. Johnson '54 and Diane L. Johnson • John Goldsmith '40 and Caroline Goldsmith
Rick and Cathy Baker '65 and wife • Marisa Driscoll '67 • Robert and Winifred Racklow
Eleanore Morris Mather Potter '66 • Elizabeth Hirsch '83 • William T. Lewis '52
Ruth and David Schwab '52 • Michael DeWitt '85 and Wendy DeWitt
Barbara Schamberg Herist '52 • Cynthia Rich Levy '85 • John M. and Dolores A. Lottas
Mr. and Mrs. R.M. Harte • Deborah and Philip English
Frances Offenhauser '72 and Michael McKeel • Richard Prager and Jared Greener
Prof. Mark H. Leslie • Richard Gwerner '82 and Carol Gwerner
William Rueger '40 and Ann Rueger • Benedict J. Goldman '40 and Irene Goldman
Barbara Grossman '73 • Tom and Jane Tisch • Alden Winship '71 • Billy Steinberg '72
Terry Bachman '71 and Wendy Weldon '71 • M. Susan Romano • Wendy David Gross '73
Richard F. Koch '40 and Janet F. Koch • Irwin and M. Susan Chapman • Rochelle Braunstein • Lynn Tepper '79
Scott P. Byrne '85 • Alan J. and Laura Chapman Hrycko
Karen Zabronsky '73 and James Hedman • Thomas and Florence Maslander Sexton
James A. Storer '75 • Andrew T. Spano '81 • Jack A. Blum '81
G. Thomas Marshall '77 • Barbara Marshall Bittle '81
Chevy Chase '65 • Brandon Grove, Jr. • Burbage Market Butte '81
Blythe Danner Paltrow '65 • David H. Strodel '62 • M.D.D.S. • Stephen C. Sander '82
George M. Coulter '51 • Edward E. Gaudin '44, D.D.S. • Joyce Bauchner '74
The Armand G. Erpf Fund • Jon H. Grandin '44, D.D.S. • Ted W. Keuhnle
Robert and Carrie McCollum • Susan H. Gillespie • Gene Brendan Kornblum
Roger Phillips '53 and Loralie Marcus Bergman '53 • Victor and Margaret Wolfe
Robert Erskine '81 • Stephen and Linore Bergman '53 • Margaret Mellon
Judy Scher Dozner '70 • Philip H. Gordon '54 • Youella • Margaret Mellon
James P. Fassett '32, LL.D./Dr.Fabry, Byers and Jill Youella • Karen Klub '81
Elaine and Stanley Reichel '85 • The Towbin Family • Susan Klub '81

Ricardo Legorreta Arquitectos

Biblioteca universitaria Raúl Rangel Frías
Monterrey, Messico, 1993-1994

Gli edifici del campus universitario di Monterrey, in Messico, sono distribuiti in un ampio
parco il cui progetto urbano include l'adiacente lago e i dintorni.

Recentemente vi è stata costruita la nuova sede della biblioteca centrale, con l'intento
di farne il principale centro di informazione studentesca.

Il complesso della biblioteca si compone di parti diverse e fortemente differenziate,
circondate da terreni a prato e zone alberate. È racchiuso tra il velodromo e il parco esistenti.

Il progetto scaturisce dall'intersezione di due elementi geometrici di base:
un cubo inserito in un cilindro cavo.

L'accesso dalla strada avviene a est, attraverso un basso corpo a galleria, sottolineato
da una torre iniziale che indica il punto di ingresso al complesso. Una hall coperta,
conducendo alla biblioteca vera e propria, adduce a negozi, caffè e a piccoli e ristretti patii.

Verso sud un altro edificio, a pianta rettangolare, alto due piani, racchiude al piano terra
l'auditorium e, al primo livello, tre sale di riunione, utilizzabili anche da un'eventuale utenza
esterna. Nel lato sud-ovest, la stretta galleria che circonda il blocco centrale, spingendosi
verso il lago, accoglie una sala di soggiorno con vista sul parco.

Il complesso si conclude a nord con il corpo in linea curvilineo contenente gli uffici

Nella pagina accanto:
Dettaglio del rapporto tra i volumi
principali che compongono l'edificio.

dell'amministrazione, esteso su due livelli, mentre un percorso porticato, attraversando gli spazi per le esposizioni, connette la biblioteca al viale dell'università. Ne risulta una planimetria elaborata, estremamente aperta e a diretto contatto con la natura e il paesaggio circostanti, dove, gli spazi risultanti dalla differenza delle due figure di base del cerchio e del quadrato, ospitano specchi d'acque quiete.

Mentre il cubo centrale, alto sette piani, accoglie solo ai primi due livelli gli spazi di lettura e agli altri cinque i depositi dei libri, il cilindro, formato da sette piani cui se ne aggiunge uno interrato, consiste in una corona circolare tridimensionale, dove sono previsti i tavoli di studio.

Rispetto al centro del complesso, costituito dal nucleo degli ascensori e dei montacarichi, la galleria perimetrale si sviluppa per tre quarti di cerchio, terminando con contrafforti decrescenti che si raccordano con continuità alla quota del terreno e al livello dell'acqua del confinante bacino.

L'intero nucleo della biblioteca consiste in una se-

A destra:
Pianta del piano terra.
In basso:
Pianta del piano tipo del nucleo centrale con le quattro sale dei depositi collocate su livelli diversi.

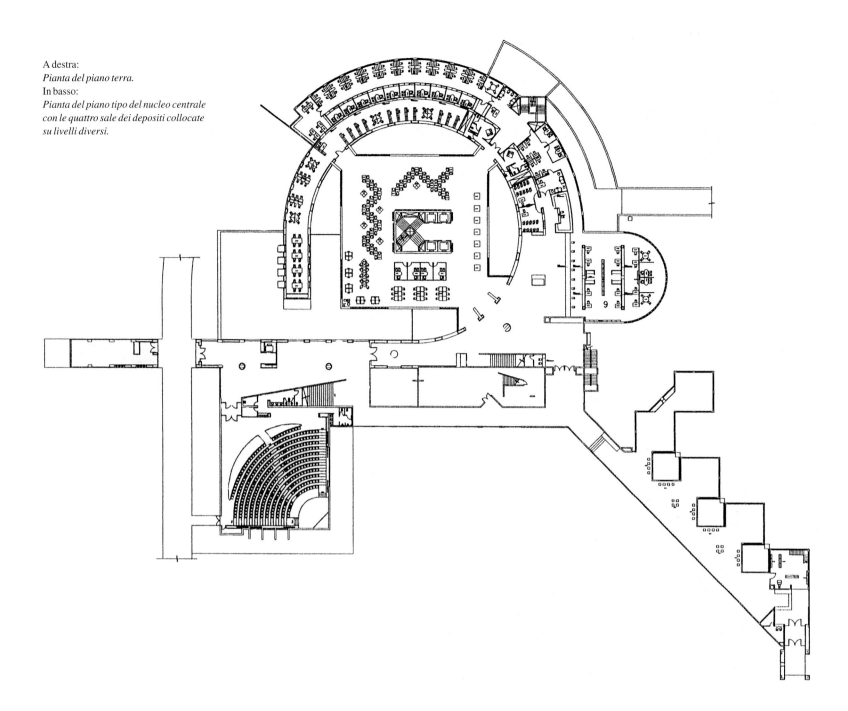

quenza di piani sfalsati di circa un metro l'uno dall'altro, che si susseguono a spirale. Ogni livello è formato da quattro piattaforme, di uguale misura ma poste a quote differenti e consequenziali.

In modo analogo è trattata la lunga galleria di lettura, concepita con andamento continuamente crescente e la cui copertura è costituita da una volta a botte infinita. In corrispondenza degli angoli del corpo adibito a magazzini avviene il contatto diretto tra le due figure, rappresentato da porte aperte su corridoi di collegamento o dai blocchi di distribuzione verticale del pubblico.

Raggiunto il vestibolo della biblioteca, al piano terreno, è possibile accedere al prestito e ad alcune salette di riunione, poste prima dell'ingresso degli spazi di lettura. Tramite una lunga hall si arriva all'auditorium, mentre il centro dell'edificio è riservato agli schedari per la consultazione.

Il primo piano, oltre alla lettura e al deposito, accoglie la biblioteca di scienze politiche e un'altra sala conferenze con terrazza eterna. Sulla corona perimetrale

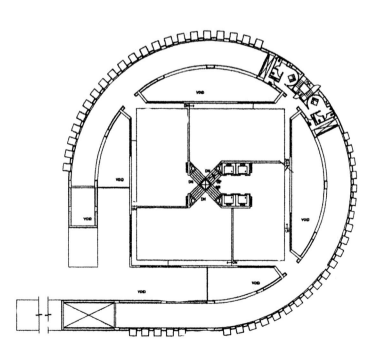

Viste dell'esterno.

Sezioni dell'edificio.

Nella pagina accanto:
*Vista interna di uno dei patii
a tutta altezza che si aprono tra il volume
centrale e i deambulatori circolari.*

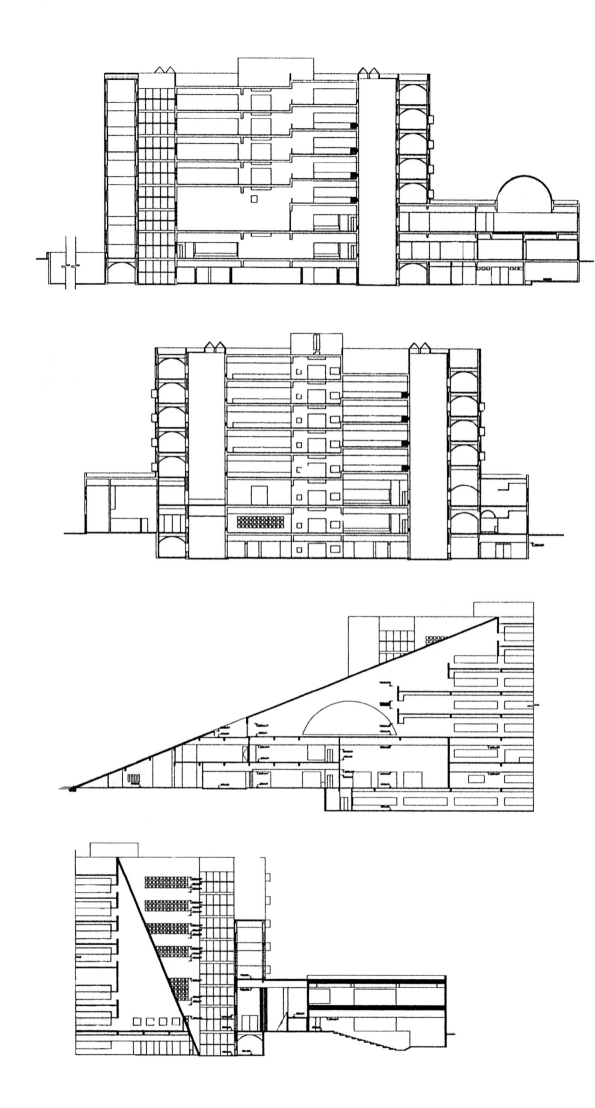

In alto:
Vista dell'ingresso.
A destra:
Prospetti della biblioteca.

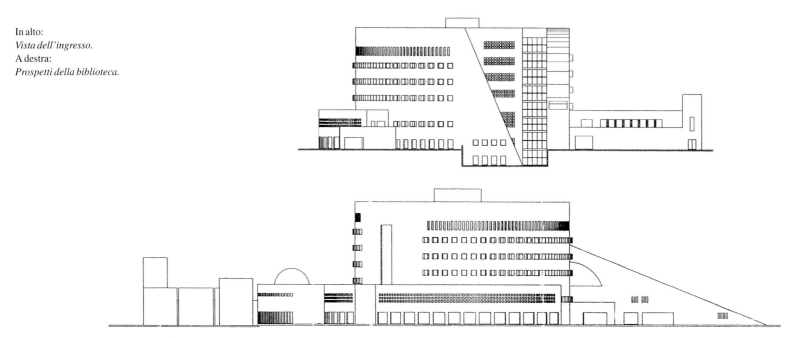

sono distribuiti alcuni uffici dell'amministrazione. Tutti gli altri livelli dell'edificio sono scanditi, al centro, dagli scaffali per i libri distribuiti intorno al corpo scale e montacarichi e, perimetralmente, dai tavoli di studio per il pubblico.

La consueta accentuazione cromatica, caratteristica delle opere realizzate dallo studio Legorreta, è decisamente percepibile nella galleria di lettura, trattata in un'intensa pigmentazione rosso vivo.

Nell'interrato sono racchiusi il centro di elaborazione dati, l'amministrazione, i servizi. Gli uffici del lato sud ricevono luce naturale diretta da un cortile, illuminato da lucernari ricavati nel solaio del livello superiore.

Mentre il nucleo a base rettangolare dei depositi presenta poche aperture, la singolare sala di lettura continua – galleria – si caratterizza esternamente grazie a una ripetizione costante di finestre, di forma quadrata, sottolineate da pannelli aggettanti dal filo della facciata.

Le pareti oblique terminali sono completamente cieche.

Il piano di coronamento, adibito all'alloggiamento degli impianti tecnici e non accessibile, presenta una sequenza di aperture simili a strette feritoie verticali, affiancate l'una all'altra.

Nonostante l'apparente complessità, l'edificio è il risultato della composizione di volumi semplici, raggruppati intorno ai vuoti dei profondi spacchi verticali. Ne consegue un vivace contrasto di luci e ombre, accentuato dalla forte luminosità che è tipica delle città messicane e che, unita alle scelte cromatiche dei progettisti, rinvia vagamente alla tradizione dell'architettura mediterranea.

Le pareti continue e curvilinee in mattoni a vista, in contrasto con il cemento del cubo centrale, interrotte dalla serialità di aperture identiche e ripetute per tutto lo sviluppo delle sale di lettura, rimandano all'immagine di una grande fabbrica antica, soprattutto grazie all'evidente allusione al profilo del Colosseo romano, rivisitato in chiave moderna.

La sala di lettura circolare del primo piano.

Vancouver Public Library
Vancouver, Canada, 1991-1995

In un isolato di forma rettangolare compreso nella city di Vancouver, a est del centro,
in un quartiere denso di grattacieli per uffici ed edifici per le attività culturali, poco lontano
dal teatro e lungo strade commerciali caratterizzate da un'edilizia frantumata ed eterogenea,
si è deciso di collocare la nuova biblioteca pubblica, un nuovo monumento dall'immagine
perentoria, evocativa di un'antica tradizione culturale europea.

Il progetto urbano comprende inoltre la sede del Governo Federale, racchiusa in una torre
di ventuno piani, con negozi, servizi e, interrati, un auditorium, una sala conferenze
e un parcheggio per 700 posti macchina, distribuito su tre livelli.

La nuova struttura presenta una pianta apparentemente ellittica inclusa in una piazza
pedonale di cui un tratto parzialmente coperto funge da atrio e luogo di sosta.

L'edificio della biblioteca propriamente detta è costituito da otto livelli fuori terra sovrapposti
in piani di forma rettangolare, cui si aggiungono quattro interrati adibiti a parcheggio,
sostenuti da una griglia di quarantotto pilastri. Questo blocco centrale è circondato
da un corpo a forma di corona ellittica, collegato al primo dalle passerelle che conducono
ai tre piani di caffè, negozi e spazi pubblici.

Un'ulteriore struttura, simile a una corona semicircolare e concepita come muro di quinta,

chiude il complesso, innalzandosi a nord-est per collegarsi alla facciata sud-ovest del grattacielo del Governo Federale.

La scelta dell'architetto israeliano verte sul sostanziale capovolgimento del tipo architettonico facente capo alla biblioteca. Anziché isolare i lettori nel grande open space centrale, eventualmente protetto dai depositi dei libri, il progetto prevede la concentrazione dei magazzini nel nucleo dell'edificio, per riservare alle sale di lettura i sette livelli, a esclusione del piano terra, di gallerie perimetrali ellittiche che lo circondano. L'utente diventa elemento di connessione, non solo visiva, tra la strada e la città all'esterno, e il deposito dei libri all'interno, rapidamente accessibile, a ogni livello, tramite numerose passerelle di collegamento. Alcuni moduli quadrati del grande blocco interno, distribuiti in maniera abbastanza indeterminata, sono adibiti a servizi e a spazi per la lettura e lo studio, mentre quelli centrali racchiudono le scale mobili. Altri corpi scala di servizio sono accolti in torrette cilindriche esterne al deposito e poste sulle diagonali del lotto rettangolare, in asse con gli ingressi al complesso.

Nella pagina accanto:
Dettaglio dello spazio incluso tra i corpi
principali dell'impianto.

In alto:
Vista notturna.
A destra:
Inquadramento urbano.

Nella pagina accanto:
Piante dei livelli principali dell'edificio.

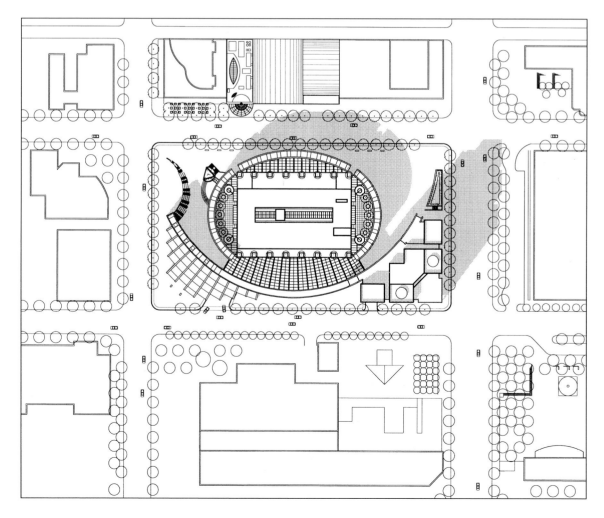

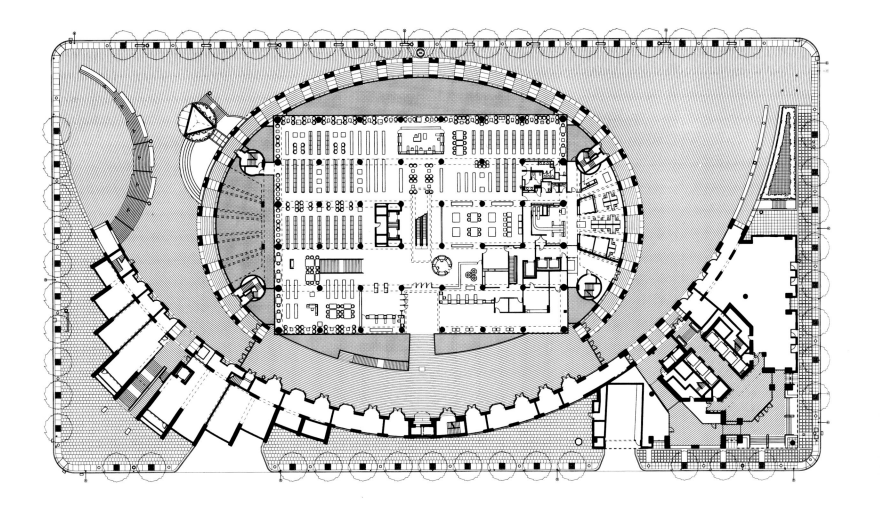

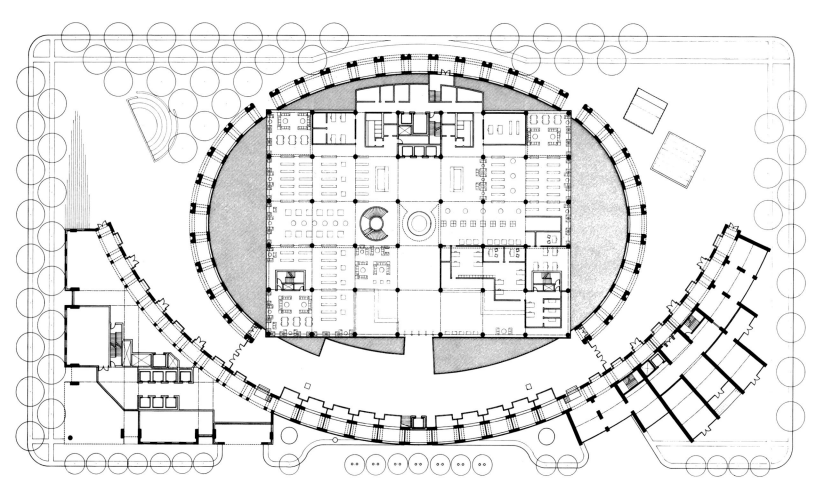

Vancouver Public Library, Vancouver

Sezione trasversale della biblioteca.

Nella pagina accanto:
*L'atrio pubblico di sosta e svago
al piano terra.*

A pagina 198:
Dettaglio delle postazioni di lettura.

A pagina 199:
*Il sistema dei ballatoi e dei collegamenti
aerei che tagliano lo spazio a tutta altezza.*

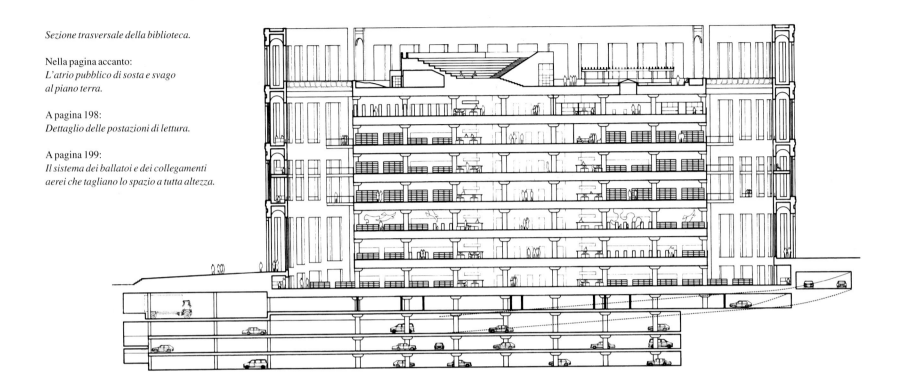

Lo spazio che risulta dalla differenza delle curvature di due figure ellittiche di base, enfatizzato alle estremità a causa della loro non concentricità, è adibito a piazza coperta per la sosta e il passaggio.

L'edificio è concluso all'ultimo piano da un attico a doppia altezza con sale speciali e vani tecnici.

La copertura trasparente della *promenade* assicura l'illuminazione naturale e diretta del magazzino dei libri, delimitato da pannelli vetrati e circondato dai tavoli per la consultazione che si affacciano sul vuoto che separa le due strutture.

La facciata continua della galleria ellittica accoglie le grandi finestre delle sale di lettura e si interrompe in corrispondenza degli accessi alla strada-atrio coperta. La volontà del progettista è di lasciare la citazione non conclusa per alludere esplicitamente a una configurazione aperta e non perfettamente determinata, risultato di una composizione urbana di quinte dall'andamento ellittico non concentrico.

Il secondo prospetto, quello del corpo ospitante le funzioni ausiliarie, è disegnato alla maniera del celebre monumento romano, con un alto coronamento di portici e logge. È formato da quattro ordini sovrapposti di doppie colonne cilindriche, sormontate da pseudocapitelli, alternate a fornici vetrate e culminanti in un fregio orizzontale alleggerito dall'impronta di pseudometope.

La stessa scelta della sequenza verticale di porticati e log-ge, che caratterizza l'aspetto esterno del Colosseo e unisce gli altri due edifici identificando un'altra quinta, viene ripreso con altre metriche compositive corrispondenti alla ritmica di grandi arcate a doppia altezza alternate a un piano a evidente sviluppo orizzontale.

Pannelli prefabbricati in conglomerato di granito rosso rivestono il complesso e celano il blocco centrale completamente vetrato.

Gli impianti sono per lo più racchiusi in piattaforme sovrapposte ai solai di ogni livello.

Le grandi vetrate sono dotate di meccanismi che ne consentono la pulizia.

Il singolare intervento di Vancouver appare come una sorta di Centre Pompidou dalle sembianze classicheggianti, non isolato al centro di una piazza regolare, come in una tavola prospettica del Rinascimento italiano, ma reso partecipe di una spazialità ambigua giocata su un inedito rapporto tra interno ed esterno. È delimitato e arricchito da altri due originali edifici: una torre di uffici, all'esterno, la cui facciata evoca la monumentalità di antichi porticati sovrapposti, necessari ad alleggerire l'impatto visivo dovuto alla differenza di altezza tra la torre e la biblioteca, e una quinta di chiusura, allestita con l'inutilità gradevole di una rovina, la cui origine risiede forse, non tanto nell'anfiteatro classico, ma nell'immagine mitica rappresentata da un'interpretazione antica del basamento in costruzione della torre di Babele.

Michael Graves, Klipp Colussy Jenks DuBois

Central/Downtown Denver Public Library
Denver, Stati Uniti, 1990-1995

Il sistema bibliotecario della città di Denver, in Colorado, è suddiviso in diversi centri di orientamento e informazione e si articola in ventidue biblioteche regionali, facenti capo a una sede principale.

La nuova biblioteca centrale della città di Denver è stata inaugurata nel 1996.

Vincitrice del concorso a due fasi indetto dalle autorità cittadine nel 1991, l'équipe di architetti americani Graves-Klipp era chiamata a intervenire in un sito dalla forte identità storica e caratterizzato da architetture *beaux-arts*, attraverso un progetto di estensione di un edificio esistente, realizzato da Burnham Hoyt nel 1956.

L'antica biblioteca, che si estende su una superficie di 15.000 metri quadrati, è compresa nel Centro Civico previsto nel piano della città redatto da Frederick Olmstead, che include anche lo State Capitol, il City and County Building e il Denver Art Museum.

Il quartiere, iscritto nel Registro nazionale dei siti storici, è oggetto di un vasto progetto urbano, finalizzato allo sviluppo commerciale e istituzionale dell'intera area.

Il sito di progetto è racchiuso tra il Denver Art Museum, realizzato da Gio Ponti e James Sudler nel 1971, e il Judicial Heritage Center di Rogers Nagel Langhart, risalente al 1977 e formato da due edifici distinti, rappresentati dal Colorado Supreme Court e dal Colorado

Historical Society. Il programma del concorso prevedeva la realizzazione di un edificio capace di trasmettere, grazie alla sua immagine, l'importanza dell'istituzione culturale nell'ambito della comunità, incrementando l'accessibilità alle collezioni dal 25 all'85%.

La nuova biblioteca completa il fronte meridionale della passeggiata pubblica che collega il centro istituzionale con il centro degli affari della città.

L'edificio, che occupa una superficie di circa 38.000 metri quadrati, si presenta come una composizione serrata e simmetrica di masse stereometriche.

Il grande parallelepipedo che costituisce il basamento del complesso è interrotto al centro dal cilindro, di ispirazione asplundiana, concluso in sommità da un alto coronamento in rame, circondato da una struttura in legno, che ricorda il *donjon* degli antichi castelli medievali. In posizione retrostante, emergono altri due volumi, di forma regolare e simmetrici, che concludono il complesso a est e a ovest, dove due corpi aggettanti a base quadrata, alti quasi quanto il resto dell'edificio, rappresentano gli ingressi della biblioteca, come

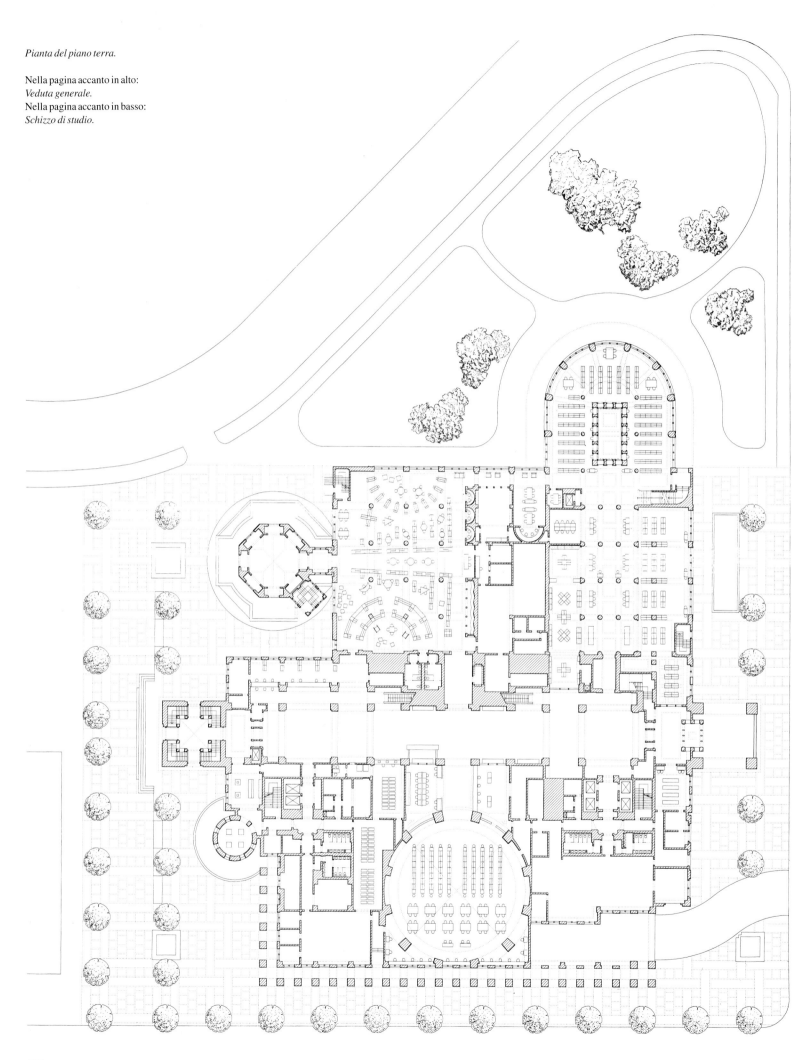

Pianta del piano terra.

Nella pagina accanto in alto:
Veduta generale.
Nella pagina accanto in basso:
Schizzo di studio.

Vista interna dell'area d'ingresso.

evidenziato dalla torre occidentale, sormontata da un campanile, e racchiudono i corpi scala di collegamento ai vari livelli.

La parte della biblioteca interessata dal progetto di estensione è alta complessivamente otto piani fuori terra, rispetto ai quattro dell'edificio esistente, cui se ne aggiungono due interrati, destinati alle installazioni tecniche, meccaniche e di servizio.

Planimetricamente, l'area interessata dal progetto di estensione è pari a circa tre volte quella occupata dall'antica sede.

Al piano terra, un'*infilade* di spazi a doppia e tripla altezza, posta al centro dell'edificio, congiunge e separa il vecchio dal nuovo. Le funzioni dell'istituzione risultano quindi nettamente distinte, distribuendosi ai vari

livelli delle due costruzioni, i cui solai, posti ad altezze differenti, sono raccordati da brevi rampe di scale.

Il vecchio edificio ospita, al piano terra, la biblioteca per bambini, estesa anche al padiglione esagonale esterno al complesso – Claire McMenamy Berger Memorial Children's Pavilion –, e alcune sale di lettura tematiche per adulti, specializzate in narrativa, finzione e letteratura popolare. Al di là dell'atrio a tripla altezza – Great Hall –, allo stesso livello della nuova estensione, la biblioteca di consultazione, delimitata dai grandi pilastri di sostegno del cilindro soprastante, è affiancata dalle sale di lavoro delle ali sud-est e sud-ovest dell'edificio. Vi si trovano anche le collezioni della Biblioteca Popolare del Centro Civico – Downtown branch. Il primo e il secondo piano del complesso sono desti-

nati ai depositi dei libri per adulti in libera consultazione. L'area centrale circolare della nuova costruzione accoglie la grande sala di lettura a doppia altezza, circondata dall'imponente struttura lignea che trova il suo corrispondente nell'elemento di coronamento esterno. Altre sale di studio, di minori dimensioni, si trovano all'estremità dell'ala sud-est dell'edificio.

Il terzo piano del complesso comprende spazi di lettura, più o meno specializzati e variamente organizzati, che ospitano, tra le altre, le raccolte governamentali del commercio e dell'industria.

Al quarto livello della nuova estensione, nella zona corrispondente alla Great Hall del piano terra, si trovano le collezioni di genealogia e di microfilm, una galleria e la sala conferenze, mentre il grande cilindro centrale ospita la Western History Collection, estesa anche all'ala sud-ovest dell'edificio. A sud-est sono i depositi dei libri non accessibili al pubblico.

Il quinto e il sesto piano della nuova costruzione racchiudono, oltre ad altri magazzini, i locali del personale e gli uffici dell'amministrazione.

Un piano tecnico, che conclude il volume cilindrico e il fronte meridionale dell'edificio, sarà utilizzato per i futuri ampliamenti della biblioteca.

Altri studioli sono stati previsti all'interno della torretta circolare ricavata nell'angolo sud-ovest del complesso.

Ai livelli interrati si trovano delle sale polifunzionali, altri locali tecnici e i magazzini di deposito del materiale non accessibile al pubblico. È prevista anche la realizzazione di un tunnel sotterraneo adducente al museo.

Il grande atrio posto al centro dell'edificio.

Piante dei vari livelli.

Nella pagina accanto:
Sala di lettura collocata al secondo piano.

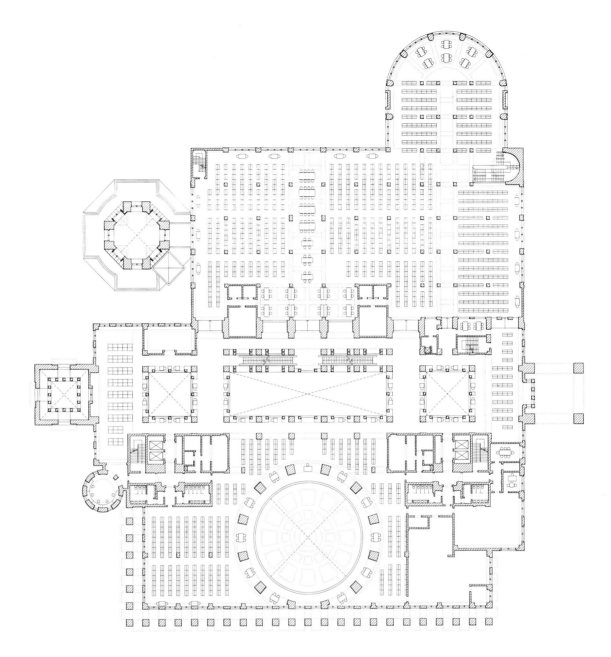

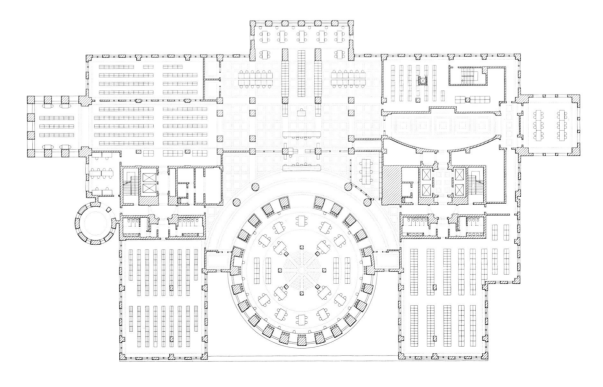

Gli interni dell'edificio sono rifiniti in legno d'acero. Aperture regolarmente ritmate, ottenute dalla ripetizione di un unico modulo quadrato, scandiscono i prospetti del nuovo edificio, rivestiti da pannelli lucidi di pietra calcarea di Bavaria – marmo dello Jura – verde e di dolomite blu, proveniente dall'Europa centrale – Anröchter tedesca – utilizzata anche per la torre ovest e la sua copertura. Le arcate del fronte meridionale sono ancora in pietra calcarea, su basamento in granito americano – Stony Creek – rosa, grigio e rosso.

L'edificio è stato oggetto di numerosi premi a livello internazionale nel 1995, 1999 e 2001.

Nel complesso, l'antica e la nuova biblioteca presentano una superficie utile totale di 37.665 metri quadrati. La biblioteca centrale di Denver rappresenta un nuovo edificio pubblico nella città, il cui fronte meridionale, imponente ma bene articolato, assunto come quinta scenica posta a chiusura della piazza, diventa elemento di continuità visiva tra i due musei esistenti, connettendoli e distanziandoli al tempo stesso. Seppure inglobata nel nuovo complesso, l'antica biblioteca mantiene autonomia e identità propria, assurgendo a elemento tradizionale all'interno di una composizione post-moderna, caratterizzata da una originale sintesi di volontà figurativa e astrazione – forse risultato della collaborazione con Gehry ai tempi dei Five Architects – capace di riunire simboli della cultura locale a riferimenti architettonici colti. Ciò è particolarmente evidente nel trattamento della rotonda che, per la struttura e i materiali utilizzati, ricorda tanto le torri tipiche dei pozzi petroliferi realizzati dai pionieri all'epoca dell'espansione del Paese a ovest, quanto memorie dell'architettura rinascimentale europea, come la scala in legno del castello di Chambord.

In alto:
*La struttura lignea di sostegno
della copertura della sala di lettura
del quarto piano.*
In basso:
Sezione trasversale.

Nella pagina accanto:
*Dettaglio della struttura lignea
e degli arredi della sala di lettura.*

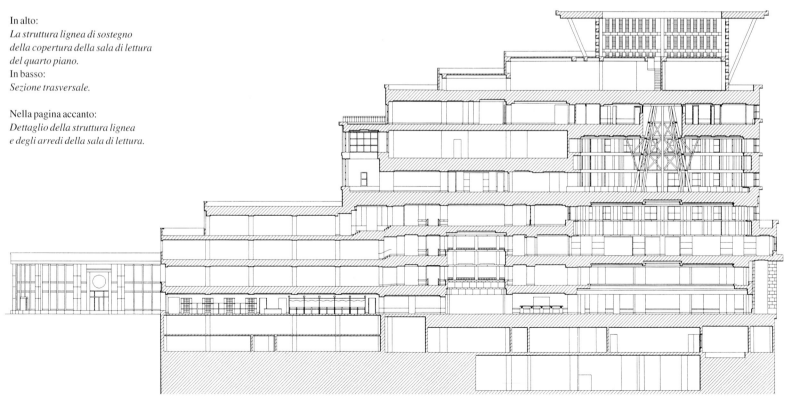

Toyo Ito

Mediateca di Sendai
Sendai, Giappone, 1995-2000

Nella città industriale di Sendai, situata a nord di Tokyo, in Giappone, è stata recentemente
inaugurata la nuova mediateca municipale.

L'edificio occupa un lotto delimitato da strade e posto al termine del viale Jozenji.

L'imponente costruzione si presenta come un blocco interamente vetrato, alto sei piani
fuori terra, di altezza variabile, cui si aggiungono due livelli interrati.

Alla regolarità della forma volumetrica adottata si giustappongono l'originalità
della struttura e la varietà dell'organizzazione dello spazio interno.

La struttura dell'edificio è costituita da tredici grandi fasci di tubi metallici, dal diametro
variabile dai 3 ai 10 metri, di cui nove, disposti su due file ad andamento irregolare,
sono visibili al di là delle facciate trasparenti nord e sud e gli altri quattro, seguendo le curve
disegnate dai primi, designano uno degli assi di simmetria del grande parallelepipedo
a base quadrata.

Questi elementi verticali, spesso con pilastri obliqui, attraversando l'edificio per tutta
la sua altezza e oltre, sono anche utilizzati per il trasporto di persone e informazioni.

Lo spazio cavo che le anomale colonne delimitano racchiude infatti ascensori e scale,
mentre i tubi che ne costituiscono l'ossatura, in acciaio e bianchi, del diametro

di 10, 30, 120 o 240 millimetri, celano gli impianti e i meccanismi elettronici indispensabili al funzionamento di una mediateca di oggi.

Gli impianti di isolamento termico e acustico sono invece racchiusi nei controsoffitti di ogni livello dell'edificio. Ogni piano della mediateca occupa una superficie di 2.450 metri quadrati, essendo costituito da una piastra di acciaio e cemento che misura 50 x 49 metri ed è spessa 47 centimetri.

L'originalità della struttura e i materiali utilizzati hanno permesso all'architetto giapponese di organizzare ogni livello dell'edificio come un immenso open space, dove solo gli elementi di arredo e le diverse modalità di accesso a una cultura completamente multimediale separano ed esplicitano le destinazioni d'uso dei vari ambienti.

Le principali funzioni della biblioteca-mediateca si distribuiscono in modo apparentemente casuale a ogni livello, racchiuse ed espletate in spazi di varia forma. Cerchi, quadrilateri irregolari, curve isolate "galleggiano" nel vuoto compreso tra i due solai, interrompendo

Vista generale nel contesto urbano.

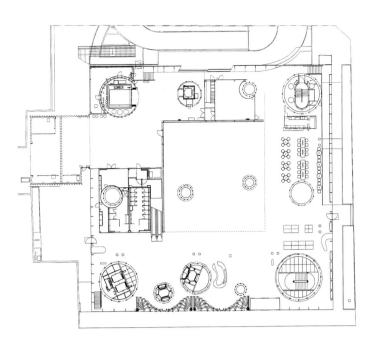
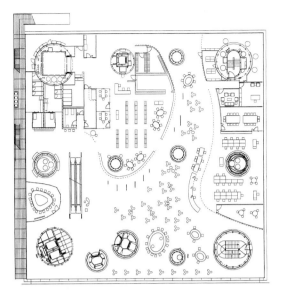

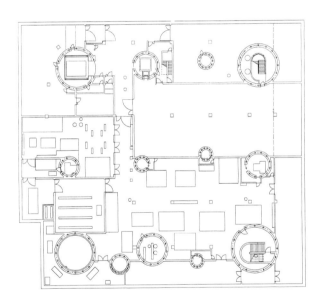
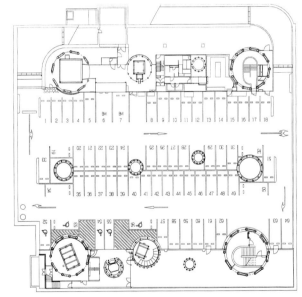

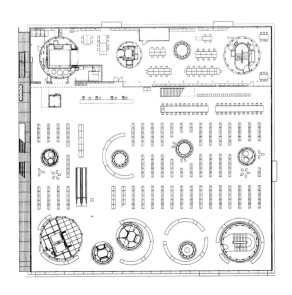
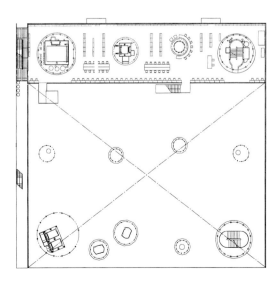

213

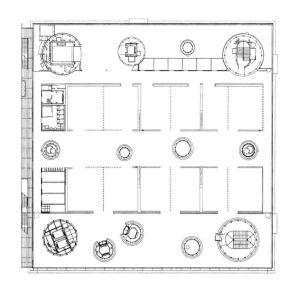

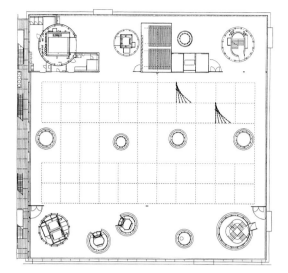

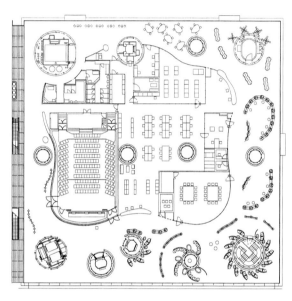

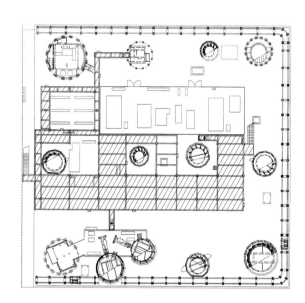

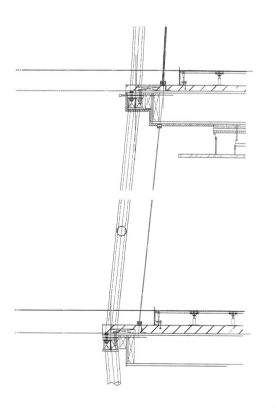

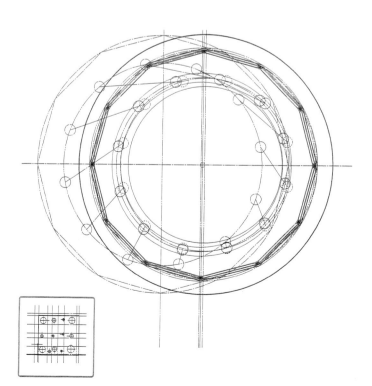

*Prospetti laterali delle facciate est
e ovest dell'edificio.*

Nella pagina accanto:
*Veduta notturna dell'edificio;
si possono notare i diversi sistemi
di illuminazione dei vari piani.*

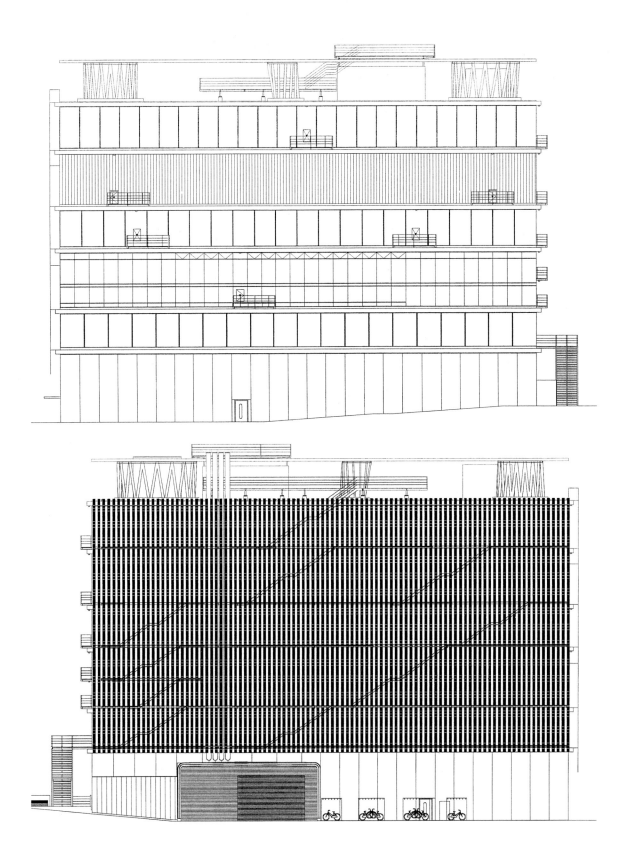

la continuità dei flussi di luce e informazioni che, altrimenti, dominerebbero l'edificio.

Ogni livello, il cui allestimento è stato demandato a professionisti specializzati, è in realtà attrezzato per rispondere a precise esigenze e modi di accesso al sapere: biblioteca per bambini al primo piano; biblioteca generale al secondo e al terzo piano; gallerie di esposizione al quarto e al quinto e audiovisivi al sesto e ultimo piano.

Al piano terra, alto 7 metri, vi è una hall di ingresso di 400 metri quadrati che accoglie la libreria, la caffette-

ria e gli spazi per le esposizioni temporanee. Un grande schermo di 72 metri quadrati assicura l'immediatezza di una cultura oggi prevalentemente costituita da immagini.

Al primo piano, pareti curve separano gli uffici dell'amministrazione dal banco delle informazioni e dalle postazioni elettroniche ad accesso libero.

Al secondo e al terzo livello la biblioteca è a doppia altezza. Vi si trovano 160.000 testi consultabili liberamente, previo abbonamento, e 340.000 libri conservati in magazzino. Lo spazio di lettura è distinto in due

A destra:
*Schizzi preparatori del sistema
strutturale e dei diversi livelli.*
In basso:
Dettaglio della hall del piano terra.

Nella pagina accanto:
*Vista di uno spazio per la lettura posto
al quarto piano.*

徹底的に フラットスラブ、 海草のような柱、 ファサードのスクリーン
の3要素だけを ピュアに 表現する、 それぞれの エレメントを 構造的に
とことん study し シンプルに 表現することに 全力を あげる。 これ以外はすべて void
にしたい。

ファサードのスクリーンは
ヨコの ストライプのみ
(透明・半透明へ)
フィルムはりつけ

steel pipe
の軸みあわせ
もしくは
鉄板に
穴をあけていく。
?

スラブは極力うすく
フラット Floor Hight
はシングル

コア、設備 エレベ
などを含む

青 ← グラデーション → 裏
柱のなかが void から 充実なものへと
変化する

23. Jan '95
Toyo Ito

A destra:
Sezione trasversale dell'edificio.
In basso:
Vista di una delle zone di sosta e lettura.

Nella pagina accanto:
*Vista interna del piano contenente
gli scaffali aperti dei libri.*

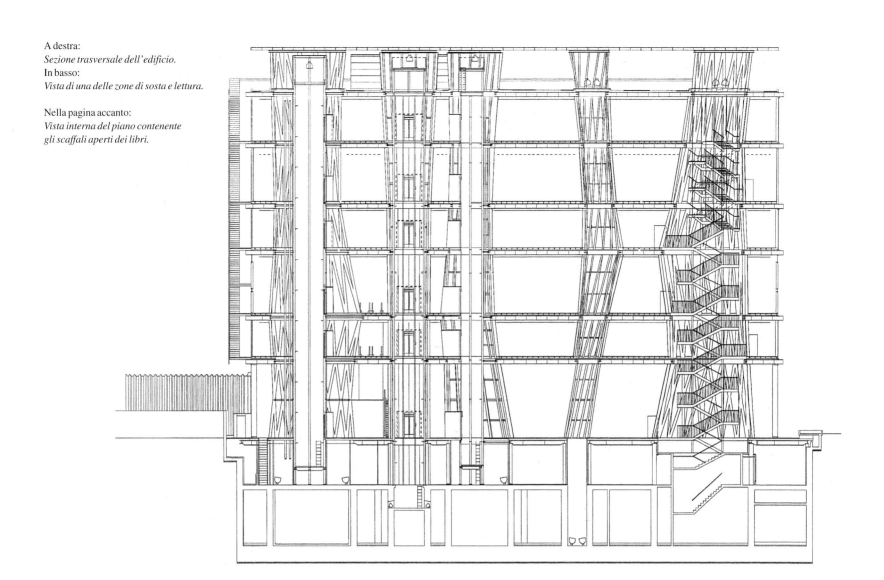

ambienti di cui quello principale è attrezzato con lunghi tavoli di lavoro disposti in tre file centrali.

Al quarto e al quinto livello, dei separé delimitano gli spazi per le esposizioni, in parte arredati con elementi mobili e modulari.

All'ultimo piano dell'edificio, altre pareti ondulate isolano la sala conferenze, che accoglie 180 posti a sedere. L'intero livello è finalizzato alla divulgazione della cultura multimediale e consente l'accesso a video, Cd, Cd-Rom, nastri, periodici.

In copertura, il piano delle installazioni tecniche, protetto da una griglia metallica che appoggia direttamente sui tredici fasci di tubi in acciaio, corona l'edificio. Un dispositivo costituito da valvole e meccanismi elettronici regola il funzionamento di pannelli che, aperti, creano fresche correnti d'aria che attraversano l'intera struttura.

I due piani interrati sono destinati a parcheggio pubblico, con una capacità di 64 posti macchina.

Le pareti che delimitano e costituiscono le facciate dell'edificio sono completamente distaccate dalla struttura a elementi verticali e orizzontali. Sono in vetro e trattate in modo diverso in ogni prospetto. Motivi xerigrafati e schermi metallici ancorati ai solai regolano e distribuiscono la luce e il calore naturale.

Nonostante la netta separazione delle funzioni e dei livelli dell'edificio, i materiali utilizzati – predominanza del vetro sul cemento e l'acciaio – e l'originalità degli allestimenti e degli elementi di arredo – forme ondulate, alcove, assenza quasi totale di pareti fisse, dispositivi d'illuminazione artificiale diversi a ogni piano e per ogni modalità di lettura o consultazione dei materiali audiovisivi, colori vivaci giocati sull'alternanza di verde e bianco, rosso, arancione fosforescente – creano un effetto di trasparenza che si traduce nella continuità tra interno ed esterno, evidente a ogni piano della mediateca. L'insieme di piazze pensili, con grande forza, comunica un preciso messaggio; oggi, in mancanza di uno stile condiviso, un nuovo monumento della città può essere imposto anche con una regia di tonalità cromatiche effimere: semplici e naturali variazioni tra luminosità notturna e trasparenza diurna.

Lluís Clotet Ballus, Ignacio Paricio Ansuategui

Biblioteca dell'università Pompeu Fabra Barcellona, Spagna, 1992-1999

La biblioteca centrale di una nuova istituzione universitaria di Barcellona è stata allestita nel fabbricato che un tempo ospitava le antiche cisterne dell'acqua del parco della Ciudadella. L'edificio fu costruito da José Fontseré nel 1874 sul modello delle cisterne romane, in un isolato, compreso tra i Carrer de Llull, de Ramon Turro e de Wellington, non lontano dal parlamento catalano, dal centro storico e dalla città olimpica.

Il progetto di recupero della costruzione ottocentesca prevede anche la realizzazione di un piccolo edificio esterno di completamento. Oggi rappresentata da un padiglione temporaneo, la nuova struttura, a pianta quadrata e alta sei piani, di cui uno interrato, comprenderà l'ingresso della biblioteca, gli uffici dell'amministrazione e i depositi dei libri, una piccola sala conferenze, un auditorium, diversi studioli per la consultazione di collezioni specializzate, gli elementi di collegamento verticale e le principali installazioni tecniche. Sarà conclusa da una terrazza-belvedere, con caffetteria, in copertura.

L'edificio esistente, la cui altezza interna netta – dal piano terreno al solaio di copertura – è di circa 13 metri, cui si aggiunge un livello interrato, presenta una pianta quadrata, di lato pari a circa 64 metri, e una struttura portante costituita da imponenti pilastri in mattoni lasciati a vista, posti a intervalli regolari sulla base di una rigida griglia geometrica di modulo pari a 5 metri.

In memoria dell'antica destinazione d'uso, l'edificio è sormontato da un evocativo specchio d'acqua, il cui peso è scaricato sugli elementi strutturali interni e sulle spesse pareti perimetrali, grazie a un sistema di volte a botte ribassate e di volte a crociera. Ai quattro angoli dell'edificio permangono delle torrette di guardia, raggiungibili da scale interne.

Lo schema strutturale del fabbricato, dato dalla rigida e regolare alternanza di pieni e vuoti, bene si sarebbe adattato all'applicazione del sistema organizzativo dello spazio di lettura tipico delle biblioteche della tradizione anglosassone, non solo medievale. I *carrels*, o cellule con pochi posti di lettura costituite da due scaffali per i libri con scrittoio, posti trasversalmente ai contrafforti delimitanti una finestra, che permettono la realizzazione di sale di lettura a pianta rettangolare, dove almeno una parete è scandita da grandi bucature, spesso vere e proprie gallerie, offrono una disposizione che consente un ottimo sfruttamento della luce naturale che, lateralmente, illumina il piano di lavoro del lettore.

La carenza di spazio e di luce naturale, come l'esigenza

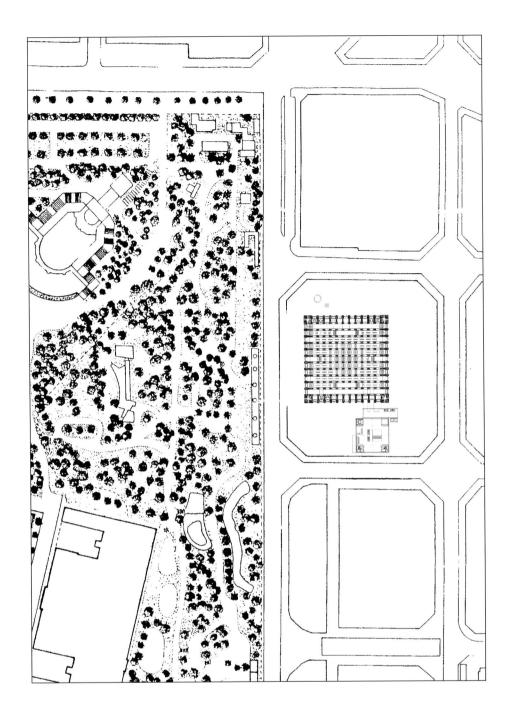

In alto a sinistra:
Inquadramento planimetrico generale.
In alto a destra:
Vista esterna della biblioteca sul lato
dove è stato ricavato il padiglione
dei servizi e il collegamento sotto la strada
con gli altri edifici universitari.

di ottenere un cospicuo numero di posti di lettura, hanno invece imposto l'impiego di tavoli di studio collettivi.

Le undici lunghe campate, originate dall'organizzazione degli elementi strutturali del fabbricato, e collegate fra loro da altrettante aperture ad arco che si alternano ai pilastri interni, sono state dunque occupate dagli scaffali dei libri in libera consultazione e dai tavoli di lavoro, che possono accogliere da quattro a otto utenti contemporaneamente.

I tavoli di studio si concentrano prevalentemente nelle cinque campate centrali e negli spazi laterali ottenuti nello spessore dei muri perimetrali.

L'altezza della grande sala ipostila ha permesso di ricavarvi due ulteriori livelli da destinare alla lettura.

Il primo piano, posto a 3 metri dal piano terra, presenta un solaio prefabbricato in calcestruzzo, indipendente dalla struttura esistente e discontinuo, interrotto in corrispondenza della zona centrale dell'edificio e dei contrafforti perimetrali.

Il secondo piano è invece costituito da una serie di mensole che, ancorate ai muri perimetrali della struttura e poste all'inizio e alla fine delle nove campate centrali, sporgono internamente di 7 metri, consentendo di sfruttare al meglio la luce naturale proveniente dalle finestre ad arco che ritmano le quattro facciate dell'edificio.

Il progetto illuminotecnico degli spazi di lettura ha occupato un ruolo di primo piano nell'intervento di ristrutturazione.

Le fonti di luce artificiale, puntuali ma numerose, sono state integrate dai cinque lucernari disposti a croce che, emergendo come torrette dal piano d'acqua che sovrasta il tetto dell'edificio, procurano ulteriore luce naturale zenitale e diretta agli spazi di lavoro ricavati nella zona centrale della biblioteca.

Lo spessore dei contrafforti perimetrali dei prospetti nord-ovest e sud-est è stato sfruttato per ricavarvi, in corrispondenza delle undici bucature, delle alcove destinate ad accogliere studioli, piccoli uffici, locali di servizio.

Attualmente i libri sono conservati in scaffali lasciati in libera consultazione.

I quattro angoli dell'edificio sono evidenziati da torrette di guardia, raggiungibili da scale interne.

L'intervento non invasivo e rispettoso del carattere maestosamente paleoindustriale del fabbricato originario ha permesso di concentrare l'originalità del progetto nell'allestimento degli interni della biblioteca, trattati come elementi di arredo: mobili, non permanenti, in qualunque momento modificabili o smantellabili per far nuovamente emergere la monumentalità dell'antica fabbrica.

Il legame con la città e l'ambiente circostante è comunque presente, perché se dalle passerelle e dai ballatoi che collegano i piani ammezzati interni è possibile cogliere l'ampiezza della bella sala ipostila, dalle torrette d'angolo e dalla nuova terrazza-belvedere, il panorama offre ancora mirabili scorci prospettici sulle torri storiche del capoluogo spagnolo.

In alto:
*Vista dello specchio d'acqua ricavato
sulla copertura dell'ex cisterna.*
A sinistra:
Sezione trasversale e longitudinale.

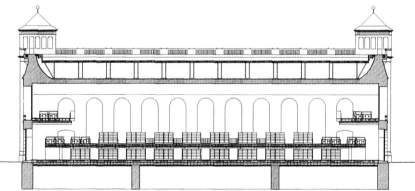

Interventi nell'esistente

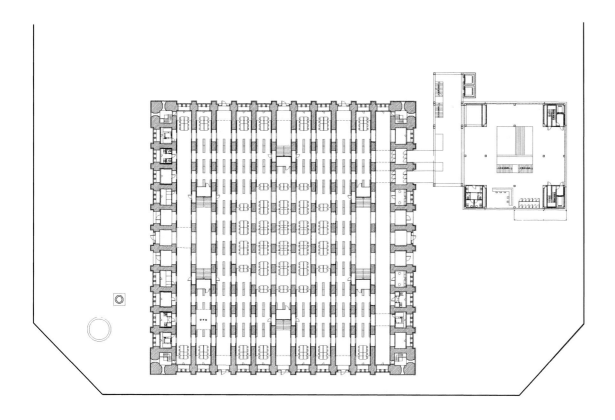

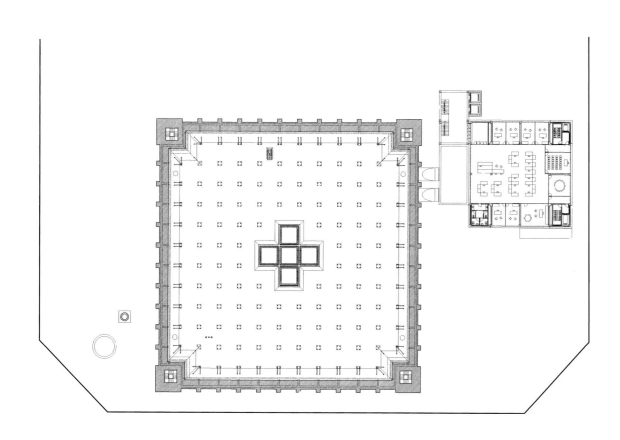

In alto:
*Pianta del livello principale
dell'edificio.*
In basso:
Pianta della copertura.

A pagina 228:
*Dettaglio delle scaffalature a vista
delle aree di lettura.*

A pagina 229:
*Sale di lettura sormontate
da passaggi aerei.*

Boris Podrecca

Stadtbücherei Biberach
Biberach, Germania, 1992-1995

In una cittadina di medie dimensioni della Germania meridionale, Biberach, nel Land
del Baden-Württemberg, centro di una regione particolarmente ricca di architetture barocche
e per questo denominata *Oberschwabisches Barockparadies* (paradiso del barocco
dell'Alta Svevia), si è deciso di adattare un'antica casa, precedentemente utilizzata a deposito
per il grano, a sede della nuova biblioteca comunale.

Il fabbricato, tradizionalmente noto con il nome di "nuovo edificio", rimasto inutilizzato
e protetto dalla condizione di bene storico, sorge al centro di uno spazio pubblico inedificato,
la Viehmarktplatz, sopravvissuto al limite della città storica, non lontano dalle mura,
dal museo e dal teatro della commedia.

L'edificio si presenta come una costruzione simmetrica lungo l'asse longitudinale della pianta
rettangolare. È caratterizzato da una forma geometrica semplice ed è sormontato da un grande
tetto spiovente a due falde.

Oltre al piano terra, si compone di due livelli, di cui il primo racchiuso nelle spesse mura
perimetrali e il secondo corrispondente alla quota di imposta del tetto. Altri tre piani sono stati
ricavati al di sotto della copertura; non accessibili al pubblico, presentano una superficie
che diminuisce progressivamente verso l'alto.

Al risanamento complessivo della fabbrica, l'intervento di trasformazione, per lo più volto alla conservazione della massiccia e imponente struttura gotica in legno, affiancava la sostituzione del sistema dei collegamenti verticali.

Il principio distributivo si è basato sullo svuotamento di alcuni solai della zona centrale, per ricavarvi un *lichthof* illuminato da un vasto lucernario aperto nella sommità della copertura, così da integrare la fievole luce proveniente dalle piccole bucature di areazione preesistenti. A queste sorgenti di luce sono state aggiunte altre ventuno finestre, disposte nelle pareti inclinate del tetto in modo da non intaccare l'orditura delle travi in legno preesistenti.

Il grande invaso interno ospita il corpo delle scale di servizio in cemento armato e la gabbia dell'ascensore, rivestita in lastre di vetro e che assume il ruolo di elemento unificante i piani orizzontali della struttura. Un'altra scala ad andamento diagonale, più specificatamente destinata al pubblico e posta in collegamento diretto con la bussola esterna di ingresso alla bibliote-

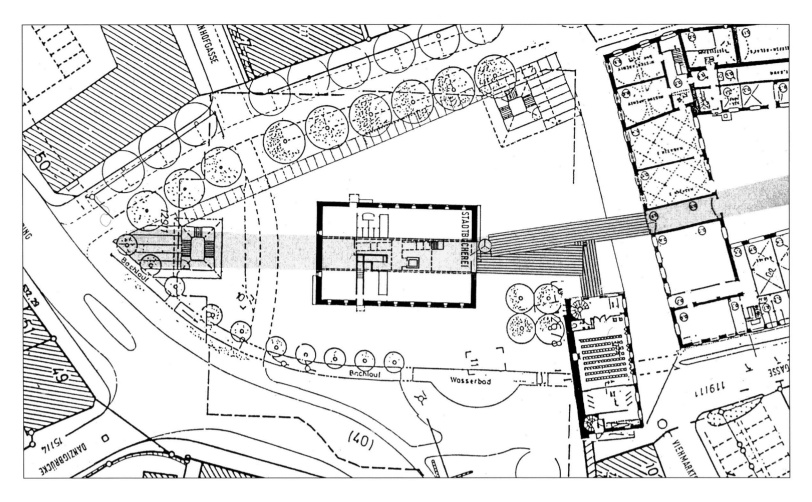

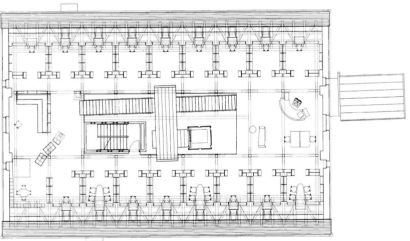

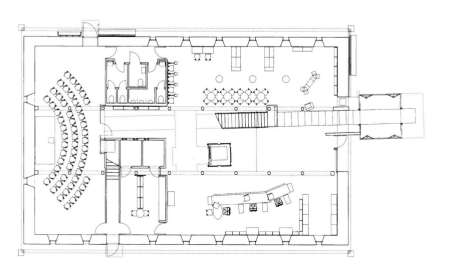

In alto:
Inquadramento planimetrico generale.
A sinistra:
Piante dei vari livelli.

Nella pagina accanto in alto a sinistra:
Vista della struttura lignea originale.
Nella pagina accanto in alto a destra:
Particolare della nuova scala di metallo.
Nella pagina accanto in basso:
Schizzo preparatorio.

ca, dà accesso al primo e al secondo piano dell'edificio. È interrotta e sovrastata da due passerelle che, sospese trasversalmente nel vuoto rettangolare centrale, distribuiscono gli utenti alle zone di studio.
Assicurato un nuovo accesso, costituito da una pensilina di metallo parzialmente tamponata da pannelli in vetro e posta lungo il breve lato nord del complesso, dal pavimento rivestito in moquette, il piano terra è tripartito da una sequenza di colonne cilindriche puntellate. Nella fase iniziale sono, a sinistra dell'atrio, l'accoglienza e il catalogo, cartaceo e computerizzato; a destra il piccolo punto di ristoro con tavolini e i servizi, mentre sul fondo è la sala di riunione, con ingresso indipendente.
Il primo piano è organizzato in venti ambiti di lettura individuali, organizzati a *carrels* lungo le due lunghe pareti perimetrali. A ogni spazio di studio, delimitato dagli scaffali dei libri addossati ai pilastri della maglia strutturale in legno, corrisponde una stretta bucatura,

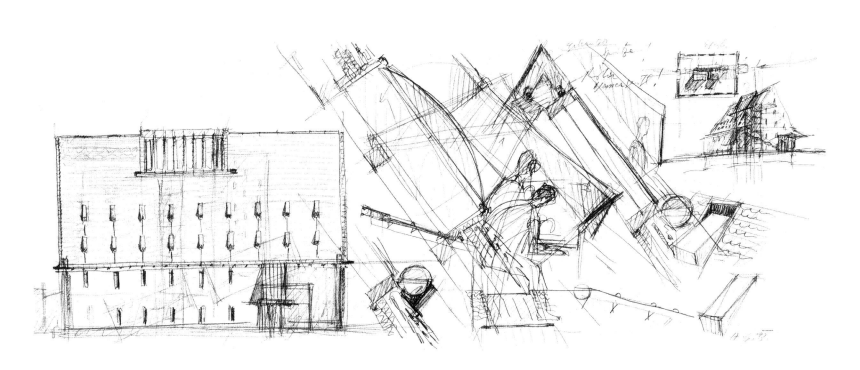

a essi interposta, da cui penetra la luce che, tramite la strombatura dei muri, illumina il tavolo a essa adiacente. Il secondo piano dell'edificio, ossia il livello più basso interessato dalle falde del tetto, presenta una distribuzione analoga.

Il terzo piano accoglie gli uffici dell'amministrazione e dagli ultimi due, in concomitanza con il lucernario sovrastante, un ballatoio si affaccia sullo spazio cavo. L'edificio, che precedentemente era in mattoni a vista, è ora intonacato bianco, pur mantenendo l'aspetto di blocco massiccio e compatto.

I nuovi prospetti est e ovest, semplici e regolari, risultano ritmati da alte e strette bucature.

A nord e a sud invece, a parte l'aggiunta del corpo di ingresso aggettante, sono state mantenute le aperture preesistenti, costituite da una sequenza verticale di finestre poste in asse con il colmo del tetto, affiancate da altre due file di bucature di minori dimensioni.

Inedita è la trattazione delle canalizzazioni di scarico dell'acqua dalle grondaie di copertura, posizionate in corrispondenza degli spigoli della costruzione, ma completamente distaccate dalla fabbrica e che, come sospese, sottolineano il loro ruolo in totale autonomia funzionale e formale dal disegno dell'edificio gotico. Il grande tetto, prima dell'intervento rivestito in tegole, è contraddetto dalla struttura in ferro-vetro del lucernario e dai nuovi abbaini in plexiglas.

Negli spazi interni si è voluto esaltare l'effetto di trasparenza e leggerezza dei corpi estranei alla fabbrica originaria tramite l'involucro dell'ascensore e le ringhiere delle scale e del vuoto centrale che, in vetro o in metallo, contrastano fortemente con la massiccia e imponente struttura portante.

Nonostante il radicale cambiamento di destinazione d'uso del fabbricato, il rispetto per la cultura e la storia del luogo ha permesso non solo il mantenimento, ma il potenziamento dell'antica identità formale della costruzione, che quindi, anche grazie alla nuova funzione di biblioteca pubblica, risulta ancora parte integrante del tessuto storico esistente.

Massimo e Gabriella Carmassi

Biblioteca comunale e archivio storico Senigallia, Italia, 1995-1999

A Senigallia, in provincia di Ancona, la linea ferroviaria distingue nettamente le costruzioni più recenti, prospicienti il mare, da quelle di antica origine, racchiuse nel centro storico della città.

Il complesso monumentale che ospita la nuova biblioteca e l'archivio locali, occupa un sito di circa 2.900 metri quadrati di superficie, compreso tra le antiche mura cinquecentesche e l'ultimo tratto del fiume Misa, su cui si affaccia.

Fu eretto all'inizio del XIX secolo, per ospitare il Foro Annonario e il Macello della città, sul lungofiume, in prosecuzione degli edifici commerciali costruiti per la celebre fiera, dagli architetti marchigiani Pietro e Vincenzo Ghinelli, non lontano dalla rocca Malatestiana, risalente al 1480. Il complesso consta di due parti distinte.

Al primo edificio, esteso su due livelli oltre il piano rialzato, dalla planimetria a ferro di cavallo racchiudente una piazza interna ellittica, sono affiancati, sulla parte posteriore, dei fabbricati delimitati dalle mura della città e da un'altra costruzione estranea al progetto.

Il Foro è coronato da una serie di portici a sette campate al piano terra, alternati ad aperture di accesso concluse da archi a tutto sesto.

La ritmicità delle partiture è ulteriormente sottolineata dalle finestre termali del livello

superiore, al di sopra delle quali, l'aggettante cornicione prelude alla copertura in tegole, sorretta da capriate in legno. L'edificio del Macello presenta invece una pianta più semplice e regolare, rettangolare, che si risolve all'esterno nella modularità di aperture a tutto sesto, sovrapposte e distribuite sui due livelli corrispondenti ai solai interni.

L'intervento degli architetti toscani si è concretizzato in un progetto di recupero e conservazione dell'esistente, che ha avuto come punto di partenza il rilievo dei fabbricati.

Al centro della piazza è la grande aula a doppia altezza, che separa i due edifici, a forma di "C", adibiti a biblioteca e archivio e che comprendono una sala per esposizioni e convegni al primo livello.

Nella terminazione retrostante, un cortile evidenzia l'ingresso all'istituzione. È delimitato, a destra, dai depositi dei libri e dei documenti, racchiusi nell'ex Macello e, a sinistra, dal breve corpo che accoglie spazi di ritrovo e ristoro e i servizi igienici. In fondo alla piccola corte sono le scale di accesso alla biblioteca.

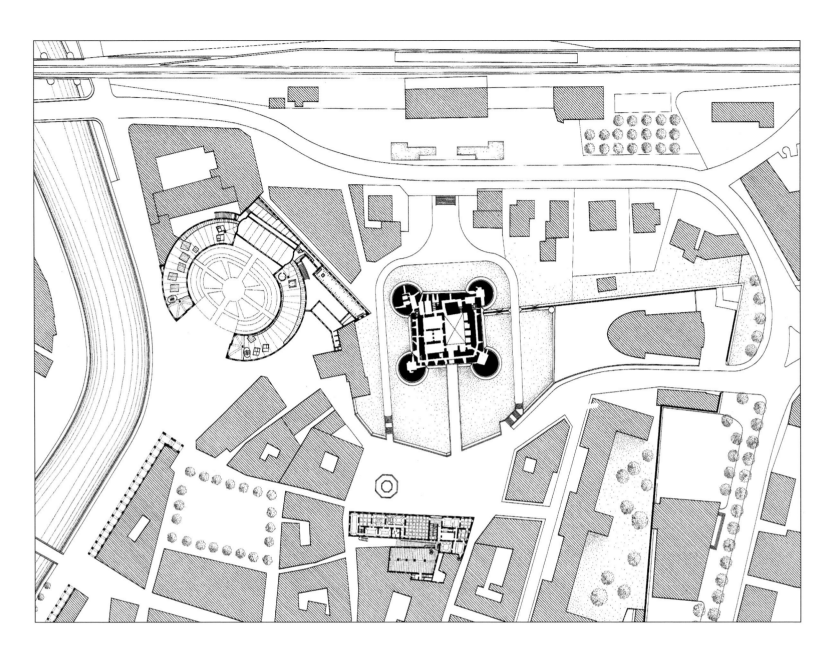

In alto:
Inquadramento planimetrico generale.
A destra:
Assonometria generale.

Le sale di lettura sono racchiuse nei corpi semicircolari del Foro.

Sono delimitate da una serie di pannelli rettangolari in vetro, ripetuti per tutta l'estensione delle gallerie di studio, a creare dei corridoi di distribuzione con vista sulle pertinenze esterne.

Senza intaccare la struttura originaria, i séparé, che hanno anche funzioni di isolamento acustico, diffondono la luce laterale proveniente dalle finestre, integrata dagli abbaini aperti in copertura, come ulteriore fonte di illuminazione naturale zenitale delle sale del secondo livello. Punti-luce artificiali, rappresentati da semplici lampade di alluminio assicurate alle travi dell'orditura secondaria del tetto, permettono il funzionamento dell'istituzione durante le ore notturne.

Gli arredi interni sono stati opportunamente disegnati dai progettisti e sono costituiti da tavoli a sei posti, schierati in due file concentriche.

Anche il banco della zona di consultazione e prestito e il guardaroba della biblioteca sono stati concepiti come strutture, in legno, del tutto autonome.

In modo analogo è stata trattata la sala conferenze-spazio espositivo, il cui ingresso è costituito da elementi in legno. Risulta delimitata dai pannelli in vetro, che la separano dal corridoio perimetrale.

Una serie di contenitori, ancora trasparenti e disordinatamente distribuiti al secondo livello delle due ali curve che chiudono il Foro all'esterno, assicura la disponibilità di spazi di studio e lettura individuali.

Le capriate in legno dell'imponente copertura sono state ripulite e consolidate a cura della Sovrintendenza e quindi mantenute a giorno in tutti i locali della biblioteca-archivio.

Al fine di mantenere inalterate le caratteristiche formali e costruttive dei fabbricati antichi, i 110.000 volumi di cui è capace il magazzino della biblioteca sono stati alloggiati su una struttura di calcestruzzo e ferro, completamente indipendente da quella esistente ed estesa su quattro piani.

La circolazione orizzontale del personale avviene tramite i due ballatoi perimetrali in acciaio che, interessando tutta la lunghezza dell'edificio, ne consentono anche la necessaria areazione.

La distribuzione verticale è invece resa possibile dai cor-

Veduta esterna generale dell'edificio dell'ex Foro Annonario ora biblioteca comunale.

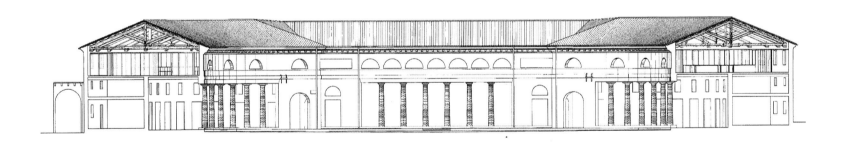

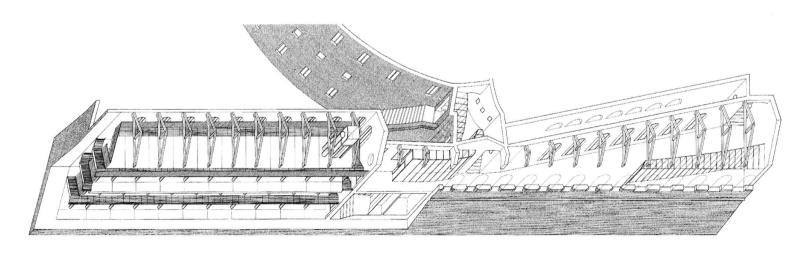

pi scala posti nelle due testate del lungo rettangolo di base. Le passerelle metalliche dei depositi del materiale di studio sono visibili dall'esterno, da cui si percepisce come i due solai dell'antico Macello pubblico siano stati raddoppiati per ricavarvi i quattro livelli di magazzini.

I prospetti dei fabbricati esistenti sono stati interamente mantenuti. Per tamponare le bucature, a sostituzione dei vecchi infissi in legno, ne sono stati utilizzati di nuovi, progettati dagli architetti.

Analizzando accuratamente i segni trasmessi dalle antiche preesistenze, l'intervento di recupero attuato dallo studio pisano si è svolto in naturale continuità con la tradizione del luogo.

Il rispetto per le tecniche costruttive ottocentesche, tradotte in materiali, forme e colori appartenenti alla cultura locale, e per il tessuto urbano, un tutto compatto di piani e vuoti sapientemente studiati, ricco di scorci prospettici spettacolari, dimostra una volontà di perpetuare i tentativi di dialogo tra edilizia storica e architettura contemporanea, già avviati in molti validi progetti degli ultimi anni.

Vista interna della sala di lettura dell'ultimo livello.

Nella pagina accanto in alto:
Dettagli dei divisori interni in vetro.
Nella pagina accanto in basso:
Sezione trasversale sulla corte ellittica.
Assonometria della manica rettilinea addossata a un tratto delle mura della città.

Nuovi scenari

Da sempre oggetto di definizioni e significati diversi, che si rifanno tanto alla sua immagine
di istituzione pubblica, quanto alla sua architettura, la biblioteca resta un tema attuale, la cui importanza
è tanto più evidente quanto più velocemente aumenta il volume delle conoscenze disponibili
ed evolvono i metodi di trasmissione del sapere. Luogo di conservazione, memoria e divulgazione
della cultura, istituzione collettiva, monumento nazionale, edificio pubblico, metafora di un archivio
universale in costante evoluzione, "bunker" del libro, la biblioteca è oggi l'oggetto di una ricerca
formale non conclusa. Nel corso degli ultimi dieci anni, la ricerca di nuovi modelli compositivi
e distributivi ha spesso condotto alla trasformazione delle biblioteche in mediateche o in centri culturali,
rappresentati da edifici a più piani, sovrapposti e riuniti da una rete di percorsi. Non molto elevato
è il numero di grandi biblioteche nazionali attualmente in corso di costruzione o recentemente concluse.
Fra queste si ricordano la nuova biblioteca nazionale di Algeri, realizzata su progetto dello studio
Technoexportstroy di Sofia nel 1986-1994; la biblioteca nazionale e universitaria di Göttingen,
in Germania, progettata da Prof. Gerber & Partner nel 1985 e terminata nel 1993; la biblioteca pubblica
di San Francisco, realizzata nel 1989-1995, su progetto dello studio Pei, Cobb Freed & Partners di New
York in collaborazione con lo studio Simon Martin-Vegue, Winkelstein, Moris di San Francisco;
la biblioteca nazionale di scienze mediche a Helsinki, Finlandia, di Olli Pekka Jokela, del 1995-1997.

Nella pagina accanto:
Vista generale della biblioteca
progettata per Milano dall'Architekturbüro
Bolles+Wilson.

Nuove biblioteche municipali e interventi di recupero di aree industriali dismesse

Continuano invece ad aprirsi cantieri per nuovi edifici di qualità, accolti per lo più in aree industriali non più periferiche, rimaste parzialmente isolate dal centro cittadino a causa della dilagante estensione degli impianti ferroviari e delle strade ad alto scorrimento. Come per i casi di studio di Torino, Milano e Vienna, che rappresentano biblioteche pubbliche di medie dimensioni, ciò vale anche per alcune biblioteche universitarie, come la biblioteca di scienze sociali "Gregori Maians" del Campus dels Tarongers, a Valencia, ideata da Giorgio Grassi nel 1990-1998.

Si è concluso nel marzo 2001 il concorso internazionale per la realizzazione della nuova biblioteca municipale centrale di Torino, al quale hanno partecipato, fra gli altri, Dominique Perrault, Bernard Tschumi e Arata Isozaki, con la scelta della proposta presentata da Mario Bellini. Si richiedeva un vasto complesso culturale, comprendente una biblioteca civica centrale, una sala teatrale e un teatro all'aperto di circa 1200

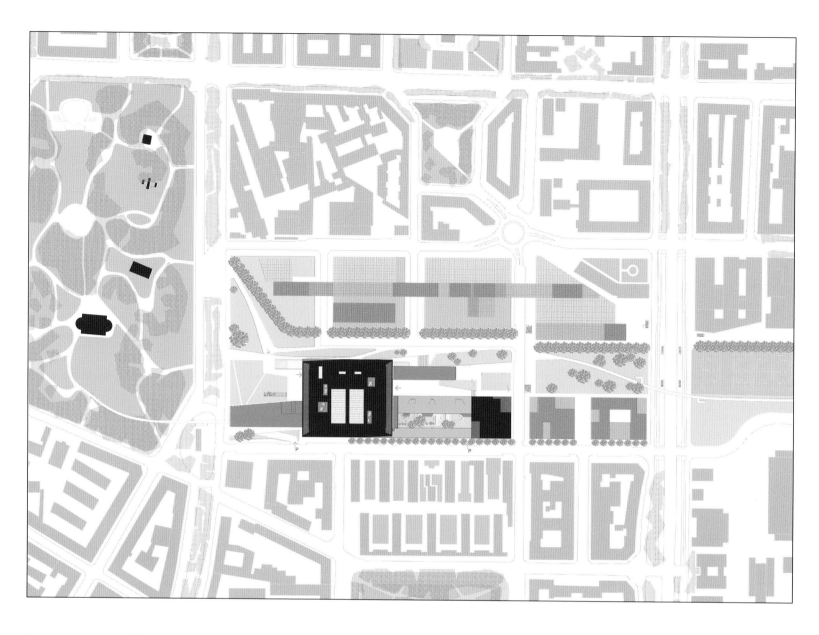

Inquadramento generale del progetto per l'area dell'ex stazione di Porta Vittoria a Milano.

posti, destinato a sostituire la struttura di via della Cittadella, ormai inadeguata alle esigenze della collettività torinese, da realizzarsi su una superficie di 40.000 metri quadrati e con un budget di duecento miliardi di lire. Tra le altre richieste: uffici per istituzioni culturali straniere, ristoranti, servizi e spazi pubblici, boutique, parcheggi e aree attrezzate a verde.

Il sito di progetto, di forma quadrangolare, coincide con l'area dismessa delle ex officine Nebiolo e Westinghouse, di circa 19.000 metri quadrati, che si estende tra la via Pier Carlo Boggio e il corso Francesco Ferucci, poco distante dalla stazione di Porta Susa. L'intervento interesserà anche i giardini confinanti, sito dell'ex caserma Lamarmora, che fiancheggiano il corso Vittorio Emanuele.

Curve sinuose caratterizzano l'edificio, rappresentato da un volume unico, alto quattro piani fuori terra, culminante in una torre a sezione circolare variabile e crescente verso l'alto, alta sette piani fuori terra.

L'irregolarità del fronte ondulato, interamente rivestito in pannelli verticali di vetro adiabatico trasparente, crea delle terrazze a ogni livello degradante del corpo principale dell'edificio, con vista sul parco. Se il corpo più basso ospita la funzione principale della bi-

blioteca – la lettura –, la torre troncoconica accoglierà numerosi servizi e spazi pubblici, come la libreria e, al livello della terrazza-belvedere, il ristorante e l'Internet café.

I depositi dei libri si trovano al livello interrato. La distribuzione del materiale di studio, spesso lasciato in libera consultazione, avverrà tramite nastri meccanici di trasporto.

Pensata per ogni tipo di utenza e considerando i possibili sviluppi di cui sarà oggetto nei prossimi cinquant'anni, la biblioteca di Torino conterrà all'apertura un milione di volumi. La costruzione della biblioteca sarà ultimata alla fine del 2006.

La realizzazione della Biblioteca Europea di Informazione e Cultura (Beic) di Milano consiste in un intervento di riqualificazione urbana dell'area di un ex scalo ferroviario dismesso.

La ricerca della soluzione più idonea per la nuova biblioteca è stata oggetto di un concorso internazionale in fase unica anonima, con procedura a licitazione privata. I risultati sono stati annunciati nel novembre 2001. Tra i dieci finalisti, fra i quali figuravano Mario Botta, Jo Coenen, Jose Luis Mateo, Pierre Riboulet, è stata scelta la proposta presentata dall'Architekturbüro Bolles + Wilson.

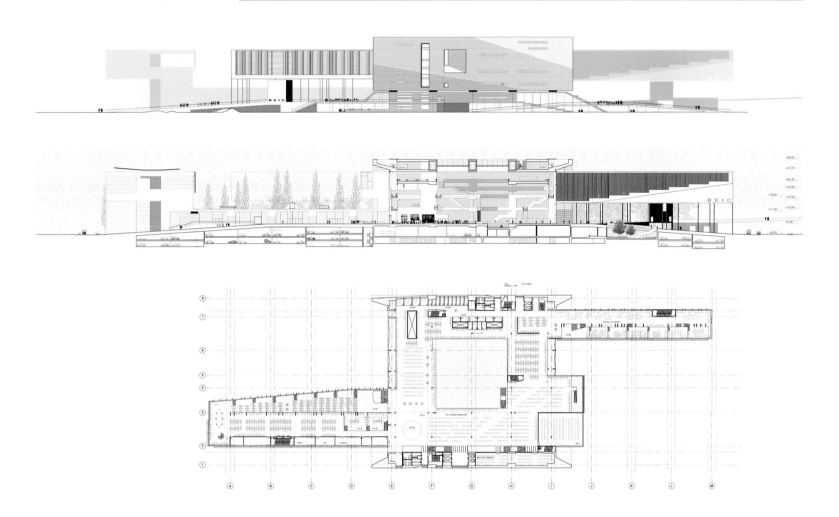

Il sito del nuovo edificio, l'ex stazione di Porta Vittoria, poco distante dal centro cittadino, coincide con una fermata della linea sotterranea del sistema ferroviario passante. Una posizione in rapido contatto con le sedi delle cinque università milanesi.

La conformazione dell'area ha sviluppo lineare e insiste sul lotto delimitato dal viale Umbria e dal parco Marinai d'Italia a ovest; dalle uscite e dalla nuova stazione del passante ferroviario, presso i viali Mugello e Molise, e dal complesso sportivo e ricreativo retrostante a est.

Il progetto adottato è costituito da un nucleo centrale, rappresentato da un involucro in cemento armato, prevalentemente cavo (spazi pubblici e di collegamento), completato da due barre sospese su pilotis (sale di lettura), che fuoriescono dalle facciate est e ovest dell'edificio. Interessa una superficie lorda di 65.700 metri quadrati e una superficie utile di 47.630. L'edificio è alto 36 metri e si erge al di sopra di un basamento alto 5 metri.

La biblioteca ha due entrate, poste al termine di rampe pubbliche di accesso, trattate a verde, che collegano la piazza e l'atrio di entrata dell'edificio con la quota del piano stradale. Un percorso pedonale pubblico est-ovest attraversa la biblioteca, connettendo l'edifi-cio alla rete dei trasporti urbani. Altre rampe, sviluppate lungo la facciata nord del complesso, consentono l'attraversamento dell'area anche dopo l'orario di chiusura della biblioteca.

L'edificio presenta una struttura in cemento armato, puntuale, a elementi per lo più prefabbricati. Una vasta campata dell'ampiezza di 20 metri, consentirà di ridurre al minimo il numero di pilastri degli spazi di lettura.

Pareti interne divisorie e modulabili, spesso costituite da pannelli in legno fonoassorbenti perforati, assicurano la realizzazione di una vasta gamma di spazi per la lettura. Nel basamento, a due livelli di diversa altezza, sono riuniti il centro conferenze, il polo didattico, il mediaforum, la biblioteca per bambini, i servizi e i parcheggi. L'atrio passante che accoglie l'utente, il Beic Forum, è a tutta altezza, sormontato da un ampio lucernario. Come una piazza, crea un collegamento non solo visivo con i dipartimenti di cui si compone la biblioteca, facilitando l'orientamento del lettore.

A est è la zona di consultazione, soprastante lo Spazio Giovani.

Una successione di terrazze degradanti ospita le sale di lettura della biblioteca, riunite nel settore nord del grande blocco e distribuite sui tre livelli che si affacciano sul

In alto:
Prospetto laterale.
Al centro:
Sezione longitudinale.
In basso:
Pianta del piano principale.

vuoto centrale. Presentano un'organizzazione di tipo misto: agli spazi di studio, ricavati sulle terrazze e sulle passerelle di collegamento, si alternano gli scaffali dei testi lasciati in libera consultazione, di ampiezze differenti. Conclude l'edificio un piano, ricavato nell'involucro esterno, che racchiude gli uffici dell'amministrazione, accessibili da un ballatoio interno che si affaccia sull'atrio a tutta altezza.

Allo stesso modo, in corrispondenza della facciata sud, sono stati ricavati i depositi dei libri.

Un blocco lineare alto un piano, contenente i laboratori e i servizi tecnici, definisce il fronte a livello strada della via Monte Ortigara. Grandi finestre connettono l'interno della biblioteca al contesto urbano.

L'involucro dell'edificio sarà esternamente rivestito in titanio o in pannelli di acciaio anodizzato. Il basamento sarà rivestito in materiale lapideo. Gli impianti saranno celati all'interno delle controsoffittature o in intercapedini tecniche. Carrels e altri elementi divisori interni saranno in vetro stampato semitrasparente.

L'"interno urbano" così realizzato, risultato di un'esperienza varia e mutevole dello spazio, con un esplicito riferimento alla Biblioteca Nazionale di Berlino realizzata da Hans Sharoun tra il 1967 e il 1978, garantendo la continuità tra interno ed esterno dell'edificio, darà luogo a una nuova piazza coperta per la cultura nella città.

La costruzione della Beic sarà avviata nel 2004.

Anche il sistema bibliotecario della città di Vienna si sta riorganizzando attorno a una nuova biblioteca centrale, che ne diventerà il centro amministrativo e che, contribuendo alla ridefinizione spaziale dell'ottavo circondario della città, diventerà il simbolo – e il luogo – dell'applicazione delle più recenti tecnologie per la conservazione, l'utilizzo e la divulgazione dei nuovi media. Il concorso per la realizzazione della nuova Hauptbibliothek di Vienna, è stato avviato nel 1998. Organizzato in due fasi, era rivolto agli architetti dell'Unione Europea e svizzeri. Tra i 121 partecipanti, è stato selezionato il progetto presentato dall'architetto austriaco Ernst Mayr.

Il sito di progetto si trova sull'asse del Wiedner Gürtel, una delle vie ad alto scorrimento che attraversano la città, tra la fermata dei mezzi pubblici progettata da Otto Wagner, vicino alla Burggasse, un delicato capolavoro soggetto alle leggi di tutela del patrimonio culturale, e la Urban-Loritz-Platz, con la recente copertura a membrana, opera dell'architetto Silja Tillner. Le particolari caratteristiche socio-culturali della zona richiedevano il disegno di un edificio dai caratteri forti: con una forma indipendente dal contesto, un manufatto dotato di una forza costruttiva capace di reagire alla marcata identità del luogo.

La morfologia stretta e allungata del sito ha condotto al disegno di una barra, longitudinalmente divisa in due parti da profondi tagli, operati sull'asse della struttura lungo tutto lo sviluppo dell'edificio.

La grande copertura a membrana è stata inclusa nel progetto, così da rendere più evidente la continuità visiva e compositiva tra le preesistenze e la nuova biblioteca, già rappresentata da una grande scalinata concepita in quanto nuovo spazio pubblico di incontro e sosta nella città. Parte del nuovo edificio, alto complessivamente cinque piani fuori terra, è sospesa su pilotis. Fanno eccezione la testata della biblioteca, corrispondente alla grande hall di ingresso, e il gruppo di ascensori che conducono alla stazione della metropolitana, che si trova al livello interrato, la Burggasse-Stadthalle.

La simmetria e alcuni dettagli del disegno degli alzati interni, evidenti dalle sezioni di progetto, ricordano la biblioteca della Philips Academy Exeter di Louis Kahn, realizzata tra il 1967 e il 1977.

I collegamenti verticali interni alla biblioteca sono assicurati da scale e ascensori pubblici, posti in relazione con quelli esistenti, che vengono mantenuti, permettendo così l'accesso diretto, dal livello interrato della metropolitana, alla strada pubblica e ai diversi piani della biblioteca.

L'accesso alla hall di ingresso della biblioteca, posta al secondo piano dell'edificio, avviene anche tramite due scale laterali che, insieme a scale mobili, incorniciano l'uscita principale della metropolitana.

Un'entrata secondaria, l'"entrata d'estate", consente ugualmente l'accesso alla biblioteca dalla scalinata esterna, attraverso spazi utilizzabili anche per piccole mostre ed esposizioni temporanee, manifestazioni, eventi. Raggiunto l'ingresso, si ha accesso al guardaroba, alla zona del prestito e all'emeroteca.

Al livello superiore è stato ricavato uno spazio multifunzionale, utilizzabile per l'organizzazione di manifestazioni e mostre e attrezzato con postazioni di lavoro multimediali, cui si può accedere attraversando la caffetteria della biblioteca, racchiusa in una prominente rotonda vetrata posta in cima alla scalinata, all'inizio della terrazza che corona l'edificio.

Gli spazi di lettura, distribuiti su due dei tre livelli "galleggianti" dell'edificio, attorno al lungo cavedio centrale,

ricevono luce naturale, zenitale o laterale, dai lucernari aperti in copertura, gli *sheds*, i *bow windows* del terzo livello e i tagli ricavati lungo l'asse mediano dell'edificio. Scarse fonti di illuminazione sono invece le finestre tonde che scandiscono la facciata, prevalentemente cieca, dell'edificio, che si sviluppa lungo il Gürtel.

Un piano tecnico conclude l'edificio in copertura, dove la terrazza è interrotta solo dai lucernari e dai sei elementi triangolari che, fuoriuscendo dal solaio, costituiscono gli originali *sheds*.

Grazie ai tagli longitudinali e ai giochi di luce così ottenuti, lo spazio interno risulta fortemente articolato e particolarmente flessibile.

La scelta dei materiali e dei dispositivi tecnologici di funzionamento della biblioteca è stata dettata da criteri economici.

La grande scalinata e la hall di ingresso della biblioteca sono rivestite in pietra. La maggior parte dei rivestimenti esterni è in ceramica, scelta nei toni dei colori più chiari.

L'inaugurazione della nuova Hauptbibliothek di Vienna è prevista nell'autunno 2002.

Come in altre biblioteche realizzate di recente, la decorazione dei prospetti comprende delle iscrizioni, con caratteri, cifre, nomi: un voluto richiamo alla tradizione iconologica delle biblioteche classiche, resa più esplicita nella biblioteca di Sainte-Geneviève di Parigi, opera di Henri Labrouste del 1843-1850, ma anche in altri edifici pubblici durante il XIX secolo. Un altro caso di applicazione attuale si trova nella biblioteca della scuola tecnica superiore di Eberswalde, in Germania, realizzata con lastre di vetro e pannelli di cemento xerigrafati, su indicazione dello studio svizzero Herzog&deMeuron nel 1993-1998.

Viste del modello della nuova biblioteca per Milano.

La ristrutturazione e l'ampliamento di edifici esistenti

Sezioni trasversali attraverso il patio della nuova biblioteca Hertziana a Roma, progettata da Juan Navarro Baldeweg.

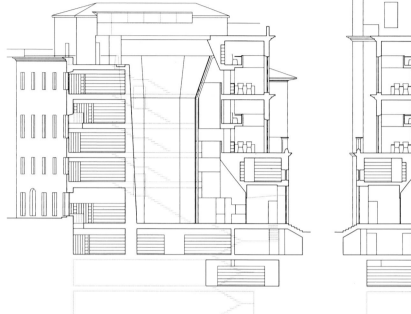
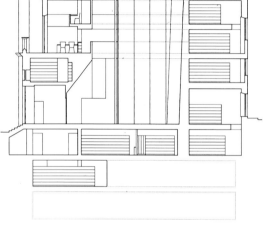

La ristrutturazione e l'ampliamento di edifici esistenti

Un numero elevato di proposte di ristrutturazione e ampliamento interessa antichi edifici, già sedi di istituzioni culturali. Si segnalano qui i casi esemplari di Roma e Berlino.

Il primo riguarda l'ampliamento della Biblioteca Hertziana del Max-Planck-Institut di Roma, per la realizzazione di un unico isolato, a pianta trapezoidale, compreso tra i due fronti delle vie Sistina e Gregoriana, in una posizione poco distante dalla piazza di Spagna.

Vincitore del concorso a inviti che contava, tra gli altri partecipanti, Carlo Aymonino, Vittorio De Feo, Giorgio Grassi, Rafael Moneo, è il progetto di Juan Navarro Baldeweg.

Il bando di concorso, a partire dalla conferma del grande portale manierista aperto sulla via Gregoriana, prevedeva il riuso della Casa del Prete, con una corte interna quale nuovo elemento di raccordo e giunzione dei due edifici staccati, palazzo Zuccari e palazzo Stroganoff, antiche sedi della biblioteca.

Attorno a un'ipotesi di cortile e di un'unica sorgente di luce, che richiamano la sua formazione di pittore e il rispetto per l'identità locale, l'architetto spagnolo dà origine a una "contrapposizione simultanea" di elementi diversi articolata per livelli nello spazio verticale, riuniti attorno a un patio interno, luogo di diffrazione della luce naturale.

Il nuovo edificio si compone di sei piani fuori terra, ottenuti dal raddoppiamento dei tre livelli esistenti, cui se

ne aggiungono due interrati, adibiti a depositi dei libri. Il "portale mascherone", così chiamato perché rappresenta una maschera di dimensioni eccezionali la cui bocca accoglie i battenti della porta in legno, diventa il nuovo accesso della biblioteca, marcando ancora una volta il limite-passaggio dalla confusione della città all'intimità degli spazi interni, propizi alla contemplazione.

A livello planimetrico, la biblioteca si sviluppa sui quattro lati del patio a pianta trapezoidale che, delimitato da pareti in vetro, diventa elemento centrale della composizione. Un muro di contenimento leggermente inclinato, che chiudeva l'antico giardino e che oggi cela parte dei magazzini dei libri, conclude la corte interna a est.

Intorno al pozzo di luce così costituito, si organizzano i livelli degradanti della biblioteca, che accolgono le scaffalature dei libri a libero accesso a est e gli spazi di studio e lettura a ovest, con vista sul panorama della città.

Dall'atrio di ingresso al piano terra, l'accesso ai piani superiori avviene tramite un corpo scala principale, che si sviluppa sul lato sud dell'edificio e fino all'ultimo piano, dove una sala di lettura più raccolta, nella quale il silenzio è assoluto, conclude l'edificio.

Il muro a scarpa in mattoni è dipinto di bianco per permettere una migliore diffrazione e riflessione della luce naturale negli ambienti di lettura.

Come nel progetto per la biblioteca del Woolworth Center della Princeton University del 1994, Baldeweg propone un edificio costituito da una progressione verticale di terrazze degradanti illuminate dall'alto, che qui

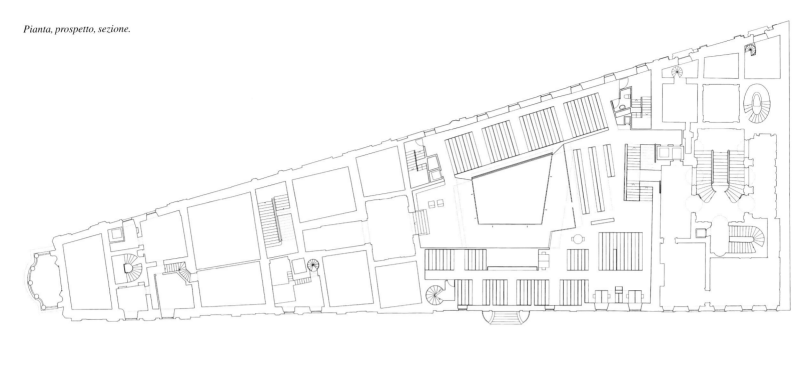

Pianta, prospetto, sezione.

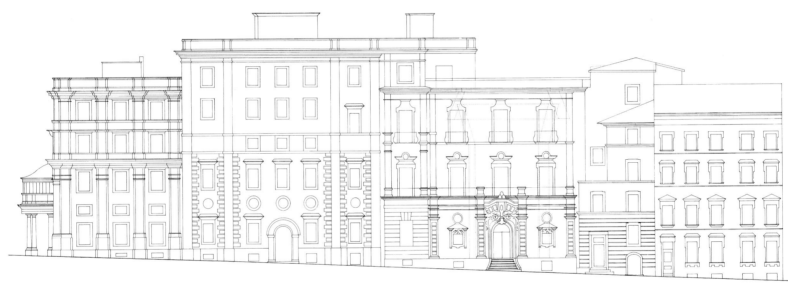

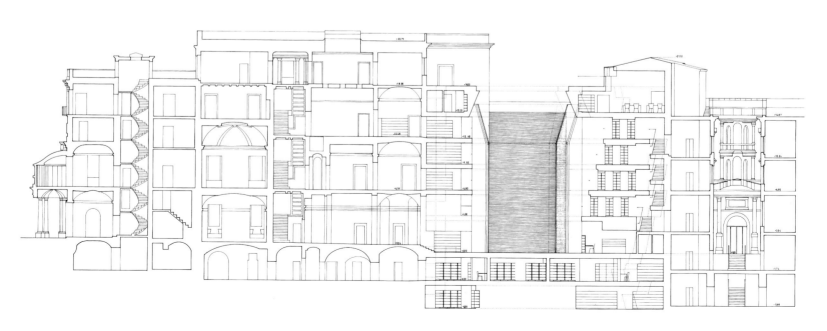

Viste di dettagli del modello all'interno dello spazio a tutta altezza centrale della nuova estensione della biblioteca Hertziana a Roma.

rappresentano un evidente riferimento ai giardini terrazzati delle ville romane.

Gli interni della biblioteca sono realizzati in esplicito riferimento alla Gliptoteca di Monaco di Leo von Klenze, terminata nel 1830. Il pavimento dell'atrio di accesso è rivestito in travertino, mentre quelli dei livelli superiori sono per la maggior parte in legno, così da creare, grazie ai libri utilizzati come elemento di decoro, "un sistema di materiali in risonanza reciproca", per un ambiente propizio allo studio.

Il secondo progetto di trasformazione riguarda la Biblioteca Nazionale di Berlino.

Nel marzo 2000 si è concluso il concorso per la ristrutturazione dell'antica sede presso l'Unter den Linden. Bandito dalla Fondazione per il patrimonio culturale prussiano, attraverso il Servizio federale per l'edilizia e la pianificazione, il concorso, a partecipazione ristretta con preselezione a livello europeo, contava su un budget di costruzione di 70 milioni di marchi.

Il sito storico della biblioteca nazionale tedesca, posto presso i celebri musei e i prestigiosi teatri della centralissima strada, interessa un'area di 8400 metri quadrati, ovvero il grande isolato realizzato nel 1914 dall'architetto Ernst von Ihne, che insistendo su un'area di 170 x 106 metri, rappresenta uno dei più notevoli edifici a blocco del centro di Berlino.

Destinato alla conservazione delle collezioni reali, dichiarato monumento nazionale, l'edificio fu molto danneggiato dai bombardamenti della seconda guerra mondiale. Dopo la distruzione della sala a cupola, che rappresentava lo spazio principale della biblioteca, non aveva più riacquisito l'antica funzionalità. Con la separazione tra le due Germanie, nell'immediato dopoguerra, la biblioteca si è trovata divisa in due sezioni distinte. Di qui la decisione, risalente al 1999 e coincidente con la riunificazione delle collezioni, di avviare una parziale ristrutturazione dell'edificio.

Il bando di concorso prevedeva la ricostruzione della

sala di lettura principale che, chiusa ermeticamente verso l'esterno, doveva rappresentare il nuovo centro della biblioteca. Ma anche del magazzino centrale, con nuovi locali per la conservazione e la manutenzione delle preziose collezioni, risalenti all'antica biblioteca statale prussiana, che includono stampe e scritti storici, manoscritti e autografi, documenti musicali, carte e mappe, giornali e libri per giovani e bambini. Avrebbe completato il progetto anche il nuovo atrio di accesso, con spazi pubblici e di servizio, quali la caffetteria, il guardaroba e la libreria.

Al centro, lo spazio per la lettura, con una superficie di 45 x 65 metri, comprende una sala di lettura generale e una sala di studio per ricercatori di 250 posti, con circa 230.000 volumi a libero accesso; una sala di lettura dei libri rari; uno spazio espositivo di 700 metri quadrati, evocativo della "camera del tesoro", costituito secondo l'antica tradizione delle W*underkammern* tedesche.

Dopo una prima selezione, fu chiesto a quindici candidati di presentare nuove proposte. Il progetto vincitore del concorso è quello presentato dall'architetto Gerhard Merz, con studio a Stoccarda e Berlino, seguito dalle proposte di Thomas Müller e Ivan Reimann, di Diener + Diener con Adolf Krischanitz e di Gruber + Kleine-Kraneburg.

La nuova sala di lettura della biblioteca è rappresentata da un nuovo "blocco" all'interno dell'edificio esistente: un volume cubico centrale che, come un "corpo luminoso", è interposto alle corti interne del fabbricato secondo uno schema ottocentesco.

Sulla base di una concezione degli spazi di lettura tipica della tradizione barocca europea, le pareti della sala sono internamente tappezzate di libri, distribuiti su tre livelli, di cui due sospesi su ballatoi, accessibili da lunghe rampe di scale che si sviluppano a partire dalla porta di ingresso.

Al primo e al secondo livello, due grandi finestre quadrate, poste in asse con l'ingresso sottostante, illumina-

I modelli delle diverse proposte progettuali che hanno partecipato al concorso del 2000 per l'adeguamento della biblioteca nazionale nell'Unter den Linden di Berlino.

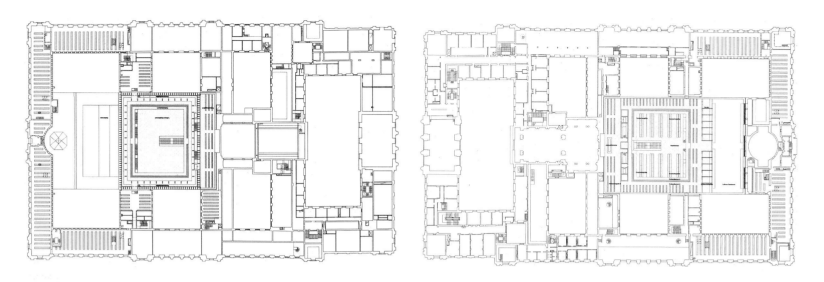

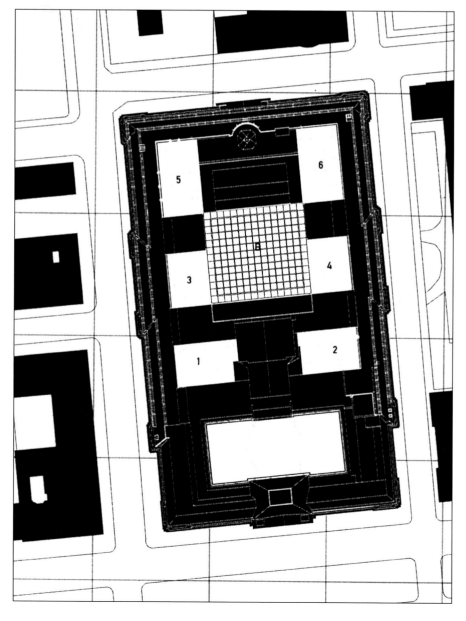

Piante dei livelli principali e pianta generale dell'intero isolato. Al centro il nuovo volume proposto dal progetto di Gerhard Merz, vincitore del concorso ma non ancora realizzato.

no la sala dall'alto. Il grande vano centrale ospita i tavoli di lettura, in legno, attrezzati con punti luce individuali, concepiti come elementi di arredo. I collegamenti orizzontali con il resto del complesso avvengono tramite i bracci dell'edificio esistente, che conducono ai corpi di fabbrica perimetrali e alle corti interne.

Difficoltà finanziarie, comuni anche ad altre istituzioni culturali della città, hanno finora ritardato la realizzazione del progetto adottato.

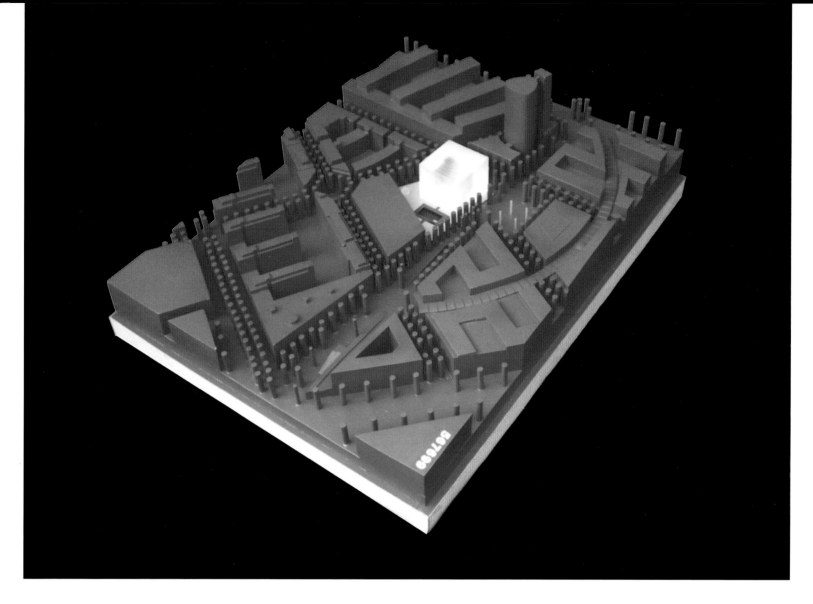

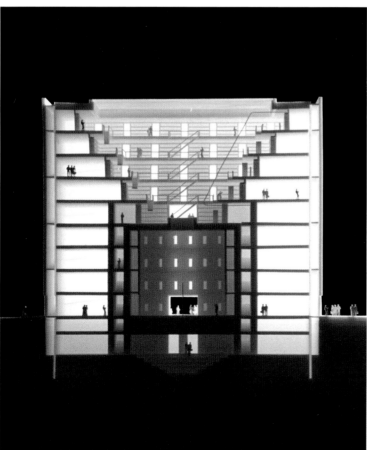

*Vista del modello nel contesto urbano
di Stoccarda e sezione trasversale
del progetto di Eun Young Yi.*

La monumentalità delle nuove arche del sapere

Non mancano infine, nel tempo presente, significativi progetti di costruzione di nuove "arche" del sapere, volutamente edificate con forme autonome o con impianto in forte contrasto con il sito, ma capaci di rappresentare, in modi nuovi, l'evidenza monumentale di sale e depositi memori di colti interventi presenti in ogni tradizione culturale nazionale. Si ricordano, a conclusione, gli opposti esempi di Stoccarda e di Seattle.

La monumentalità delle nuove arche del sapere

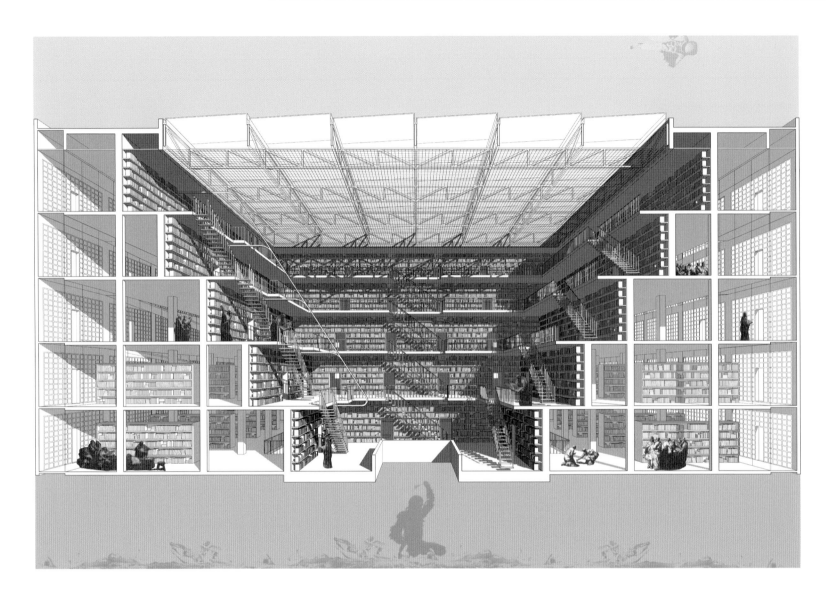

Spaccato prospettico degli ultimi piani della biblioteca di Stoccarda progettata da Eun Young Yi.

Nella pagina accanto in alto:
Vista generale del modello virtuale della biblioteca per Seattle progettata da Rem Koolhaas-OMA.
Nella pagina accanto in basso:
Inquadramento planimetrico urbano; nella pianta sono composti i due livelli principali del progetto.

Il sito di progetto della Bibliothek 21 di Stoccarda si trova in un quartiere della città formato da lotti di varie dimensioni, dalla forma irregolare, risultato dell'intersezione di numerose strade ad alto scorrimento che lo attraversano. L'area è compresa tra la Mailänder Platz e la Stockholmer Platz e adiacente alla Londoner Strasse e alla Kopenhagener Strasse.

Il concorso a due fasi per la realizzazione della biblioteca è stato avviato nel febbraio 1999 e si è concluso nel mese di giugno con la proclamazione della proposta dell'architetto coreano Eun Young Yi, con studio a Hürtz e a Colonia, come progetto vincitore. Ha ottenuto il secondo premio lo studio Böhm di Colonia.

L'intervento viene separato dallo spazio circostante grazie a uno specchio d'acqua dal disegno regolare che, esteso su tutto il lotto, isola la biblioteca e cela un edificio interrato.

Come prima scelta, su tutto domina la forma cubica della biblioteca: un volume massiccio, più alto di due pia-

ni rispetto alla media degli edifici che lo circondano. In contrasto con la morfologia irregolare del sito, l'edificio, alto nove piani cui se ne aggiungono due interrati, si sviluppa dall'interno verso l'esterno.

Un grande atrio centrale, a base quadrata e a tutta altezza, che interessa cinque piani dell'edificio, accoglie i lettori e riunisce gli spazi pubblici e di servizio della biblioteca.

Al di sopra, a partire dal quinto piano, si trova la sala di lettura: l'*herz*, il cuore in tedesco, un anfiteatro per i libri di diretta ispirazione boulléeiana, a pianta quadrata, a tutta altezza e gradonato, formato da quattro ordini di ballatoi, collegati da rampe di scale metalliche, su cui si distribuiscono le scaffalature dei libri in consultazione libera.

Un lucernario, formato da *sheds* mascherati all'esterno dalla copertura piana dell'edificio, illumina il vasto invaso zenitalmente.

È successiva l'aggiunta del volume parallelepipedo

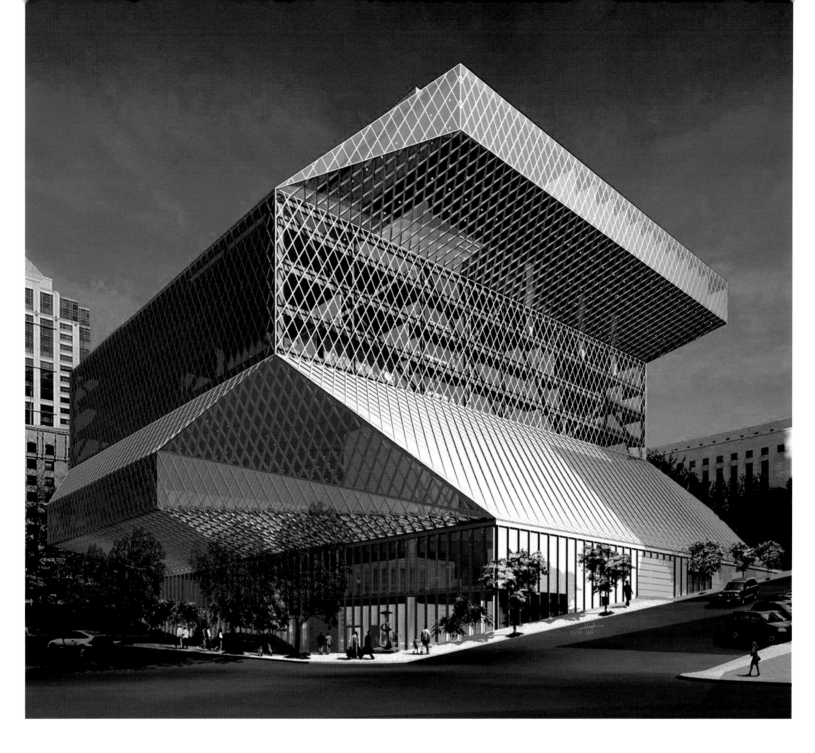

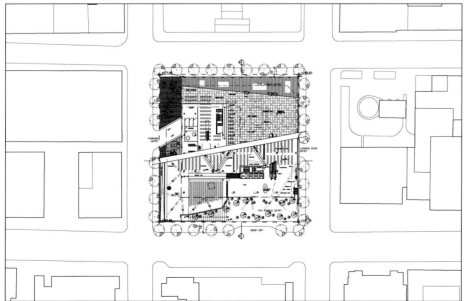

esterno che, compatto e rigidamente stereometrico, identifica la biblioteca in quanto nuovo edificio pubblico nella città.

Doppie pareti circondano l'atrio d'ingresso e l'involucro dell'edificio. Ospitano spazi di servizio e corpi scala. I collegamenti verticali all'interno dell'edificio avvengono tramite due sistemi distinti di scale: uno più esterno, che distribuisce ai diversi livelli dell'edificio, e uno più interno, che crea continuità tra i ballatoi dell'*herz*. Il disegno dei quattro prospetti della biblioteca risulta dalla messa in evidenza degli elementi strutturali. La facciata nord è verticalmente scandita da otto lesene, corrispondenti ai pilastri della struttura, che danno origine a nove campate identiche e che, grazie ai marcapiani, creano una griglia progettuale che ritma l'esterno dell'edificio e accoglie ottantuno porte-finestre. Fa eccezione, al piano terra, la campata centrale che, sui quattro lati dell'edificio, marca gli accessi alla biblioteca.

Il secondo edificio del complesso è totalmente inter-

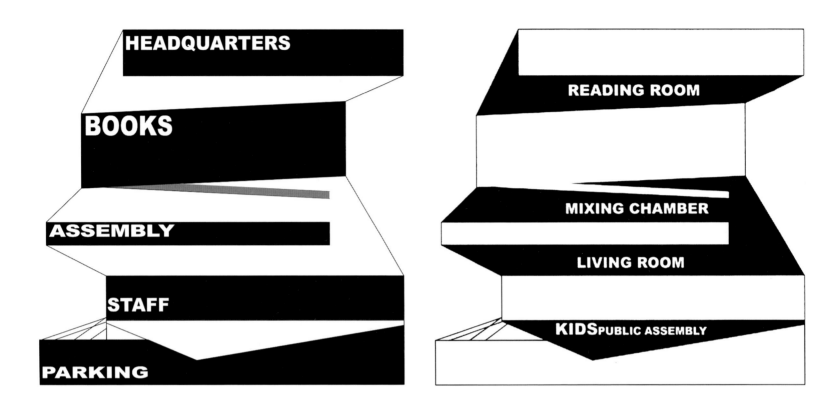

Schemi distributivi delle funzioni.

rato. È sormontato da un giardino, di forma rettangolare ed emergente dall'acqua, che collega i percorsi adducenti alla biblioteca e all'Imax Science Center. Il piano sarà utilizzato come spazio di gioco all'aperto per un asilo di prossima costruzione.

L'Imax Science Center presenta una forma a parallelepipedo e consta di sette piani fuori terra e tre interrati. All'interno, a nord-est, una grande sfera ospita l'auditorium. La costruzione della biblioteca, avviata nel 2001, sarà conclusa nel 2003.

Accanto al recupero di immagini forti, con blocchi chiusi di tradizione ottocentesca, è ancora attuale una ricerca aperta, volta alla creazione di nuovi segni e di originali simboli alla scala di una nuova metropoli. L'allusione a una figura mitica di una torre, un grattacielo o un enorme convention hall, si traduce in una serrata sovrapposizione di sale di lettura racchiuse in grandi open space, internamente alternate con frantumati ambiti di studio specializzati, per una massima differenziazione di utenti e documenti. Se ne trovano svariati esempi negli Stati Uniti, tra i quali si situa il grande hangar pensile della biblioteca centrale di Phoenix, in Arizona, realizzata dallo studio Bruder DWL Architects & Partners nel 1989-1995. Tracciato nel maggio 2000 e presentato a dicembre dello stesso anno, il progetto per la nuova biblioteca centrale di Seattle è stato elaborato dall'équipe olandese OMA, con a capo Rem Koolhaas e con sede a Rotterdam, in associazione con lo studio Loschky Marquardt Nesholm di Seattle. Il sito di progetto è racchiuso tra la 4th e la 5th Avenue, la Spring Street e la Madison Street. Coincide con un anonimo lotto quadrato, parte della griglia regolare che scandisce il centro della cittadina americana. Il progetto per la nuova biblioteca si presenta come una composizione di masse compatte, sovrapposte e sfalsate, la cui forma irregolare contrasta con la stereometria degli alti edifici che la circondano. Si compone di cinque "piattaforme", corrispondenti a cinque piani fuori terra, cui si aggiunge un livello interrato adibito a parcheggi, ognuno dei quali è stato oggetto di un programma unico e dettagliato.

Poiché ogni piattaforma è destinata a una funzione specifica della biblioteca, ogni livello presenta dimensioni e gradi di densità e opacità differenti.

Il blocco al piano terreno corrisponde alla biblioteca multimediale; al primo piano è la biblioteca per bambini, mentre al secondo sono previsti i servizi per il personale. Sale di lettura, sale conferenze e postazioni di lavoro multimediali si trovano al terzo livello, mentre la piattaforma del quarto piano è destinata alle collezioni a consultazione libera. Conclude l'edificio il piano dell'amministrazione, sormontato dal tetto a terrazza. Il percorso degli utenti all'interno del complesso è continuo e si sviluppa lungo una spirale ininterrotta che collega luoghi, funzioni e modalità di accesso alla cultura diverse. I solai dell'edificio sono quindi inclinati,

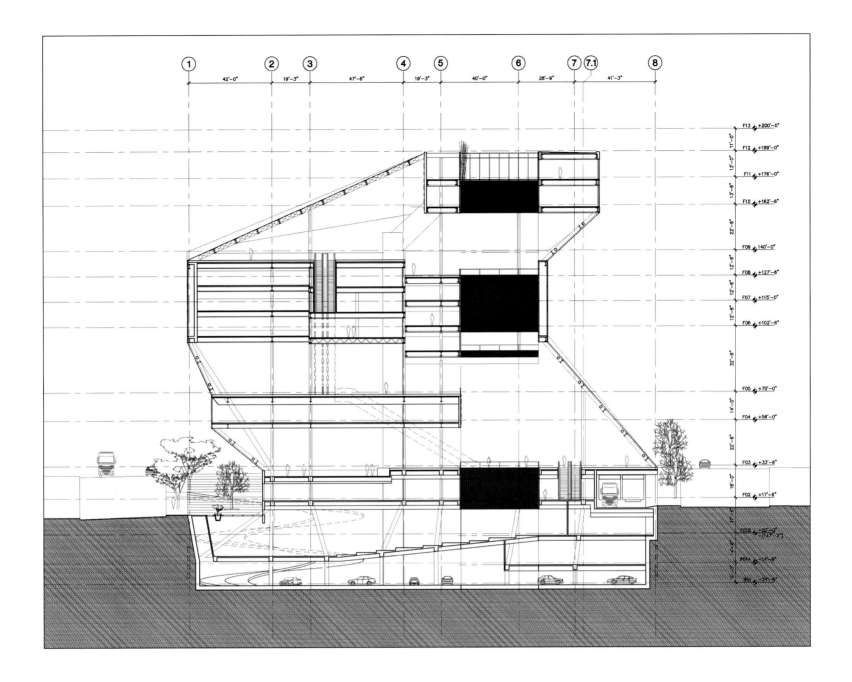

come nel progetto per la biblioteca di Jussieu, a Parigi, realizzato dal gruppo OMA, in collaborazione con Ove Arup & Partners, nel 1992.

La struttura dell'edificio, in tubi diagonali d'acciaio incrociati, è resa visibile dall'esterno grazie alle grandi pareti vetrate che ne costituiscono i prospetti, dove a pannelli trasparenti se ne alternano altri opachi o ciechi. Il principio di trasparenza posto alla base del progetto dei prospetti dell'edificio, unito ai numerosi schermi che ne dominano gli interni, si traduce in una celebrazione della comunicazione multimediale, della "cultura per immagini", all'interno e per mezzo di un "supermercato dell'informazione", dove la sala di lettura diventa dilatazione dello spazio pubblico e la biblioteca-mediateca un'estensione permanente dell'instabile cyber-città di Seattle.

La biblioteca-torre cubica e labirintica, funzionalmente anonima, contenitore-magazzino della conoscenza, racchiusa in una struttura semitrasparente, già proposta nel 1989 al concorso per la Bibliothèque Na-tionale de France a Parigi, diventa nella Seattle di oggi una scultura multifunzionale, risultato di una ricerca formale più articolata, rappresentata da un volume scomposto.

L'archetipo della "torre del sapere", variazione contemporanea della mitica torre di Babele, sintesi di un tutto disordinato, rappresentazione della moltitudine di lingue, culture, supporti e modalità di trasmissione che caratterizzano il mondo dell'informazione di oggi, è riproposto nella Seattle di Bill Gates come un oggetto misterioso dalla forma beffardamente eclatante.

In una realtà dove tutto è funzione del tempo, in virtù di principi tratti dalla fisica dove il tempo è direttamente proporzionale allo spazio e inversamente proporzionale alla velocità, l'immediatezza di informazioni "mediatizzate", che circolano in uno spazio virtuale, diventa la regola del funzionamento delle biblioteche del futuro. In talune realtà, anche minori, l'immediatezza delle interrelazioni formali già ne gestisce le evoluzioni del progetto.

Sezione trasversale dell'edificio della nuova biblioteca di Seattle in costruzione.

Bibliografia

Storia e configurazione dell'edificio della biblioteca

La diffusione del libro, l'organizzazione della biblioteca, principi pratici di biblioteconomia

G. Naudé, *Advis pour dresser une bibliotheque*, 1627; trad. it., *Avvertenze per la costituzione di una biblioteca*, Clueb, Bologna 1992; *Consigli per la formazione di una biblioteca*, a cura di M. Bray, presentazione di J. Revel, Liguori, Napoli 1994.

L. Della Santa, *Della costruzione e del regolamento di una Pubblica Universale Biblioteca, con la pianta dimostrativa*, Ricci, Firenze 1816; Vecchiarelli, Manziana 1996.

V. Follini, *Osservazioni sopra l'opera intitolata "Della costruzione e del regolamento di una Pubblica Universale Biblioteca". Trattato di Leopoldo della Santa*, Ricci, Firenze 1817.

L. de Laborde, *Etude sur la construction des bibliotèques*, Paris, Franck, 1845; edizione in fac-simile, Hildesheim, Olms 1993.

E. Edwards, *Memoirs of libraries*, 1ª ed. 1859, Franklin, New York 1964.

J. Petzholdt, *Kathechismus der Bibliothekenlehre: Anleitung zur Einrichtung und Verwaltung von Bibliotheken*, Weber, Leipzig 1877.

J.W. Clark, *The care of books; an essay on the development of libraries and their fittings, from the earliest times to the end of the eighteenth century*, University Press, Cambridge 1901; Norwood edition, Norwood 1968; Folcroft Library Editions, 1998.

A. Grasel, *Manuale di biblioteconomia*, ed. it. a cura di A. Capra, Weber, Leipzig 1902; Loescher, Torino 1893.

E. Morel, *Bibliothèques. Essai sur le développement des bibliothèques publiques et de la librairie dans les deux mondes*, Mercure de France, Paris 1908.

AA.VV., *Bibliothèques, livres et libraires*, Librairie des Sciences Politiques et Sociales Marcel Rivière et C., Paris 1913.

M. Godet, *Bibliothèques*, in *Dictionnaire historique et biographique de la Suisse*, Administration du Dhbs, Neuchatel 1924.

G. Bruni, *La biblioteca moderna. La sua fisionomia. I suoi problemi*, Ausonia, Roma 1929.

E. Apollonj, *Guida alle biblioteche italiane*, Mondadori, Milano 1939.

V. Camerani, *L'uso pubblico delle biblioteche*, Mondadori, Milano 1939.

G. Guerrieri, *Costituzione e vita di una biblioteca. Corso di preparazione all'ufficio dibibliotecario*, Guf, Napoli 1942; Treves, Napoli 1946, 1959, 1963.

U. Aschieri, *Le biblioteche e il loro pratico ordinamento*, Fraschini, Milano 1947.

A. Gallo, *Le biblioteche*, in AA.VV., *Notizie introduttive e sussidi bibliografici*, Marzorati, Milano 1948.

AA.VV., *Repertoire des bibliothèques de France*, Bibliothèques des Départments, Paris 1951.

B. D'Amato, *La biblioteca moderna*, Cressati, Bari 1952.

G. Leyh, *Das Haus und seine Einrichtung*, in F. Milkau, *Handbuch der Bibliothekswissenschaft*, Harrassowitz, Wiesbaden 1952, pp. 843 e segg.

E. Mandolesi, *Biblioteche di ieri e di oggi*, Palombi, Roma 1953.

L. Nofri, *Libri e biblioteche*, Paravia, Torino 1954.

G. Arcamone, *Stato e biblioteche ecclesiastiche*, Studio Teologico per laici al Santo, Padova 1956.

R. Frattarolo, *Biblioteche d'Italia dall'antico al nuovo*, Gismondi, Roma 1957.

M. Bolletti, *Anagrafe degli editori italiani. Cenni su quotidiani e grandi periodici italiani. Le maggiori biblioteche in Italia*, in AA.VV., *Storia dell'editoria italiana*, vol. II, Roma 1960.

S. Dahl, *Histoire du livre: de l'antiquité à nos jours*, Lamarre-Poinat, Paris 1960.

A. Masson - D. Pallier, *Les bibliothèques*, Puf, Paris 1961.

V. Carini Dainotti, *Piano di diffusione della cultura e del libro*, s.i.e., Firenze 1962.

E. Apollonj, *Cento biblioteche italiane*, Palombi, Roma 1964.

F. Barberi, *Biblioteca e bibliotecario*, Cappelli, Bologna 1967.

E. Edwards, *Libraries and founders of libraries from ancient times to the beginning of the nineteenth century*, Van Heusden, Amsterdam 1968.

A. Guarino, *I problemi delle biblioteche universitarie*, Giuffré, Milano 1968.

G. Jefferson, *Libraries and society*, Clarke, Cambridge-London 1969.

L. Dunlap, *Readings in library history*, Bowker, New York 1972.

D.J. Hickey, *Problems in organizing library collections*, New York-London, 1972.

E. Bottasso, *La biblioteca pubblica, esperienze e problemi*, Associazione piemontese dei bibliotecari, Torino 1973.

E. Esposito, *Manoscritto, libro a stampa, biblioteca*, Longo, Ravenna 1973.

G. Piersantelli, *Le biblioteche*, Bozzi, Genova 1973.

A. Serrai, *Storia della biblioteca come evoluzione d'un'idea e d'un sistema*, in "Accademie e Biblioteche d'Italia", n. 3, maggio-giugno 1973.

J.W. Clark, *The care of books*, Norwood Editions, Norwood 1975.

R. Brown, *La biblioteca pubblica del secolo XX*, Amministrazione Provinciale di Capitanata, Foggia 1977.

P. Traniello, *Regione e biblioteche in Italia*, Cisalpino-Goliardica, Milano 1977.

M. Belotti, *La biblioteca difficile*, Mazzotta, Milano 1978.

K.D. Lehmann - H. Huttermann, *Die Hochschulbibliothek*, Klostermann, Frankfurt am Main 1978.

E. Vistor Corbett, *Foundamentals of library organisation and administration. A practical guide*, Library Association, London 1978.

AA.VV., *Repertorio delle principali Biblioteche Pubbliche d'Italia*, Malato, Roma 1979.

G. Ammannati, *Guida all'organizzazione della biblioteca*, Bibliografica, Milano 1979.

M. Bellotti, *La biblioteca pubblica*, Società Umanitaria, Milano 1979.

L. De Gregori, *La mia campagna per le biblioteche*, AIB, Roma 1980.

A. Gentilini, *Le biblioteche minori*, NIS, Roma 1980.

W.R.H. Koops - R. Vosper, *Libraries for all. A World of Books and their Readers*, K.G. Saur, München-New York-Paris 1980.

C. Kottelwesch, *Die Bibliotheken. Aufgaben und Strukturen*, Klostermann, Frankfurt am Main 1980.

P.P. Poggio - E. Sellino, *Biblioteche. Ricerca e produzione di cultura*, Feltrinelli, Milano 1980.

J. Thompson, *University Library History: an international review*, Clive Bingley, London 1980.

F. Barberi, *Biblioteche in Italia*, La Nuova Italia, Firenze 1981.

F.M. De Sanctis, *Pubblico e biblioteca*, Bulzoni, Roma 1981.

U. Eco, *De biblioteca*, Comune di Milano, Milano 1981.

J. Reboul, *Cathedrales du savoir ou les bibliothèques universitaires de recherche aux Etats-Unis*, Publications de la Sorbonne, Paris 1982.

A. Faeti, *Il lettore ostinato. Libri, biblioteche, scuole, mass-media*, La Nuova Italia, Firenze 1983.

R. Fuhlrott - G. Liebers - F.H. Philipp, *Bibliothekenubauten in der Bundesrepublik Deutschland 1968-1983*, Klostermann, Frankfurt am Main 1983.

A. Serrai, *Biblioteche e cataloghi*, Sansoni, Firenze 1983.

P. Traniello, *Biblioteche e regioni. Tracce per un'analisi istituzionale*, La Nuova Italia, Firenze 1983.

E. Bottasso, *Storia della biblioteca in Italia*, Bibliografica, Milano 1984; Lampi di Stampa, Milano 1999.

H.C. Campbell, *Dove va la biblioteca pubblica*, Bibliografica, Milano 1984.

M.H. Harris, *History of libraries in the Western World*, The Scarecrow Press, Metuchen (New Jersey) 1984.

P. Innocenti, *Il bosco e gli alberi. Storie di libri, storie di biblioteche, storie di idee*, La Nuova Italia, Firenze 1984.

M. Viti, *Guida alla biblioteca*, Armando, Roma 1984.

M.-F. Bisbrouck, *La bibliothèque dans la ville*, Moniteur, Paris 1985.

M.C. Cuturi, *Guida all'uso delle biblioteche*, Editori Riuniti, Roma 1985.

F. Della Peruta, *Biblioteche e archivi. Guida alla consultazione*, Angeli, Milano 1985.
G. Lazzari, *Libri e popolo*, Liguori, Napoli 1985.
D. Maltese, *La biblioteca come linguaggio e come sistema*, Bibliografica, Milano 1985.
P. Marchese, *Le biblioteche sprovvedute*, Alinea, Firenze 1985.
P. Traniello, *La biblioteca tra istituzione e sistema comunicativo*, Bibliografica, Milano 1986.
AA.VV., *World guide to libraries*, Internationales Bibliotheks-Handbuch, München 1987.
M.G. Tavoni, *Libri e lettura da un secolo all'altro*, Mucchi, Modena 1987.
C. Jolly - A. Vernet, *Histoire des Bibliothèques françaises*, Promodis - Cercle de la Librairie, Paris 1988.
M.G. Tavoni, *Biblioteche e libri*, Liguori, Napoli 1988.
D. Renoult, *Les Bibliothèques dans l'Université*, Cercle de la Librairie, Paris 1988.
P. Vidulli, *Progettare la biblioteca*, Bibliografica, Milano 1988.
H. Bellour - M. Kuhlmann - N. Kuntzmann, *Censure et bibliothèques au XX siècle*, Cercle de la Librairie, Paris 1989.
S. Conti, *Uno spazio per la biblioteca*, Bibliografica, Bergamo 1990.
Ministero per i Beni Culturali e Ambientali, *Le biblioteche d'Italia*, La Meridiana, Roma 1990.
P. Rossi, *La memoria del sapere. Forme di conservazione e strutture organizzative dall'antichità a oggi*, Laterza, Roma-Bari 1990.
G. Solimine, *Gestione e innovazione della biblioteca*, Bibliografica, Milano 1990.
G. Tirelli, *Il sistema biblioteca*, Bibliografica, Milano 1990.
C. Carotti, *La biblioteca come servizio di base: obiettivi, tecniche, criteri di gestione*, Bibliografica, Milano 1991.
G. Parlavecchia - G. Tarchiani, *Verso una biblioteca del pubblico*, Bibliografica, Milano 1991.
J.-P. Casseyre - C. Gaillard, *Les bibliothèques universitaires*, Presses Universitaires de France, Paris 1992.
M. Cecconi - G. Manzoni - D. Salvetti, *La biblioteca efficace. Tendenze e ipotesi di sviluppo della biblioteca pubblica negli anni '90*, Bibliografica, Milano 1992.
W. Hillen, *Das Bibliothekswesen Frankreichs*, Reichert, Wiesbaden 1992.
M. Poulain, *Les bibliothèques publiques en Europe*, Cercle de la Librairie, Paris 1992.
AA.VV., *Catalogo delle biblioteche d'Italia*, Bibliografica, Milano 1993.
F. Marraro, *Repertorio delle biblioteche italiane*, Olgiata, Roma 1993.
G. Ratti, *Dal libro alla biblioteca*, Dell'Orso, Alessandria 1993.
G. Baldissone, *Biblioteca. Metafore e progetti*, Angeli, Milano 1994.
L. Malfatto, *Libri, stampatori e biblioteche*, Sellino, Milano 1994.
F. Pesando, *Libri e biblioteche*, Quasar, Roma 1994.
M. Cecconi, *La biblioteca desiderata*, Assessorato alla Cultura della Provincia di Milano, Milano 1995.
S. Seidel, *Bibliotheken: die schönsten Räume, die wertvollsten Sammlungen: Deutschland, Österreich, Schweiz*, Callwey, München 1995.
A. Capaccioni, *Biblioteche, una bussola per non perdersi*, Armando, Roma 1996.
G. Cavallo - R. Chartier, *Storia della lettura*, Laterza, Roma-Bari 1996.
J. Gascuel, *Un espace pour le livre*, Cercle de la Librairie, Paris 1996.
E. Ellis, *Vivere con i libri*, Garzanti, Milano 1996.
A. Sandal Marengoni, *La Biblioteca delle città d'Europa. Bibliografia per la storia delle biblioteche d'Europa*, Stefanoni, Bergamo 1996.
R. Schaer, *Tous les savoirs du monde: encyclopèdies et bibliothèques, de Sumer au 21 siècle*, Bibliothèque Nationale de France, Paris 1996.
L. Crinelli (a cura di), *Grandi tesori delle biblioteche italiane*, testi di A.R. Fantoni, Nardini, Firenze 1997.
G. Pugliese Caratelli (a cura di), *La città e la parola scritta*, Scheiwiller, Milano 1997.
D. Taesch-Wahlen, *Concevoir, réaliser et organiser une bibliothèque. Mèmento pratique à l'usage des élus, des responsables administratifs et de bibliothécaires*, Cercle de la Librairie, Paris 1997.
P. Traniello, *La biblioteca pubblica. Storia di un istituto nell'Europa contemporanea*, Il Mulino, Bologna 1997.
M.S. Wells, *Moving and reorganising a library*, Gower, Aldershot 1997.
F. Lerner, *The story of libraries: from the invention of writing to the computer age*, Continuum, New York 1998.
P. Messina (a cura di), *Andare in biblioteca*, Il Mulino, Bologna 1998.
AA.VV., *La biblioteca efficace. Tendenza e ipotesi di sviluppo della biblioteca pubblica negli anni '90*, Lampi di Stampa, Milano 1999.

S. von Meiss, *Bücherwelten. Von Menschen und Bibliotheken*, con fotografie di R. Guntli, Gerstenberg, Hildesheim 1999.
D. Bouge-Grandon, *Le livre voyageur: constitution et dissemination des collections livresques dans l'Europe moderne (1450-1830)*, Actes du Colloque international organisé par l'ENSSIB et le CERL à la Bibliotheque municipale de Lyon et à l'ENSSIB les 23 et 24 mai 1997, Klincksieck, Paris 2000.
M. Gaggelli - S. Marrocchesi, *La biblioteca allo specchio. Venticinque anni di politiche culturali per una biblioteca del pubblico*, Pacini, Ospedaletto 2000.
La biblioteca amichevole. Nuove tecnologie per un servizio orientato all'utente, Bibliografica, Milano 2000.
La biblioteca pubblica. Manuale ad uso del bibliotecario. Unicopli, Milano 2000.
N. Pasqualini - R. Manzo, *Manuale per la sicurezza in archivio e biblioteca*, Mucchi, Modena 2000.
K.Sp. Staikos, *The Great Libraries. From Antiquity to the Renaissance (3000 B.C. to A.D.1600)*, Oak Knoll, New Castle 2000-London, British Library, 2000; Manhattan Coll. Libs., Thomas F. O'Connor Bronx, 2000.
Ifla. Section of public libraries, gruppo di lavoro diretto da Philip Gill, *The public library service. Ifla/Unesco guidelines for development*, K.G. Saur, München-New York-Paris 2001.
Don H. Tolzmann - A. Hessel - R. Peiss, *The Memory of Mankind. The Story of Libraries Since the Dawn of History*, Oak Knoll, New Castle 2001.
Bosser - Laubier, *Les plus belles bibliotheques du monde*, La Martinière, Lyon 2002.

Storia e configurazione dello spazio della biblioteca

L. Klasen, *Bibliotheken, Archive*, in *Grundrissvorbilder von Gebäuden aller Art*, vol. X, Baumgartner, Lipsia 1887, pp. 935-965.
P. Planat, *Encyclopédie de l'architecture et de la construction*, Dujardin, Paris 1888-1895.
A. Kortuem - E. Schmitt, *Bibliotheken*, in AA.VV., *Handbuch der Architektur*, cap. II, J. Durm, Darmstad 1893, pp. 41-172.
L. Cloquet, *Traité d'architecture*, Baudry et C.-Ch. Béranger, Paris-Liège 1898-1904.
J. Guadet, *Les bibliothèques*, in *Eléments et théorie de l'architecture*, vol. II, libro VII, cap. IX, Librairie de la Construction Moderne, Paris 1901-1905.
D. Donghi, *Biblioteche e archivi*, in *Manuale dell'Architetto*, vol. II, parte I, sez. IV, cap. XVII, Pomba-Utet, Torino 1905-1935.
Sir F. Kenyon, *Libraries and Museums*, Benn, London 1930.
P. Carbonara, *Biblioteche pubbliche, universitarie, popolari, scolastiche*, in *Edifici per la cultura*, parte I, Vallardi, Milano 1947.
D. Donghi, voce *Architettura della Biblioteca*, in *Enciclopedia italiana*, vol. VI, Istituto Poligrafico dello Stato, Roma 1949, pp. 965-969.
E. Mandolesi, *Biblioteche di ieri e di oggi*, Palombi, Roma 1953.
E. Mandolesi, *Biblioteche*, in P. Carbonara, *Architettura Pratica*, vol. III, tomo II, sez. VII, *Gli edifici per l'istruzione e la cultura*, Utet, Torino 1958, pp. 1193 e segg.
M. Gallo, *Fabbriche per biblioteche*, Tipografia litografica Moderna, Trieste 1959.
R.E. Ellsworth, *Planning the College and University Library Building*, Pruett Press, Boulder 1960.
N. Pevsner, *Libraries: Nutrimentum Spiritus*, in "Architectural Review", ottobre 1961.
W. Mevissen, *Biblioteche*, Edizioni di Comunità, Milano 1962.
A. Thompson, *Library buildings of Britain and Europe*, Butterworth, London 1963.
P. Carbonara, *Architetto e bibliotecario*. Relazione al convegno su "L'edilizia e l'arredamento della biblioteca"(Genova, 30-31 maggio 1963), in "Lettere Venete", n. 14/17, 1964.
P. Jesberg, *Bibliotheken, Museen, Burgerhäuser, Theater, Opernhäuser. Libraries, Museums, Civic centres, Theatres, Opera houses*, Kramer, Stuttgart 1964.
G. Chandler, *Libraries in the modern world*, Pergamon, Oxford-London-Edinburgh 1965.
K.D. Metcalf, *Planning Academic and Research Library Buildings*, McGraw-Hill, New York 1965.
G. Liebers, *Bibliotheksneubauten in der Bundesrepublik Deutschland*, Klostermann, Frankfurt am Main 1968.
W. Friedermann, *Bibliotheken für Forschung und Lehre*, Callwey, München 1969.
M. Brawne, *Biblioteche. Architettura e ordinamento*, Pall Mall P., London 1969; Edizioni di Comunità, Milano 1970; Niggli, Teufen 1970.
A. Hobson, *Grosse Bibliotheken der Alten und der Neuen Welt*, Prestel, München 1970; Stock, Paris 1971.
J. Ferguson, *Libraries en France*, Archon, Hamden 1971.

G. Thompson, *Planning and Design of Library Buildings*, The Architectural Press, London 1973; 3ª ed. Butterworth-Heinemann, Oxford 1989.

N. Pevsner, *Biblioteche*, in *A History of Building Types*, 1976; ed. it., *Storia e caratteri degli edifici*, cap. VII, Palombi, Roma 1986, pp. 115-136.

C. Steele, *Major libraries of the world. A selective guide*, Bowker, London-New York 1976.

AA.VV., *New public library building*, Library Journal, New York 1979.

A. Cohen - E. Cohen, *Designing and space planning for libraries: a behavioral guide*, Bowker, New York-London 1979.

E. Mason, *Mason on library buildings*, The Scarecrow Press, New Jersey 1980.

M. Accarisi - M. Belotti, *Abitare la biblioteca*, Oberon, Roma 1984.

J. Gascuel, *Un espace pour le livre*, Promodis, Paris 1984.

M. Rebora - F. Storelli, *Gli spazi per la lettura. La biblioteca pubblica in Italia, il servizio e le architetture*, ESA, Roma 1984.

F. Storelli, *Biblioteche: tipologia architettura e tecnica*, ESA, Roma 1984.

A. Konya, *Libraries. A Briefing and Design Guide*, Architectural Press, London 1987.

J. Kirby, *Creating the library identity: a manual of design*, Gower, Aldershot-Brookfield 1988.

R. Vecchiet, *La biblioteca nel territorio. Urbanistica, architettura e organizzazione degli spazi*, Bibliografica, Milano 1989.

R.A. Fraley, *Library space planning*, Neal-Schumon, New York-London 1990.

B.J. Vaughan - A. Di Bartolo, *Library Architecture and Buildings 1985-1988: A Bibliography*, Vance Bibliographies, Lincolnshire 1990.

AA.VV., *Bibliotheksbau: Bedarfsermittlung für wissenschaftliche und öffentliche Bibliotheken*. Deutsches Bibliotheksinstitut, Berlin 1991.

S. Barbera, *Biblioteche e mediateche. L'esperienza francese negli ultimi vent'anni*, Gangemi, Roma-Reggio Calabria 1992.

M. Colocci, *Nuove biblioteche, architettura e informatica. L'architettura dei luoghi del sapere e l'evoluzione delle tecniche dell'informatica*, Officina, Roma 1992.

M.-F. Bisbrouk - D. Renoult, *Construire une bibliothèque universitaire. De la conception à la réalisation*, Cercle de la Librairie, Paris 1993.

R. Bowden - D. Wijasuriya (a cura di), *Art, Architecture and Design Libraries*, K.G. Saur, München-New York-Paris 1995.

A. De Poli, *Les lieux du savoir*, in AA.VV., *Architecture et citoyenneté. L'architecture civile européenne*, Espaces de liberté, Bruxelles-Namur 1995.

A. Dibitonto, *L'architettura degli edifici per l'istruzione*, Officina, Roma 1995.

Meisei Publications Editorial Staff, introduzione di A. Kito , *Libraries: New Concepts in Architecture & Design*, Meisei Publications, Books Nippan, Tokio 1996.

J. Myerson, *New public architecture*, Lawrence King, London 1996.

A. Kupiec - A.M. Bertrand, *Ouvrages et Volumes. Architecture et Bibliotheques*, Cercle de la Librairie, Paris 1997.

L. Lorring, *Books and buildings. Danish research Library architecture in the 1990s*, Danmarks Paedagogiske Bibliotetek, Kobenhavn 1997.

M. Toy - M. Brawne, *Library Builders*, Academy, London 1997.

M. Belotti, *La biblioteca tra spazio e progetto. Nuove frontiere dell'architettura e nuovi scenari tecnologici*, Bibliografica, Milano 1998.

AA.VV., *La biblioteca tra spazio e progetto. Nuove frontiere dell'architettura e nuovi scenari tecnologici*, Lampi di Stampa, Milano 1999.

A.M. Atripaldi, *Biblioteche nel Regno Unito. UK libraries today*, Gangemi, Roma 2000.

A.M. Atripaldi, *La biblioteca multimediale in Francia. Bibliothèque multimédia*, Gangemi, Roma 2000.

S. Bieri - W. Fuchs, *Bibliotheken bauen. Building for Books. Tradition und Vision*, Birkhäuser, Basel 2001.

B. Edwards - B. Fisher, *Libraries & Learning Resources*, Butterworth-Heinemann, Oxford 2001.

Numeri monografici di riviste e periodici dedicati a biblioteche e mediateche

"Techniques et Architecture", *Bibliothèques et Médiathèque*, n. 384, 1989.

"Monuments historiques", n. 168, 1990.

"Techniques et Architecture", n. 398, 1991.

"Techniques et Architecture", n. 406, 1993.

"Architecture intérieure créé", *Culture à la carte. Bibliothèques... Multimédias. D'Arras à Mazamet, de Phoenix à Madrid*, n. 271, 1996.

"Techniques et Architecture", *Bibliothèques et Médiathèques*, n. 436, 1998.

"AW Architektur + Wettbewerb", *Museen und Bibliotheken / Museums and Libraries*, n. 179, 1999.

"Techniques et Architecture", *Médiathèques*, n. 454, 2001.

Espaces et architecture, in "Bibliothèque(s)", numero monografico dedicato all'Italia, n.1, mars 2002, pp. 69-76.

Testimonianze letterarie e spazi immaginari per biblioteche mitiche

J.L. Borges, *La Biblioteca di Babele*, in *Finzioni (1935-1944)*, traduzione di F. Lucentini, Einaudi, Torino 1955.

J.L. Borges, *13 Poèmes*, ed. fr. a cura di R. Caillois, Fata Morgana, Paris 1978.

U. Eco, *Il nome della rosa*, Fabbri, Milano 1980.

A.-M. Chaintreau - R. Lemaître, *Drole des bibliothèques. Le thème de la bibliothèque dans la littérature et le cinéma*, Cercle de la Librairie, Paris 1990.

R. Figuier (a cura di), *La Bibliothèque. Miroir de l'âme, mémoire du monde*, in "Autrement", série Mutations, n. 121, avril 1991.

C. Berni - G. Pietroboni, *La biblioteca legge, leggere la biblioteca: la biblioteca nella riflessione dei bibliotecari e nell'immaginario degli scrittori*, Bibliografica, Milano 1995.

R. Nisticò, *La biblioteca*, Laterza, Roma-Bari 1999.

N. Wegmann, *Bücherlabyrinthe. Suchen und Finden im alexandrinischen Zeitalter*, Böhlau, Köln 2000.

D. D'Alessandro, *Silenzio in sala! La biblioteca nel cinema*, presentazione di M. Morandini, Associazione Italiana Biblioteche, Roma 2001.

D. Rieger, *Imaginäre Bibliotheken. Bücherwelten in der Literatur*, Fink, München 2002.

La biblioteca dell'antichità. Nicchie e armadi nel recinto del tempio

P. Lavedan, *Dictionnaire illustré de la mythologie et des antiquités greques et romaines*, Hachette, Paris 1931.

G. De Gregori, *Biblioteche dell'antichità*, in "Accademie e Biblioteche d'Italia", XI, n. 1-2, aprile 1937.

J.W. Thompson, *Ancient libraries*, Berkeley 1940; Archon, Hamden 1992.

L. Crema, *Biblioteche*, in *L'architettura romana*, Sei, Torino 1959, pp. 367-370.

E.A. Parsons, *The Alexandrian Library: glory of the Ellenic world. Its rise, antiquities and decostructions*, Elsevier, New York 1967.

F. Garbelli, *Le biblioteche in Italia all'epoca romana. Con una appendice sulle antiche biblioteche di Ninive e Alessandria*, Hoepli, Milano 1984.

L. Canfora, *La biblioteca scomparsa*, Sellerio, Palermo 1987.

G. Cavallo - A. Petrucci, *Le biblioteche del mondo antico e medievale*, Laterza, Roma-Bari 1988.

D. Adie Flower, *I lidi della conoscenza. La storia dell'antica Biblioteca di Alessandria*, Bardi, Roma 2002.

L. Casson, *Libraries in the Ancient World*, The Yale University Press, New Haven-London 2001; *Bibliotheken in der Antike*, Winkler, Düsseldorf 2002.

Antike Bibliotheken, Zaberns Bildbände zur Archäologie, Zabern 2002.

Un banco, due stalli e una finestra. Le condizioni per lo studio nel monastero benedettino e nel college inglese

E.E. Viollet-le-Duc, voce *Bibliothèque*, in *Dictionnaire raisonné de l'architecture française du XI au XVI siècle*, tomo II, Bauce-Morel, Paris 1854-1868.

R. Willis - J. Willis Clark, *The Architectural History of the University of Cambridge and the Colleges of Cambridge and Eton*, Cambridge 1886; nuova edizione con introduzione di D. Watkin, The Cambridge University Press, 1989.

E. Lesne, *Les livres, "scriptoria" et bibliothèques du commencement du VIII siècle à la fin du XII siècle*, Lille, 1938.

J. Westfall Thompson, *The medieval library*, The University of Chicago Press, Chicago 1939.

S. Bassi, *Orientamenti della cultura nell'Alto Medio Evo: biblioteche e centri scrittori*, in "Annali della Biblioteca Governativa e Libreria Civica di Cremona", vol. I, *Studi e Bibliografie*, 1949.

T. Gottlieb, *Über mittelalterliche Bibliotheken*, Akademische Druck und Verlagsanstalt, Graz 1955.

A.N.L. Munby, *Cambridge College Libraries*, Heffer, Cambridge 1962.

N. Ripley Ker, *Medieval libraries of Great Britain. A list of surviving books*, Offices of the Royal Historical Society, London 1964.

L. Buzas, *Deutsche Bibliotheksgeschichte des Mittelalters*, Reichert, Wiesbaden 1975.

K. Christ, *The handbook of medieval library history*, The Scarecrow Press, London 1984.

T. Burrows, *British University Library*, The Haworth Press, New York-London 1989.

F. Cardini - M.T. Beonio Broccheri, *Antiche università d'Europa*, Mondadori, Milano 1991.

D. Nebbiai Dalla Guarda, *I documenti per la storia delle biblioteche medievali (secc. IX-XV)*, Jouvence, Roma 1992.

Una navata tripartita. La libreria nel complesso conventuale italiano del XV secolo

A. Campana, *Origine, formazione e vicende della Malatestiana*, in "Accademie e Biblioteche d'Italia", XXI, n. 1, febbraio 1953, pp. 3-16.

G. Avanzi, *Libri, librerie, biblioteche nell'umanesimo e nella rinascenza*, L'Italia che scrive, Roma 1954-1956.

J. Willis Clark, *Libraries in the Medieval and Renaissance periods*, Argonaut, Chicago 1968.

J.F. O'Gorman, *The Architecture of the Monastic Library in Italy 1300-1600*, New York University Press, New York 1972.

L.B. Ullman, *The public library of renaissance Florence. Niccolò Niccoli, Cosimo de' Medici and the Library of San Marco*, Antenore, Padova 1972.

C. Cieri Via, *Il simbolismo sapienziale nelle immagini allegoriche fra '400 e '500*, Il Bagatto, Roma 1984.

AA.VV., *Monte Oliveto Maggiore*, Scala, Firenze 1991.

L. Baldacchini - G. Conti - P.G. Fabbri, *La biblioteca Malatestiana di Cesena*, Editalia, Roma 1992.

E. Garin, *La biblioteca di San Marco*, Le Lettere, Firenze 1999.

AA.VV., *La biblioteca di Michelozzo a San Marco tra recupero e scoperta*, catalogo della mostra, Giunti, Firenze 2000.

G. Lombardi - D. Nebbiai Dalla Guarda, *Livres, lecteurs et bibliothèques de l'Italie Médiévale (IXe-XVe siècles)*, Editions du Cnrs, Paris 2001.

L'innovazione concettuale della libreria costruita come sequenza di spazi

B.M. Apollonj, *Opere architettoniche di Michelangelo a Firenze*, La Libreria dello Stato, Roma 1934.

A. Schiavo, *Michelangelo architetto*, La Libreria dello Stato, Roma 1949.

R.J. Clemens, *Michelangelo*, Il Saggiatore, Milano 1964.

P. Portoghesi, *La Biblioteca Laurenziana*, in AA.VV., *Michelangelo architetto*, Einaudi, Torino 1964.

J.S. Ackerman, *L'architettura di Michelangelo*, Einaudi, Torino 1968.

M. Tafuri, *Jacopo Sansovino e l'architettura del '500 a Venezia*, Marsilio, Padova 1972.

A. Foscari, *Festoni e putti nella decorazione della Libreria di San Marco*, in "Arte Veneta", n. 38, 1984.

M. Tafuri, *Venezia e il Rinascimento: religione, scienza, architettura*, Einaudi, Torino 1985.

A. Morandini, *Biblioteca Medicea Laurenziana*, Nardini, Firenze 1986.

D. Howard, *Jacopo Sansovino. Architecture and Patronage in Reinassance Venice*, The Yale University Press, New Haven-London 1897.

M. Zorzi, *Libreria di San Marco. Libri, lettori, società nella Venezia dei Dogi*, Mondadori, Milano 1987.

R. Wittkower, *Principi architettonici nell'età dell'Umanesimo*, Einaudi, Torino 1988.

M. Zorzi, *Biblioteca Marciana, Venezia*, Nardini, Firenze 1988.

P. Portoghesi - B. Zevi (a cura di), *Michelangelo architetto*, Electa, Milano 1990.

M. Hirst, *Michelangelo. I disegni*, Einaudi, Torino 1993.

M. Morresi, *Piazza San Marco. Istituzioni, poteri e architettura a Venezia nel primo Cinquecento*, Electa, Milano 1999.

La galleria dei libri. La collezione degli oggetti rari nel palazzo del principe

L.B. Alberti, *De re aedificatoria*, Firenze 1452-1485; Forni, Bologna 1985.

P. Cataneo, *I primi quattro libri di architettura*, Venezia 1554-1567; Gregg, Fanborough 1964.

D. Barbaro, *I dieci libri dell'architettura. Tradotti et commentati da Monsig. Daniele Barbaro eletto Patriarca d'Aquileggia*, Venezia 1567; Il Polifilo, Milano 1987.

A. Palladio, *I quattro libri dell'Architettura*, Domenico De Franceschi, Venezia 1570.

S. Serlio, *I sette libri dell'architettura*, Venezia 1584; Il Polifilo, Milano 1987.

V. Scamozzi, *Dell'idea della Architettura universale*, Venezia 1615; Forni, Bologna 1982.

J. Furttenbach, *Architectura Civilis*, Ulm 1628; Olms, Hildesheim-New York 1971.

G. Morolli, *L'Architettura di Vitruvio nella versione di Carlo Amati (1829-1830)*, Firenze 1829-1830; Alinea, Firenze 1988.

I. Cavini, *La Biblioteca Vaticana*, Roma 1892.

P. De Nicolò, *Profilo storico della Biblioteca Apostolica Vaticana*, in AA.VV., *Bibliotheca Apostolica Vaticana*, Nardini, Firenze 1985, pp. 19-36.

L. Cheles, *The Studiolo of Urbino. An iconographic investigation*, Reichert, Wiesbaden 1986.

W. Liebenwein, *Studiolo. Storia e tipologia di uno spazio culturale*, Panini, Modena 1988.

W. Prinz, *Galleria*, Panini, Modena 1988.

P. Innocenti - M. Rossi, *Il concetto di libro antico: campo, oggetto, tecnica e tecnologia*, Ifnia, Firenze 1989.

E. Pellegrin, *Bibliothèques retrouvées: manuscrits, bibliothèques et bibliophiles du Moyen Age et de la Renaissance*, Editions du Cnrs, Paris 1990.

R. Chartier, *L'ordine dei libri: lettori, autori, biblioteche in Europa tra il XIV e il XVIII secolo*, Il Saggiatore, Milano 1994.

F. Furlan, *Leon Battista Alberti. I libri della famiglia*, Einaudi, Torino 1994.

A. Quondam, *Il libro a corte*, Bulzoni, Roma 1994.

G.M. Christine, *Beiträge zur Geschichte der Biblioteca Vaticana*, Biblioteca Apostolica Vaticana, Roma 1997.

G. Morello - P. Silvan, *Vedute di Roma dai dipinti della Biblioteca Vaticana*, Electa, Milano 1997.

Un'aula per ostentare le fonti della verità esperita. La grande sala decorata nei palazzi della Controriforma

P.-M. Letarouilly, *Edifices de Rome moderne*, Bance, Paris 1840-1857; De Agostini, Novara 1992.

G. Adriani, *Die Klosterbibliotheken des Spätbarocks in Österreich und Süddeutschland*, Graz, Leipzig, Wien 1935.

M. Berrey Bennet, *Libraries of Spain*, Welwood Murray Memorial Library, Palm Springs 1958.

A. Masson, *Les thèmes de décoration des bibliothèques du XVI au XVIII siècle*, in "Bullettin des Bibliothèques de France", n. 2, febbraio 1961, pp. 45-47.

M. Baur-Heinold, *Schöne alte Bibliotheken. Ein Buch vom Zauber ihrer Räume*, con una premessa di H. Schmidt-Glassner, Callwey, München 1972; riedizione con una premessa di K. Bosl, Hamburg, Nikol 2000.

W. Braunfels, *Monasteries of Western Europe. The architecture of the orders*, Thames and Hudson, London 1972.

A. Masson, *Le décor des bibliothèques du Moyen Age à la Revolution*, Droz, Genève 1972.

M. Cable, *L'Escorial*, Mondadori, Milano 1972-1973.

L. Buzas, *Deutsche Bibliotheksgeschichte der Neuzeit (1550-1800)*, Reichert, Wiesbaden 1976.

I. Bialostocki, *Iconografia e Iconologia*, in AA.VV., *Enciclopedia Universale dell'Arte*, De Agostini, Novara 1980.

M. Calì, *Da Michelangelo all'Escorial*, Einaudi, Torino 1980.

G. Bazin, *Les palais de la foi. Le monde des monastères baroques*, Office du Livre, Fribourg 1981.

A. Paredi, *Storia dell'Ambrosiana*, Neri Pozza, Vicenza 1981.

M. Bernhard, *Stift- und Kloster- bibliotheken*, Keysersche Verlagbuchhandlung, München 1983.

C. Wagner, *Sankt Florian augustinian monastery*, Brandstatter, Wien 1986.

B. Anderes, *L'abbazia di San Gallo*, Amt für Kulturpflege des Kantons, Sankt Gallen 1987.

J. Duft, *Die Stiftsbibliothek Sankt Gallen: der Barocksaal und seine Putten*, Ostschweiz, Sankt Gallen 1990.

U. Rozzo, *Biblioteche italiane del '500 tra Riforma e Controriforma*, Arti Grafiche Friulane, Udine 1994.

E. Lehmann, *Die Bibliotheksräume der deutschen Klöster in der Zeit des Barocks*, in 2 Bdn. Bd.1 Text; Bd.2 Katalog, Deutscher Verlag für Kunstwissenschaft, Berlin 1996.

M.L. Ricciardi, *Biblioteche dipinte. Una storia delle immagini*, Bulzoni, Roma 1996.

V. Romani, *Biblioteche romane del Sei e Settecento*, Vecchiarelli, Manziana 1996.

P.M. Jones, *Federico Borromeo e l'Ambrosiana*, Vita e pensiero, Milano 1997.

E. Garberson, *Eighteenth-century monastic libraries in southern Germany and Austria : architecture and decorations*, Koerner, Baden 1998.

La navata-pantheon del palazzo imperiale di Vienna

W. Buchowiecki, *Der Barockbau der ehemaligen Hofbibliothek in Wien: ein Werk J. B. Fischers von Erlach. Beitrage zur Geschichte des Prunksaales der Österreichischen Nationalbibliothek*, Prachner, Wien 1957.

M. Berrey Bennet, *Historical Libraries of Austria*, Welwood Murray Memorial Library, Palm Springs 1965.

J.L. von Stummvoll, *Geschichte der Österreichischen Nationalbibliothek. Die Hofbibliothek. 1368-1922*, Prachner, Wien 1968.

H. Aurenhammer, *Johann Bernard Fisher von Erlach*, Allen Lane, London 1973.

H. Sedlmayr, *Johann Bernard Fisher von Erlach architetto*, Electa, Milano 1996.

La basilica immensa di Boullée

L.C.F. Petit-Radel, *Recherches sur les bibliothèques anciennes et modernes jusqu'à la fondation de la Bibliothèque Mazarine*, Paris 1819.

E. Rosenau, *H.R. Boullée's Treatise on Architecture*, Tiranti, London 1953.

A. Rossi, *Etienne-Louis Boullée. Architettura. Saggio sull'arte*, Marsilio, Padova 1967.

P. Madec, *Boullée*, Hazan, Paris 1986.

J.-M. Perouse de Montclos, *Etienne-Louis Boullée (1728-1799)*, Electa, Milano 1997.

L'edificio isolato a pianta centrale. Dall'idea di autonomia di Leibniz alla ricerca del tipo a sala circolare nella tradizione inglese

A. Esdaile, *The British Museum Library: a short history and survey*, G. Allen and Unwin, London 1948.

M. Berrey Bennet, *Bodleian Library*, Welwood Murray Memorial Library, Palm Springs 1958.

W.B. O'Neall, *Jefferson's buildings at the University of Virginia: the Rotunda*, University of Virginia Press, Charlottesville 1960.

M. Berrey Bennet, *The National Library of the British Museum*, Welwood Murray Memorial Library, Palm Springs 1965.

H. Reuther, *Das Gebäude der Herzog August Bibliothek zu Wolfenbüttel*, in *Leibniz, sein Leben, sein Wirken, seine Welt*, Totok-Haase, Hannover 1966.

F. Kimball, *Thomas Jefferson Architect. Original designs in the Coolidge Coolection*, Da Capo Press, New York 1968.

P. Raabe, *400 Jahre Herzog August Bibliothek zu Wolfenbüttel. Eine rechenschaft zum Festjahre 1972*, Hannover 1972.

M. Azzi Visentini, *Il Palladianesimo in America*, Il Polifilo, Milano 1976.

P. Raabe, *Offentliche und private Bibliotheken im 17. und 18. Jahrhundert. Raritatenkammern Forschungsinstrumente oder Bildungsstatten?*, Bremen- Wolfenbüttel 1977.

H. Small, *The Library of Congress: its architecture and decoration*, Classical America the Arthur Ross Foundation, New-York-London 1982.

R. Wittkower, *Palladio e il palladianesimo*, Einaudi, Torino 1984.

P. Venable Turner, *Campus. An American Tradition*, The Mit Press, Cambridge 1987.

Thomas Jefferson. University of Virginia. The Lawn, Phaidon, London 1994.

J. Young Cole, *The Library of Congress: The Art and Architecture of the Thomas Jefferson Building*, W.W. Norton & Company, New York 1998.

J. Conaway, *America's Library: The Story of the Library of Congress, 1800-2000*, introduzione di E. Morris, The Yale University Press, New Haven 2000.

Il tempio-tesoro-museo di Durand. L'invenzione neoclassica dei monumenti per conservare l'intera conoscenza della nazione

J.-F. Blondel, *Cours d'architecture ou traité de la Décoration, Distribution et Construction des batiments*, Paris 1771-1777.

F. Milizia, *Principij di Architettura Civile*, Stamperia Jacopo De Rossi, Finale Ligure 1781.

J.-N.-L. Durand, *Précis des leçons d'architecture données à l'Ecole Royale Polytechnique*, Paris 1802; Clup, Milano 1986.

A.-C. Quatremère de Quincy, *Dictionnaire historique d'architecture*, Librairie d'Arien le Clère et Cie, Paris 1832; Negretti, Mantova 1842-1844.

C.-N. Ledoux, *L'Architecture considerée sous le rapport de l'Art, des Moeurs et de la Législation*, B. Bauce-A. Morel, Paris 1854-1868.

N. Levine, *The book and the building: Hugo's theory of architecture and Labrouste's Bibliothèque Ste-Geneviève*, in R. Middleton, *The Beaux-Arts and nineteenth-century french architecture*, Thames and Hudson, London 1982.

S. Villari, *J.N.L. Durand (1760-1834). Arte e scienza del costruire*, Officina, Roma 1987.

Disegnare la biblioteca nazionale al pari di un'accademia o di un palazzo del governo. Origine e continuità di una dominante tradizione

L.F. Reynaud, *Traité d'architecture*, Carician Goeury et Victor Dalmont, Paris 1850-1858; Antonelli, Venezia 1853.

T. Mortreuil, *La Bibliothèque Nationale, son origine et ses accroissements jusqu'à nos jours*, Champion, Paris 1878.

W. Hegemann - E. Peets, *The American Vitruvius. An architect's handbook of Civic Art*, Blom, New York 1922; The Princeton Architectural Press, New York 1988.

A.E. Bostwick, *The American Public Library*, Appleton and Co., New York 1929.

G. Gromort, *Essai sur la théorie de l'Architecture. Cours professé à l'Ecole Supérieure des Beaux-Arts*, Massin, Paris 1942.

J. Hassenforder, *Développement comparé des bibliothèques publiques en France, en Grande-Bretagne et aux Etats-Units dans la moitié du XIX siècle. 1850-1914*, Cercle de la Librairie, Paris 1967.

G. K. Barnett, *The history of Public Libraries in France from the Revolution to 1939*, Ann Arbor, Michigan 1978.

L. Buzas, *Deutsche Bibliotheksgeschichte der neusten Zeit (1800-1945)*, Reichert, Wiesbaden 1978.

M.H. Harris, *American library history*, Austin, London 1978.

R. Middleton, *The Beaux-Arts and nineteenth-century french architecture*, Thames and Hudson, London 1984.

L. Patetta, *L'architettura dell'eclettismo*, CittàStudi, Milano 1991.

Cenni sul funzionamento di una biblioteca di media dimensione

J. Gautier, *Nos Bibliothèques publiques*, Paris 1902.

G. Barone - A. Petrucci, *Primo: non leggere. Biblioteche e pubblica lettura in Italia dal 1861 ai nostri giorni*, Mazzotta, Milano 1976.

H. Grass, *Bibliothekbauten im 19. Jahrhundert in Deutschland*, Verlag Dokumentation, München 1976.

The New York Public Library, W.W. Norton & Company, New York 1986.

R.G. Wilson, *Public buildings. Architecture under the public works administration 1933-1939*, vol. I, Da Capo Press, New York 1986.

Organizzare razionalmente un moderno contenitore dei documenti a stampa. Quale modo d'edificazione: in linea, a blocco o disperso? Una questione aperta

AA.VV., *L'opera di Alvar Aalto*, Edizioni di Comunità, Milano 1965.

M. Pozzetto, *Jože Plečnik e la scuola di Otto Wagner*, Albra, Milano 1968.

AA.VV., *James Stirling. Opere e progetti*, Edizioni di Comunità, Milano 1975.

L.I. Kahn, *The travel sketches of Louis I. Kahn*, Pensylvania Academy of the Fine Arts, Philadelphia 1978.

C. Norberg-Schulz, *Louis I. Kahn. Idea e immagine*, Officina, Roma 1980.

S. Wrede, *The architecture of Erik Gunnar Asplund*, Cambridge-London 1980.

B. Zevi, *Giuseppe Terragni*, Zanichelli, Bologna 1980.

AA.VV., *Gunnar Asplund architect. 1885-1940*, Ab Tidskriften Byggmasteren, Stockholm 1981.

F. Fusaro, *Le biblioteche di Alvar Aalto*, Kappa, Roma 1981.

L. Mosso, *Alvar Aalto*, Studiforma, Torino 1981.

E. Mantero, *Giuseppe Terragni e la città razionalista*, Dedalo, Bari 1983.

O. Wagner, *Unbekannte Entwürfe, Skizzen und Plane*, Eternit-Werke Ludwig Hatschek, Wien 1984.

B. Zevi, *Giuseppe Terragni*, Zanichelli, Bologna 1984.

AA.VV., *Erik Gunnar Asplund*, Electa, Milano 1985.

AA.VV., *Louis I. Kahn*, Kappa, Roma 1985.

C. Caldenby, *Asplund*, Rizzoli, New York 1985.

H. Garetsegger, *Otto Wagner*, Il Saggiatore, Milano 1985.

M. Rovigatti, *Tony Garnier. Architetture per la città industriale*, Officina, Roma 1985.

AA.VV., *Otto Wagner*, Jaca Book, Milano 1987.

L.I. Kahn, *The Louis I. Kahn archive*, Garland, New York-London 1987.

A.F. Marcianò, *Giuseppe Terragni opera completa 1925-1943*, Officina, Roma 1987.

AA.VV., *Alvar Aalto*, Centre Georges Pompidou, Paris 1988.

AA.VV., *Jože Plečnik architetto 1872-1957*, Centre Georges Pompidou, Paris 1988.

Gunnar Asplund 1885-1940, Architectural Association, London 1988.

AA.VV., *Tony Garnier*, Mazzotta, Milano 1990.

A. Ferlenga, *Jože Plečnik*, Electa, Milano 1990.

R. Trevisiol, *Otto Wagner*, Laterza, Roma-Bari 1990.

G. Schildt, *Alvar Aalto. The mature years*, Rizzoli, New York 1991.

F. Burkhardt - C. Eveno - B. Podrecca, *Jože Plečnik Architect. 1872-1957*, The Mit Press, Cambridge 1992.

T. Schumacher, *Giuseppe Terragni 1904-1943*, Electa, Milano 1992.

P. Krecic, *Plecnik: The Complete Works*, The Whitney Library of Design, New York 1993.

F. Mangone, *Alvar Aalto*, Laterza, Roma-Bari 1993.

A. Aalto, *The architectural drawings of Alvar Aalto*, Garland, New York-London 1994.

M. Spens, *Alvar Aalto. Viipuri library: 1927-1935*, Academy, London 1994.

D.B. Browlee, *Louis I. Kahn*, Rizzoli, Milano 1995.

G. Ciucci (a cura di), *Giuseppe Terragni. Opera completa*, Electa, Milano 1996.

M. Gooding - M. Fiennes, *National & University Library, Ljubljana: Jože Plečnik*, Architecture in Detail Series, Phaidon, London 1997.

D. Prelovsek - P. Crampton (a cura di), *Jože Plečnik: 1872-1957*, The Yale University Press, New Haven 1997.

G.E. Wiggins, *Louis I. Kahn: The Library at Phillips Exeter Academy*, Wiley & Sons, New York 1997.

J. Stirling - M. Wilford, *James Stirling, Michael Wilford*, Skira, Milano 1998.

K.-P. Gast, *Louis I. Kahn, Die Ordnung der Ideen. Louis I. Kahn, The Idea of Order*, introduzione di H.H. Thies e A. Griswold Tyng, Birkhäuser, Basel 2001.

La biblioteca diventa città

L. Hilberseimer, *Groszstadt Architektur. L'architettura della grande città*, Julius Hoffmann, Stuttgart 1927; Clean, Napoli 1981.

P. Blundell Jones, *Hans Sharoun*, Fraser, London 1978.

L. Orgel-Kohne, *Staatsbibliothek Berlin*, Arani/K. G. Saur, Berlin-München 1980.

Institut Français d'architecture, *Bibliothèque de France. Premiers Volumes*, Carte Segrete, Roma 1989.

R. Koolhaas, *La Bibliothèque de France. Biblioteca pùblica. Parìs, Francia, 1989*, in "El Croquis", n. 53, 1989.

A. De Poli, *I modelli architettonici dell'edificio per l'Università*, in AA.VV., *Studi per il progetto architettonico del sistema universitario a Venezia e a Mestre. Atti del Seminario*, Iuav Dpa, Venezia 1991, p. 441.

B. Suner, *La Bibliothèque de France. Evolution d'un projet*, in "L'Architecture d'Aujourd'hui", n. 273, febbraio 1991.

S. Barbera, *Biblioteche e mediateche: l'esperienza francese degli ultimi 20 anni*, Gangemi, Roma 1992.

F. Irace, *Tra Karlsruhe e Babele*, in "Abitare", n. 312, novembre 1992.

C. Bürkle, *Hans Scharoun*, Artemis, Zürich 1993.

R. Jean, *Bibliothèques: une nouvelle génération. Dix ans de constructions pour la lecture publique*, Réunion de Musées Nationaux, Paris 1993.

P. Blundell Jones, *Hans Sharoun*, Phaidon, London 1995.

D. Perrault, *Bibliothèque Nationale de France (1989-1995)*, Arc en Reve Centre d'Architecture, Bordeaux 1995.

D. Perrault, *Bibliotheque nationale de France 1889-1995*, Birkhäuser, Basel 1995.

D. Bezzi, *Manuale per il trasloco di 12 milioni di libri*, in "L'Espresso", dicembre 1996.

B. Blasselle - J. Melet-Sanson, *La Bibliothèque nationale de France. Mémoire de l'avenir*, Gallimard, Paris 1996.

M. Melot, *Nouvelles Alexandries. Les grands chantiers de bibliothèque dans le monde*, Cercle de la Librairie, Paris 1996.

R. Bocchi, *Biblioteche e ricerca architettonica*, in *Costruire una biblioteca universitaria: sinergie per il progetto*. Relazioni introdotte e raccolte a cura di M. Paggiani, Università degli Studi di Trento, 1997.

E. De Roux, *La bibliothèque d'Alexandrie renait de ses cendres*, in "Le Monde", 17 marzo 1998.

V. Gregotti, *British Library: che cosa gli inglesi ci insegnano*, in "la Repubblica", 5 maggio 1998.

C. St. John Wilson, *The design and construction of the British Library*, The British Library, London 1998.

G. Fiorese, *Biblioteche ed architettura delle città*, CUSL, Milano 2001.

M. Vollmer - D. Lülfing - O. Asendorf, *Architekturwettbewerb Staatsbibliothek zu Berlin*, Jovis, Berlin 2001.

G. Vitiello, *Alessandrie d'Europa. Storie e visioni di biblioteche nazionali*, Sylvestre Bonnard, Milano 2002.

La macchina misteriosa. La biblioteca del futuro

M. Beckman, *Public Library Buildings for the 21st Century. A Handbook for Architects, Librarians and Trustees (Topics in Library and Information Studies)*, K.G. Saur, München-New York-Paris 1993.

T. Gregory - M. Morelli, *L'eclisse delle memorie*, Laterza, Roma-Bari 1994.

La memoria e le cose. La parola. Le interpretazioni. Le storie, i luoghi. I modelli. Archivio, in "Parole chiave", numero monografico, n. 9, 1995.

R. Kaiser, *Literarische Spaziergänge im Internet. Bücher und Bibliotheken online*, Eichborn, Frankfurt am Main 1997.

P. Conti, *E con la mediateca parte il viaggio nel futuro*, in "Corriere della Sera", 25 marzo 1998.

D. Righetti, *Biblioteche. Le fortezze del Duemila*, in "Corriere della Sera", 25 marzo 1998.

P.A. Kusnerz, *The Architecture Library of the Future. Complexity and Contradiction*, The University of Michigan Press, Ann Arbor 1999.

AA.VV., *Le patrimoine des bibliothèques du 21e siècle. Technologie, coopération, partenariat...*, Abcd Poitou Charente, 2000.

C.L. Borgman, *From Gutenberg to the Global Information Infrastructure*, The Mit Press, Cambridge 2000.

T. Webb (a cura di), *Building Libraries for the 21st Century. The Shape of Information*, Jefferson McFarland, London 2000.

A. Salarelli - A.M. Tammaro, *La biblioteca digitale*, Bibliografica, Milano 2000.

W.Y. Arms, *Digital Libraries*, The Mit Press, Cambridge 2001.

F. Metitieri - R. Ridi, *Biblioteche in rete: istruzioni per l'uso*, Laterza, Roma-Bari 2002.

Bibliografia sulle biblioteche pubblicate nel volume

1. Dominique Perrault, Bibliothèque nationale de France, Parigi

Bibliothèque de France: compétition de stars, in "Le Moniteur des TPB", n. 4479, 1989, pp. 112-119.

P. Cahart - M. Melot, *Propositions pour une grande bibliothèque. Rapporto al Primo ministro*, la Documentation française, Paris 1989.

F. Chaslin, *La bibliothèque de France*, in "L'Architetcure d'Aujourd'hui", n. 265, 1989, pp. 184-194.

Institut Français d'Architecture, *Bibliothèque de France. Premiers volumes*, Carte Segrete, Paris-Roma 1989.

J.-P. Le Dantec, *Bibliothèque de France*, in "Architecture intérieure créé", n. 231, 1989, pp. 20-21, 24.

N. Marmer, *An architect for Mitterand's new library*, in "Art in America", n. 10, 1989, p. 31.

A. Pélissier, *Concours pour la bibliothèque de France*, in "Techniques et Architecture", n. 386, 1989, pp. 34-45.

Perrault wins French library, in "Progressive Architecture", n. 10, 1989, pp. 25-26.

U. Raulff - C. Jaquand-Goddefroy, *Bibliothèque de France*, in "Bauwelt", n. 34, 1989, pp. 1874-1900.

J. Welsh, *Frenchman chosen for Paris library commission*, in "Building Design", n. 951, 1989, p. 3.

Bibliothèque de France, bibliothèque ouverte, Atti del colloquio di Parigi, 11 settembre 1989, Association pour la Bibliothèque de France, IMEC, Paris 1990.

Bibliothèque de France, grand projet d'état, in "L'Architettura. Cronache e storia", n. 414, 1990, p. 283.

Bibliothèque de France in Paris, Frankreich / Library of France, in Paris, France, in "AW Architektur + Wettbewerbe", n. 143, 1990, pp. 32-40.

C. Downey, *Projects: France's 'Très Grande Bibliothèque' competition*, in "Progressive Architecture", n. 2, 1990, pp. 123-125.

M. Fabbri, *L'architettura dei 'Grands Projets'*, in "Controspazio", n. 2, 1990..

D. Jamet - L. Adler - E. Le Roy Ladurie, *Une folie à la gloire du savoir, complot contre la Bibliothèque de France, réponse à tout*, in "Passages", n. 32, 1990.

La Bibliothèque de France, in "Paris-projet", n. 29, 1990, pp. 116-119.

E. Le Roy Ladurie, *Bibliothèque nationale et Bibliothèque de France*, in "Revue de la Bibliothèque nationale", n. 35, 1990.

D. Mandolesi, *La nuova Biblioteca di Francia*, in "L'Industria delle Costruzioni", n. 219, 1990, pp. 76-81.

Paris-Alexandrie, le choc des bibliothèques, in "D'Architectures", n. 3, 1990, pp. 13-15.

G. Santos, *Libros monumentales: La Gran Biblioteca de Francia*, in "Arquitectura viva", n. 12, 1990, pp. 22-27.

Rapport annuel du Président du Conseil supérieur des bibliothèques, Association du Conseil supérieur des bibliothèques, Paris 1990-1994.

M. Bedarida, *La biblioteca rovesciata. Il testamento di Mitterand*, in "Lotus International", n. 70, 1991, pp. 30-41.

Bibliothèque de France 1988-1991; de l'utopie au chantier, Bibliothèque de France, EPBF, Paris 1991.

J. Gattegno, *La Bibliothèque de France: histoire d'un projet*, in "Bulletin des bibliothèques de France", t. 36, n. 5, 1991, pp. 393-403.

F. Lamarre, *Bibliothèque de France, la polémique: la parole à Dominique Perrault*, in "D'Architectures", n. 20, 1991, pp. 14-17.

L'Avenir des grandes bibliothèques: colloque international organisé par la Bibliothèque nationale, Bibliothèque nationale, Paris 1991.

C. Maranzana, *Sulle rive della Senna*, in "Costruire", n. 92, 1991, pp. 54 e segg.

V. Picon-Lefebvre, *Bibliothèque de France, Paris*, in "Techniques et Architecture", *Grands projets à Paris. Architecture et ingénierie*, n. 398, 1991, pp. 74-91.

Rapports des groupes de travail 1991, Bibliothèque de France, EPBF, Paris 1991.

D. Spinetta, *Le débat sur la Bibliothèque de France*, in "L'Architetcure d'Aujourd'hui", n. 278, 1991, pp. 6-12 e 14-15.

B. Suner, *La bibliothèque de France: évolution d'un projet*, in "L'Architetcure d'Aujourd'hui", n. 273, 1991, pp. 12-20.

Très grand débat, in "Le Moniteur Architecture amc", n. 26, 1991, p. 11.

Bibliothèque de France, le résolutions d'octobre: les espaces de lecture et de recherche, Bibliothèque de France, EPBF, Paris 1992.

J. Gattegno, *La Bibliothèque de France à mi-parcours. De la TGB à la BN bis?*, Cercle de la Librairie, Paris 1992.

G. Grunberg, *La Bibliothèque de France*, in *Histoire des bibliothèques françaises*, tomo IV, *Les bibliothèques au XXᵉ siècle 1914-1990*, Cercle de la Librairie, Paris 1992.

Les grandes bibliothèques de l'avenir: actes, colloquio, Vaux de Cernay, 25-26 giugno 1991, Bibliothèque de France, la Documentation française, Paris 1992.

J.-L. Silicani, *Mission de préfiguration du fonctionnement de la Bibliothèque de France*, rapporto sulla valutazione del costo di funzionamento della Bibliothèque de France, EPBF, Paris 1992.

Une bibliothèque pour le XXIᵉ siècle, Bibliothèque de France, EPBF, Paris 1992.

Bibliothèque nationale-Bibliothèque de France: où en sont les grands chantiers?, in "Bulletin des bibliothèques de France", t. 38, n. 3, 1993, pp. 8-70.

J.-F. Pousse, *Un projet en devenir: Bibliothèque de France*, in "Techniques et Architecture", n. 406, 1993, pp. 14-19.

Programme général de la Bibliothèque de France, EPBF, Paris 1993.

Rapport sur la Bibliothèque de France, EPBF, Paris 1993.

F. Irace, *Bibliothèque de France*, in "Abitare", n. 330, 1994, pp. 156-157.

N. Regnier, *La Bibliothèque de France en construction. Très Grande Bibliothèque, Paris*, in "Construction moderne", n. 78, 1994, pp. 12-17.

Bibliothèque Nationale de France 1989-1995, in "L'Architecture d'Aujourd'hui. Bibliothèque National de France", n. 300, 1995, pp. 77-95, 110-113.

G. Delacroix - H. Rochefort - J. Dugat, *La Bibliothèque de France*, in "Annales de l'ITBTP", n. 536, 1995, pp. 74-98.

L. Diedrich, *Der geschlossene Garten der Nationalbibliothek, Paris / The enclosed national library garden in Paris*, in "Topos: Neue europaische Projekte – New European Projects", n. 12, 1995, pp. 63-69.

P. Leroy-Paulay - P. Desfilhes - T. Lucas, *Stockage-manutention. Une très grande bibliothèque... très technologique*, in "Usine nouvelle", n. 2496, 1995, pp. 64-66.

J. Lucan, *La Bibliothèque nationale de France. Une monumentalité ancrée dans l'essentiel*, in "Le Moniteur Architecture amc", n. 60, 1995, pp. 26-33.

J.-P. Menard, *Cohérence conceptuelle et constructive*, in "Le Moniteur Architecture amc", n. 60, 1995, pp. 36-47.

12 Millionen Bücher, in "Bauwelt", n. 20-21, 1995, pp. 1134-1183.

D. Perrault, *Bibliothèque nationale de France 1989-1995*, Arc en Rêve Centre d'Architecture, Bordeaux 1995.

J.-F. Pousse, *Trois lectures*, in "Techniques et Architecture", n. 420, 1995, pp. 14-23.

C. Slessor, *Grande gesture*, in "The Architectural Review", n. 1181, 1995, pp. 60-65.

V. Travi, *Volumi in antitesi*, in "Costruire", n. 141, 1995, pp. 66-68.

Bibliothèque Nationale: des archétypes de meubles, in "Les Moniteur des TPB", n. 4855, 1996, p. 37.

B. Blasselle - J. Melet-Sanson, *La Bibliothèque Nationale de France. Mémoire de l'avenir*, Gallimard, Paris 1996.

Dominique Perrault. The National Library of France, in "A+U, Architecture and Urbanism", n. 10, 1996, pp. 2-47.

M. Melot (a cura di), *Nouvelles Alexandrie. Les grands chantiers de bibliothèques dans le monde*, Cercle de la Librairie, Paris 1996, pp. 261-295.

M. Brawne, *Library Buildings*, Academy, London 1997, pp. 156-163.

La Bibliothèque nationale de France: première étape, in "Bulletin des bibliothèques de France", n. 6, 1997, pp. 8-33.

B. Loyer, *La Bibliothèque nationale de France*, in "Techniques et Architecture", n. 430, 1997, pp. 11-17.

C. Paganelli, *La città nella città*, in "L'Arca", n. 114, 1997, pp. 10-19.

D. Perrault, *Biblioteca nazionale francese, Parigi*, in "Domus", n. 793, 1997, pp. 40-45.

Tours de Force, in "Architectural Review. Libraries", n. 1216, 1998, pp. 77-81.

T. Ito - M. Norri, *Bibliothèque nationale de France*, in *Dominique Perrault Architect*, Birkhäuser, Basel 1999, pp. 62-131.

J.-M. Mandosio, *L'effondrement de la Très Grande Bibliothèque Nationale de France*, L'Encyclopédie des nuisances, Paris 1999.

Biblioteca Nacional de Francia, in "El Croquis", *Dominique Perrault 1990-2001*, n. 104, 2001, pp. 40-73.

2. Schmidt, Hammer & Lassen K/S, Det Kongelige Bibliotek, Copenaghen

Det Kongelige Bibliotek i forandring, Moderniseringsprojektet, Kongelige Bibliotek, Copenaghen 1989.

The Royal Library and the Future, Royal Library, Copenaghen 1990.

Three Centuries at the Royal Library, Royal Library, Copenaghen 1991.

Architectural Competition, 1993: a new royal library on the waterfront, Ministero della Cultura, Copenaghen 1993.

Det kgl. Bibliotek. Havnefronten i København, in "Arkitekten. Det kongelige Bibliotek", n. 16, 1993, pp. 566-599.

Det Kongelige Bibliotek Amager, Arkitektkonkurrence, Ministero della Cultura, Copenaghen 1993.

E. Messerschmidt, *Fra bogopslag til billedskærm*, in "Arkitekten. Det kongelige Bibliotek", n. 16, 1993, pp. 602-605.

M. Olrik - T. Rievers, *Edb – fra analyse til præsentation*, in "Arkitekten", n. 16, 1993, pp. 600-601.

The Competition for the new Royal Library, rapporto della commissione, Ministero della Cultura, Copenaghen 1993.

Dagmar Richter, in "Zodiac", n. 11, 1994, pp. 258-265.

Det kongelige Bibliotek på Amager, in "Arkitekten", n. 17, 1994, pp. 566-575.
Det Kongelige Bibliotek, Amager, in "Arkitektur DK", n. 4-5, 1996, pp. 322-323.
M. Melot (a cura di), *Nouvelles Alexandrie. Les grands chantiers de bibliothèques dans le monde*, Cercle de la Librairie, Paris 1996, pp. 87-111.
K. Skaaning, *En kostbar diamant*, in "Arkitekten Nyheder", n. 3, 1996, p. 8.
Udbygning ad Det Kongelige Bibliotek, in "Arkitektur DK", n. 4-5, 1996, pp. 224-231.
D. Gram, *Bøgerne opbevares i klimastyret boks*, in "Byg Tek Øst", n. 5, 1997, pp. 26-27.
M. Keiding, *Schmidt, Hammer & Lassen K/S*, in "Arkitektur DK. Arkitekterhvervet, nymodernisme", n. 8, 1997, pp. 476-509.
S. Mikkelsen, *Den nationale bogskat i et nyt stabilt klima*, in "ADA", n. 4, 1997, pp. 12-14.
J.-F. Pousse, *Diamant hiératique. Bibliothèque de Copenhague, Danemark*, in "Techniques et Architecture", n. 436, 1998, pp. 60-63.
K. Bendixen, *Det kongelige Bibliotek*, in "Tigængelighed", n. 3, 1999, pp. 4-7.
M. Keiding - H. Lund - B. Kleis - C. Caldenby - J. Kvorning, *Udvidelsen af Det kogenlige Bibliotek*, in "Arkitektur DK", n. 8, 1999, pp. 459-507.
P. Sabroe, *Sesam, Sesam, luk dig op*, in "Byggeplads Danmark", n. 3, 1999, pp. 26-33.
Bökernes rom, in "Byggekunst", n. 1, 2000, pp. 9-45.
B. Hammer, *Det 21. århundredes bibliotek*, in "Lys", n. 1, 2000, pp. 9-12.
Soleil noir, in "Techniques et Architecture", n. 446, 2000, pp. 96-99.

3. Snøhetta Arkitektur Landskap and associates, Nuova Bibliotheca Alexandrina, Alessandria d'Egitto
M. Aman, *Revival of the ancient Library of Alexandria, a Study of Manpower Needs and Development and Establishment of a School of Information Studies*, Unesco, Paris 1987.
J.-P. Clavel - J. Tocatlian, *Feasibility Study for the Revival of the ancient Library of Alexandria. First phase*, Unesco, Paris 1987.
L. Huck Tee, *Revival of the ancient Library of Alexandria, a Strategic Plan for the Automation of the Library of Alexandria*, Unesco, Paris 1987.
Bibliotheca Alexandrina. Programme architectural et règlement du concours, établi par Jean-Pierre Clavel et Jan Meissner avec le concours de François Lombard, Unesco, Paris 1988.
Les Bibliothèques d'Alexandrie, in "Préfaces", n. 12, 1989, pp. 67-103.
F. Lombard, *Bibliothèque Alexandrine*, in "L'Architecture d'Aujourd'hui", n. 266, 1989, p. 62.
Alexandria analogue, in "Architectural Review", n. 1120, 1990, pp. 60-63.
Bibliotheca Alexandrina. Record of the inaugural meeting of the International Commission, for the Revival of the ancient Library of Alexandria, Assuan, 11-12 febbraio 1990, General Organization of the Alexandria Library (GOAL), Alessandria d'Egitto 1990.
Bibliotheca Alexandrina. The Revival of an Idea / La renaissance d'une idée, Unesco, Paris 1990.
Bibliotheca Alexandrina. The Rise of a Building / La naissance d'un bâtiment, Unesco, Paris 1990.
Paris-Alexandrie, le choc des bibliothèques, in "D'Architectures", n. 3, 1990, pp. 13-15.
F. Zagari, *Bibliohteca Alexandrina. International architectural competition*, Carte Segrete, Roma 1990, pp. 58-79.
La Renaissance de l'ancienne Bibliothèque d'Alexandrie "Bibliotheca Alexandrina", GOAL, Alessandria d'Egitto 1991.
Le nouveau théorème d'Alexandrie, in "Urbanisme et Architecture", n. 249, *L'écrit dans la ville*, 1991, pp. 63-65.
J. Tocatlian, *Bibliotheca Alexandrina, une bibliothèque pour le troisième millénaire naît des cendres de l'Antiquité*, in "Bulletin des bibliothèques de France", n. 5, 1991, pp. 384-392.
K. Traedal Thorsen, *La naissance d'un bâtiment*, in *L'Avenir des grandes bibliothèques*, Atti del colloquio, Bibliothèque nationale, Paris 1991, pp. 93-100.
M. El-Abbadi, *Vie et destin de l'ancienne Bibliothèque d'Alexandrie*, Unesco-Pnud, Paris 1992.
S. Salem, *Mère Méditerranée*, in *Les grandes bibliothèques de l'avenir*, Atti del colloquio, la Documentation française, Paris 1992, pp. 70-74.

M. Melot, *Nouvelles Alexandrie. Les grands chantiers de bibliothèques dans le monde*, Cercle de la Librairie, Paris 1996, pp. 45-72.
Bibliotheca Alexandrina – mer enn en konkurranse, in "Byggekunst", n. 8, 1997, pp. 26-37.
Norwegen: der Stand der Dinge, in "Topos", n. 25, 1998, pp. 6-17.
N. Khalil, *Reviving the ancient tradition*, in "Al-Ahram Weekly online", n. 475, 30 marzo-5 aprile 2000.
A. Scotti, *Bibliotheca Alexandrina*, in "Abitare", n. 401, 2000, pp. 138-141.
M. Scott, *Recreating a jewel*, in "Time Europe", 12 giugno 2000.
Bibliotheca Alexandrina, in "Baumeister", n. 6, 2001, pp. 74-81.
Bibliothek in Alexandria, in "Detail: Dachtragwerke", n. 5, 2001, pp. 901-903.
Die Bibliothek von Alexandria, in "Bauwelt", n. 23, 2001, pp. 30-37.
Modern Egypt revives ancient "Great Library", in "National Geographic", 6 agosto 2001.
R. Saab, *A sense of history*, in "Al-Ahram Weekly online", n. 532, 3-9 maggio 2001.
R. Saab, *Resurrecting the Muses*, in "Al-Ahram Weekly online", n. 535, 24-30 maggio 2001.

4. Juan Navarro Baldeweg, Biblioteca Pedro Salinas, Madrid
Centro de servicios sociales y biblioteca en la puerta de Toledo, in "L'Architecture d'Aujourd'hui", n. 45, 1992, pp. 74-87.
Centro de servicios sociales y biblioteca en la Puerta de Toledo, in "El Croquis de Arquitectura y Diseño. Juan Navarro Baldeweg 1982-1992", n. 54, 1992, pp. 74-103.
J. Navarro Baldeweg, *La porte de Tolède à Madrid*, in "L'Architecture d'Aujourd'hui", n. 283, 1992, pp. 116-123.
P. McGuire, *Drum Role*, in "Architectural Review", n. 1174, 1994, pp. 23-27.
Puerta de Toledo Library, Madrid, in "A&V. España 1994. Beata arquitectura española", n. 45-46, 1994, pp. 84-87.
Die Regenerierung der Stadt. Sozialzentrum und Bibliothek an der Puerta de Toledo, Madrid, in "Bauwelt", n. 27, "Kultur in Zentrum", 1995, pp. 1522-1529.
M. Brawne, *Library builders*, Academy, London 1997, pp. 138-141.
Juan Navarro Baldeweg, in "A+U Architecture and Urbanism", n. 367, 2001, pp. 4-139.

5. Antonio Cruz, Antonio Ortiz, Biblioteca pubblica provinciale Infanta Elena, Siviglia
Spanish architecture, in "El croquis de Arquitectura y Diseño", n. 76, 1995.
Biblioteca pùblica, Sevilla, in "AV Monografiàs. España 1999 Anuario/Yearbook", n. 75-76, 1999.
C. Slessor, *Cool in the sun*, in "Architecture", 1999, pp. 116-121.
Biblioteca Pùblica, Sevilla, España, 1995, in "AV Monografìas. Cruz & Ortiz 1975-2000", n. 85, 2000, pp. 80-85.

6. José Ignacio Linazasoro, Biblioteca della Universidad nacional de educación a distancia, Madrid
Iberische Gegensätze, in "Bauwelt", n. 28-29, 1994, pp. 1594 e segg.
C. Martorell, *Biblioteca y Facultad de Ciencias Econòmicas y Empresariales de la UNED*, in "Diseño Interior", n. 36, 1994.
M. Bream, *Learning curves*, in "The Architectural Review", n. 1175, 1995, pp. 250 e segg.
José Ignacio Linazasoro, in "A+U Architecture and Urbanism", n. 8, 1995, pp. 74-93.
J.I. Linazasoro - J. Azurmendi, *Biblioteca Universitaria a Madrid*, in "Domus", n. 769, 1995, pp. 19-25.
B. Loyer, *Une fortresse de lumière*, in "Techniques et Architecture", n. 418, 1995, pp. 88-90.
Biblioteca Universitaria en Madrid, in "On Diseño", n. 175, 1996, pp. 200-203.
J.I. Linazasoro, *Hermétisme et lumière. Bibliothèque universitaire de Madrid*, in "Architecture intérieure créé", n. 271, 1996, pp. 96-101.
M. Brawne, *Library Builders*, Academy, London 1997, pp. 108-111.
P. Pisapia (a cura di), *Dieci anni di architettura spagnola 1987-1996*, Electa, Milano 1998, pp. 48-49.

7. Alvaro Siza Vieira, Biblioteca universitaria di Aveiro, Aveiro
J.P. dos Santos, *Alvaro Siza works & projects 1954-1992*, Gili, Barcelona, s.d. pp. 182-185.

P.-A. Croset - A. Angelillo, *Scuole in Portogallo di Alvaro Siza*, in "Casabella", n. 579, 1991, pp. 4-20, *Biblioteca universitaria di Aveiro*, pp. 14-17.
Biblioteca Universitaria di Aveiro, in "El croquis de Arquitectura y Diseño", n. 68-69, 1994, pp. 222-234.
Iberische Gegensätze, in "Bauwelt", n. 28-29, 1994, pp. 1571 e segg.
L. Peretti - M. Clement, *Campus Aveiro. Nove capitoli della nuova architettura portoghese*, in "Casabella", n. 643, 1997, pp. 10-55, *La biblioteca*, pp. 20-27.
Une voile devant les yeux, in "Techniques et Architecture", n. 439, *Alvaro Siza, architecte au Portugal*, 1998, pp. 60-30.
Biblioteca universitaria de Aveiro, in "El croquis de Arquitectura y Diseño. Alvaro Siza 1995-1999", n. 2, 1999, pp. 32-51.
Obras, in "El Croquis de Arquitectura y Diseño. Alvaro Siza 1995-1999", n. 95, 1999, pp. 32-201.
Universitätsbibliothek in Aveiro, Portugal, in "AW Architektur + Wettbewerbe", n. 179, 1999, pp. 36-37.

8. Paul Chemetov, Borja Huidobro, Biblioteca municipale a vocazione regionale, Montpellier
Verhüllung mit Holz, in "Bauwelt", n. 18, 1995, pp. 1020-1043.
J.-F. Pousse, *Mémoire et démocratie. Médiathèque et archives municipales, Montpellier*, in "Techniques et Architecture", n. 436, 1998, pp. 64-65.
Projekt: Bibliothek und Stadtarchiv in Montpellier, Frankreich, in "AW Architektur + Wettbewerbe", n. 179, 1999, pp. 28-29.
Institut Français d'Architecture, *Architecture(s) de bibliothèques. 12 réalisations en régions 1992-2000*, Direction du livre et de la lecture, Paris 2000, pp. 44-47.
Bibliothèque municipale, in "Le Moteur Architecture amc", n. 112, 2001, pp. 150-153.
J.-F. Pousse, *Architecture outil. Bibliothèque municipale à vocation régionale, Montpellier*, in "Techniques et Architecture. Dossier: Médiathèques", n. 454, 2001, pp. 30-35.

9. Norman Foster & Associates, Squire Law Library, Cambridge
Nuove architetture per l'università, in "Abitare", n. 365, 1996, pp. 171-193.
Structural expression, in "Architectural Review", n. 1189, 1996.
M. Brawne, *Library Buildings*, Academy, London 1997, pp. 70-75.

10. Oswald Mathias Ungers, Badische Landesbibliothek, Karlsruhe
Wettbewerb Badische Landesbibliothek, Karlsruhe, in "Bauwelt", n. 14, 1980, pp. 578-584.
N. Kuhnert, *Detail: Das Tüpfelchen auf dem I. Oswald Mathias Ungers im Gespräch mit Nikolaus Kuhnert*, in "Arch+", n. 87, 1986, pp. 56-61.
P. Nicoloso, *Oswald Mathias Ungers: Biblioteca del Baden a Karlsruhe. La tensione di un purismo perfetto. Da una conversazione con O.M. Ungers*, in "Casabella", n. 540, 1987, pp. 56 e segg.
Badische Landesbibliothek in Karlsruhe, in "Baumeister", n. 2, 1988, pp. 20-24.
M. de Michelis, *Oswald Mathias Ungers. Biblioteca regionale, Karlsruhe*, in "Domus", n. 690, 1988, pp. 21-29.
O.M. Ungers, La giuria del concorso: nuova biblioteca a Karlsruhe, in "Lotus International", n. 57, 1988, pp. 88-100.
Badische Landesbibliothek Karlsruhe / State Library of Baden, in "Detail", n. 1, 1989, pp. 31-38.
F. Irace, *Tra Karlsruhe e Babele*, in "Abitare", n. 312, 1990, pp. 138-143.
W. Dehnt, *Bibliothèque d'Ungers*, in "Le Moniteur Architecture amc", n. 26, 1991, p. 20.
I. Bohning, *Klassizismus und Ungers. Zum 2. Bauabschnitt der Badischen Landesbibliothek in Karlsruhe*, in "Baumeister", n. 3, 1992, pp. 6-7.
S. Boidi, *Il fascino della semplicità*, in "Costruire", n. 110, 1992, pp. 122-125.
Der Klassizismus und seine Folgen: Die Badische Landesbibliothek Karlsruhe, in "Bauwelt", n. 14, 1992, pp. 798-803.
O.M. Ungers - F. Jaeger, *Badische Landesbibliothek Karlsruhe*, in "DBZ", n. 6, 1992, pp. 841-852.
Zum Quadrat: Badische Landesbibliothek Karlsruhe, in "AIT", n. 5, 1992, pp. 142-145.
G.G. Fedlmeyer, *The New German Architecture*, Rizzoli, New York 1993, pp. 220 e segg.
M. Kieren, *Oswald Mathias Ungers*, Birkhäuser, Basel 1994, pp. 128-133.
Kubushaus, Quadratherstrasse 2, in "Lotus International", n. 90, 1997, pp. 26-29.

11. Mario Botta, Biblioteca statale e regionale, Dortmund
Glaskegel vor Steinriegel, in "Bauwelt", n. 17, 1999, pp. 916-923.
Stadt- und Landesbibliothek in Dortmund, in "Detail", n. 6, 1999, pp. 998-1001.
Stadt- und Landesbibliothek in Dortmund, in "Glas. Konstruiren mit Glas", n. 5, 1999, pp. 28-34.

12. Mecanoo, Biblioteca della Technische Universiteit, Delft
C. Boekraad, *Nieuwe Bibliotheek TU Delft onder de groene Zoden*, in "Architektur & Bouwen", n. 9, 1992.
O. Màcel - I. Schutten - J. Wegner, *Architecturarchief Technische Universiteit Delft*, Delft 1993.
F. Houben - P. Vollaard - L. Waaijers, *Bibliotheek Technische Universiteit Delft. Mecanoo architecten*, Ultgeverij 010 Publishers, Rotterdam 1995.
H. Ibeling, *Niederländische Architektur des 20. Jahrhunderts*, Prestel, München-New York 1995.
A. Betsky, *Through the Roof*, in "Architecture", 1998, pp. 124-133.
Groen, in "Bouw", n. 6, 1998, pp. 27-31.
Mecanoo architecten. Bibliotheek technische Universiteit Delft, 010, Rotterdam 1998.
A. Wortmann, *De louteringsberg van Mecanoo: universiteitsbibliotheek in Delft*, in "Archis", n. 3, 1998, pp. 66-73.
Bibliothek der Technischen Hockschule in Delft, in "Detail. Geneigte Dächer/Pitched Roof Construction", n. 5, 1999, pp. 841-846.
Book Bunker, in "Architectural Review. The Netherlands", n. 1225, 1999, pp. 45-49.
L. Dall'Olio, *Tre opere recenti dello studio Mecanoo*, in "L'Industria delle Costruzioni", n. 331, 1999, pp. 6-26.
B. Lootsma, *Mecanoo. Biblioteca universitaria, Delft, Olanda*, in "Domus", n. 812, 1999, pp. 22-29.
F. Houben - C. Richters, *Library of the future. Library, Delft Technical University*, in *Composition, construction, complexity*, Birkhäuser, Basel 2001.

13. Robert Venturi, Denise Scott Brown and Associates, Charles P. Stevenson Jr. Library, Annandale-on-Hudson
R. Venturi, *Learning from Philadelphia*, in "Abitare", n. 312, 1992, pp. 146-152.
La Charles P. Stevenson Jr. Library del Bard College, Annandale-on-Hudson, NY, in "Zodiac", n. 10, 1993, pp. 218-224.
Föhnen, in "Werk, Bauen und Wohnen", n. 5, 1996, pp. 8-25.

14. Ricardo Legorreta Arquitectos, Biblioteca universitaria Raúl Rangel Frías, Monterrey
City Libraries, in "Architecture", n. 10, 1995, pp. 55-95.
Biblioteca central, Universidad de Nuevo Leòn, Monterrey, Mexico. Legorreta Arquitectos, in "Lotus International", n. 91, 1996, pp. 47-49.
Heroic forms, in "World Architecture", n. 53, 1997, pp. 48-49.
R. Legorreta Vilchis, *Ricardo Legorreta arquitectos*, RCS Libri & Grandi opere, Milano 1997.
J.V. Multov, *Ricardo Legorreta Arquitectos*, Rizzoli, New York 1997, pp. 146 e segg.

15. Moshe Safdie and Associates, Vancouver Public Library, Vancouver
Design makes a difference, in "Vancouver Sun", 18 settembre 1991, p. a12.
Squaring off for Library Square: the three finalists will soon be announced for a new $120m complex in Vancouver, in "Globe and Mail", 16 novembre 1991, p. c11.
A colossal decision: a radically ancient design is selected for Vancouver's new library, in "British Columbia Report", 27 aprile 1992, p. 13.
Back to our origins: Safdie designs $100m project in Vancouver, in "Daily Commercial News", 8 maggio 1992, pp. 1, 3.
Classic design, in "Vancouver Sun", 25 marzo 1992, p. b2.
Design invokes coliseum, in "Engineering News Record", 4 luglio 1992, p. 25.
Design proposals for the library unveiled, in "Province", 4 marzo 1992, p. a5.
Final chapter in competition for new library, in "Province", 12 aprile 1992, p. a30.
High tech, futuristic, comfy and familiar, in "Vancouver Sun", 18 aprile 1992, p. b9.
Moshe Safdie and Associates's Vancouver win, in "Architect's Journal", maggio 1992, p. 7.
Roman coliseum-style design approved, in "Vancouver Sun", 15 aprile 1992, p. a1.
Safdie's newest project an arena for literature, in "Toronto Star", 16 aprile 1992, p. b7.

Safdie swears we'll all love the un-colossal main library, in "Vancouver Sun", 18 giugno 1992, p. c7.
$125m Safdie project in Vancouver, in "Architectural Record", luglio 1992, p. 21.
Vancouver Library Square: Design Competition, Vancouver 1992.
Vancouver's Library Square goes to Safdie, in "Globe and Mail", 15 aprile 1992, p. c1.
Vancouver Library Square competition: a public affair, in "Canadian Architect", luglio 1992, pp. 20-27 e segg.
Vancouver approves library square design, in "Western Commerce and Industry Magazine", luglio-agosto 1992, p. 7.
Uproar in Vancouver: Safdie's library design stirs strong emotions, in "Financial Post Daily", 16 settembre 1992, p. 11.
Which Library Square?, in "Vancouver Sun", 5 marzo 1992, pp. c1, c5.
Architect Safdie interviewed, in "Vancouver Sun", 1 febbraio 1993, pp. c3-c4.
Architect Safdie heartened by quick pace of Vancouver's library Square complex, in "Vancouver Sun", 11 febbraio 1993, pp. c3, c4.
Mistake or masterpiece?, in "Vancouver Magazine", gennaio 1993, pp. 41-50.
M. Safdie and Associates, *Architectural Drawings of Library Square*, City of Vancouver, Vancouver 1993.
T. Boddy, *Vancouver: Representing the Postmodern City*, Arsenal Pulp Press, Vancouver 1994, pp. 25-49.
Concrete colosseum requires innovative engineering, in "Canadian Consulting Engineer", gennaio 1994, p. 12.
Construction of library edifice proceeds according to plan, in "Vancouver Sun", 9 febbraio 1994, p. c4.
Library Square, in "Award", settembre 1994, p. 39.
Taking the library fro granite, in "Vancouver Sun", 16 maggio 1994, pp. c1, c2.
A page from Safdie: Vancouver will finally get to peek inside its new public library, in "Globe and Mail", 27 maggio 1995, p. c8.
Architect of boom: Moshe Safdie and Associates's library opens this month, in "Vancouver Magazine", maggio-giugno 1995, pp. 60-65 e segg.
A special section on library architecture, in "Architecture", ottobre 1995, pp. 43 e segg., 72-79, 101-105.
City Libraries, in "Architecture", n. 10, 1995, pp. 55-95.
Your new library (special feature), in "Vancouver Sun", 24 maggio 1995, pp. f1-f8.
This is a space for the people, in "Province", 2 maggio 1995, p. a6.
Time will tell how the new library stacks up with its neighbors, in "Vancouver Sun", 24 aprile 1995, p. a3.
Worls-class building or Roman knock-off?, in "Globe and Mail", 1 giugno 1995, p. a2.
Architecture and libraries: a Canadian perspective, in "Feliciter", febbraio 1996, pp. 20-24.
W. Kohn (a cura di), *Moshe Safdie and Associates*, Academy, London 1996.
J. Myerson, *New Public Architecture*, Calmann and King, London 1996, pp. 188-191.
Vancouver bold new building style, in "Macleans", 27 maggio 1996, pp. 22-23.
I. Zantovska Murray, *Moshe Safdie and Associates: Buildings and Projects, 1967-1992*, McGill-Queen's University Press, Montreal 1996.
M. Brawne, *Library Buildings*, Academy, London 1997, pp. 178-181.
British critic gets nastry with, in "Architectural Record", marzo 1997, p. 25.
Canada's master of the popular gesture, in "Globe and Mail", 26 aprile 1997, p. c18.
When in Vancouver, don't do as the Romans, in "Architectural Review", gennaio 1997, p. 21.

16. Michael Graves, Klipp Colussy Jenks DuBois, Central/Downtown Denver Public Library, Denver
K. Salomon, *Denver library competition*, in "Architecture", aprile 1991.
K. Smith-Warren, *Civic Architecture takes a right turn: Denver's Library competition*, in "Competitions", vol. I, 1991, pp. 12-17.
Michael Graves, in "Materia. Il Classico", n. 12, 1993, pp. 30-33.
City Libraries, in "Architecture", n. 10, 1995, pp. 55-95.
R. Kroloff, *Stacks of nostalgia*, in "Architecture", ottobre 1995, pp. 88-95.

Michael Graves' Denver Public Library, in "Competitions", vol. V, 1995, pp. 3-5.
The Prince of Princeton, in "Graphis", n. 312, 1997, pp. 38-56.
F. Diez, *Refinamento figurativo*, in "Summa+", n. 36, pp. 126-129.

17. Toyo Ito, Mediateca di Sendai, Sendai
Mediateca de Sendai – Sendai Mediatheque, in "El croquis de arquitectura y diseño: worlds one – mundos uno", n. 88-89, 1998, pp. 194-211.
Cinq manières d'être (ou de ne pas être) moderne, in "L'Architecture d'Aujourd'hui", n. 325, 1999, pp 32-119.
Mediathek in Sendai, in "Arch plus. Von der Box Zum Blob und wieder zurück. Zum jüngsten Architektenstreit", n. 148, 1999, pp. 36-41.
Un solido leve, in "Arquitectura Viva", n. 74, 2000, pp. 64-69.
T. Ito - M. Sasaki, *GA Detail. Sendai Médiathèque, Miyagi, Japan, 1995-2000*, ADA Edita, Tokyo 2001.
T. Ito, *The lessons of Sendai Mediatheque*, in "JA The Japan Architect", n. 41, 2001, pp. 6-11.
Kommunikation als Landschaft, in "Werk, Bauen und Wohnen", n. 5, 2001, pp. 8-17.
La mediateca di Sendai: un organismo scomposto, in "Casabella", n. 684-685, 2001, pp. 144-165.
Mediateca di Sendai, Sendai-shi, Miyagi, 1997-2000, in A. Mattei (a cura di), *Toyo Ito. Le opere i progetti gli scritti*, Electa, Milano 2001, pp. 232-269.
Mediathèque, Sendai, Japan, in "Architectural Record", n. 5, 2001, pp. 190-201.
Mediathek in Sendai, in "Detail: Fassade – Außenwand", n. 7, 2001, pp. 1263-1277.
E. Nourrigat, *Le mythe de la colonne. Médiathèque municipale de Sendai (Japon)*, in "Techniques et Architecture. Dossier: Médiathèques", n. 454, 2001, pp. 56-63.
Sendai Mediatheque, in "JA The Japan Architect", n. 41, 2001, pp. 18-57.
Sendai Médiathèque, Sendai, Miyagi, 1995-2001, in Y. Futagawa - H. Hara, *GA Architect. Toyo Ito 1970-2001*, n. 17, ADA Edita, Tokyo 2001, pp. 188-201.
D. Sudjic, *Il vortice dell'informazione*, in "Domus", n. 835, 2001, pp. 36-59.
Toyo Ito's Médiathèque in Sendai, in "Archis", n. 2, 2001, pp. 104-124.
Visionen, Wirklichkeit, in "Bauwelt", n. 13, 2001, pp. 16-25.
A. Wiegelmann, *Die Mediothek in Sendai – ein Gespräch mit Toyo Ito*, in "Detail: Fassade – Außenwand", n. 7, 2001, pp. 1202-1212.

18. Lluís Clotet Ballus, Ignacio Paricio Ansuategui, Biblioteca dell'università Pompeu Fabra, Barcellona
Raphael Magrou, *Réservoirs books. Bibliothèque universitaire, Barcelone*, in "Techniques et Architecture. Dossier: Médiathèques", n. 454, 2001, pp. 72-75.

19. Boris Podrecca, Stadtbücherei Biberach, Biberach
V. Grimmer, *Gradska biblioteka u Biberachu. Autonomnost i kontekstualnost*, in "Architektura", n. 1 (212), 1996, pp. 88-91.
M. Faiferri, *Opere recenti di Boris Podrecca*, in "L'Industria delle Costruzioni", n. 292, 1996, pp. 4-32.
Hospital zum Heiligen Geist Biberach/Stadt Biberach, *Stadtbücherei Biberach*, Biberach 1996.
Biberach, in "Bausubstanz", fasc. 1, 1997, pp. 20-21.
Deposito di memorie, in "Casabella", n. 646, 1997, pp. 28-37.
C. Orben, *Die Kontinuität des Bewahrens. Umnutzung eines Getreidespeichers zur Stadtbücherei von* W. Zschokke, *Boris Podrecca. Opere e progetti*, Electa, Milano 1998, pp. 152-157.

20. Massimo e Gabriella Carmassi, Biblioteca comunale e archivio storico, Senigallia
G. Carmassi - M. Carmassi, *Biblioteca e Archivio storico comunale*, in "Casabella", n. 672, 1999, pp. 84-89.
L. Molinari, *Biblioteca Comunale e Archivio Storico*, in "Abitare", n. 390, 1999, pp. 138-145.
M. Carmassi, *Markthalle mit Lesesaal*, in "Bauwelt", n. 11, 2000, pp. 28-33.

Biografie dei progettisti

Dominique Perrault

Nasce a Clermont-Ferrand nel 1953. Si diploma nel 1978 all'Ecole nationale supérieure des Beaux-Arts di Parigi, dove, nel 1981, apre il proprio studio. Realizza la sede dell'Università per ingegneri elettronici ed elettrotecnici, Marne-la-Vallée (l'Esiee, 1984-1987). Caratterizzata da un alto livello di astrazione nell'impianto e nella volumetria, nonché dall'utilizzo di materiali da costruzione di produzione industriale, la sua opera consta di diversi edifici, tra i quali si ricordano la fabbrica Jean-Baptiste Berlier, Parigi (1986-1990); l'impianto di depurazione dell'acqua potabile di Ivry-sur-Seine (1987-1993); l'archivio dipartimentale di Mayenne, Laval (1989-1993); il piano per lo sviluppo urbano delle due rive della Garonna, Bordeaux (1992); il velodromo olimpico e piscina, Prenzlauer Berg, Berlino (1992-1997); la Wilhelmgalerie, Postdam (1993); il municipio di Innsbruck (1996); la fabbrica Aplix, Le Collier-sur-Loire (1997-1999).
In campo bibliotecario realizza la mediateca centrale di Vénissieux (1997-2001) e partecipa al concorso per la biblioteca di Kansai-Kan, Seika-cho (1996).

Schmidt, Hammer & Lassen K/S

Lo studio, fondato nel 1986, con sede ad Århus, Danimarca, è diretto da Morten Schmidt, Bjarne Hammer, John F. Lassen e Kim Holst Jensen ed è di proprietà dei membri della Federazione degli Architetti Danesi (Danske Arkitekters Landsforbund – DAL). Fa parte del Consiglio Danese degli Architetti Praticanti (Praktiserende Arkitekters Råd – PAR).
La formazione dei quattro architetti si svolge alla Scuola di Architettura di Århus.
Realizzano, fra gli altri, il centro culturale di Katuaq, Groenlandia (1994-1997); il centro nazionale sportivo e culturale DGI, Copenaghen (1996-1999); il TV-2 Østjylland (1998-1999) e l'Århus Kunstmuseum, Århus, Danimarca (2001-2003); il centro culturale di Ålborg East e il collegio di Testrup, Danimarca (1999); il centro espositivo e museo The Frigate "Jylland", Ebeltoft, Danimarca (1999-2000); l'aeroporto di Ålborg e il Nykredit, Copenaghen (1999-2001); la scuola tecnica di Kolding, Danimarca (2000-2001); i centri commerciali Bruun's Gallery (2001) e Clemensborg, Århus; il Forskerparken Novi 6, Ålborg (2001-2002).
Vincono inoltre i concorsi per il centro sportivo di Birkerød (2000), il New Business Park, Copenaghen e il Technical Administration and Utilities, Nørre Sundby, Danimarca (2001).
L'équipe si occupa anche di edifici residenziali e design industriale.
Per quanto attiene l'architettura delle biblioteche pubbliche, vincono il concorso per la biblioteca di Växjö

(2000) e il concorso di prequalificazione per la biblioteca di Halmstad (2001), Svezia.

Snøhetta Arkitektur Landskap and associates

Fondato nel 1987, il gruppo norvegese è diretto da Craig Dykers, Christoph Kapeller, Kjetil Trædal, Ole Gustavsen, Tarald Lundevall, Rajnhild Momrak. Diventa studio associato nel 1989.
Fra i progetti realizzati dall'équipe si annoverano il piano urbano di Bergen (1987); il Kulltangen Bridge, Porsgrunn e l'Art Museum, Lillehammer (1990); il piano di sviluppo urbano di Asker (1991); il Disen Bridge e il municipio di Hamar (1992 e 1997); gli edifici militari di Sessvollmoen e la scuola pubblica di Narvik (1995); la scuola di Eidsvoll e la sede dell'ambasciata norvegese di Berlino (1996); la Kunstfagskolen, Oslo e l'Istituto di Neurobiologia, Marsiglia (1999).
In ambito bibliotecario ottengono il secondo premio ai concorsi per la Kansai-kan Diet Library, Osaka (1996) e la King Fahad National Library, Arriyadh (1999) e realizzano la UWC Library, Fjaler (1996).

Juan Navarro Baldeweg

Nasce a Santander, in Spagna, nel 1939. Tra il 1959 e il 1965 studia arte e architettura all'Escuela de Bellas Artes di Madrid. Dall'interesse per le installazioni artistiche contemporanee derivano i suoi primi progetti architettonici, come la Casa della pioggia, Lierganes, Santander (1979). Interessato all'opera di John Soane, realizza il progetto di ristrutturazione dell'impianto industriale dismesso di Molinos de Murcia (1984-1989). Realizza inoltre il palazzo del festival di Santander (1984) e il centro sociale di San Francisco el Grande, Madrid (1985-1988), dove la biblioteca è racchiusa al di sotto di una cupola di forma conica.
Fra le altre opere recenti di Baldeweg si ricordano il palazzo dei congressi di Salamanca (1985-1996) e il Centro Cultural di Villanueva de la Canada, Madrid (1994-1997). In campo bibliotecario realizza la biblioteca del Woolworth Center, Princeton, New Jersey (1994-1996) e il progetto di ristrutturazione e restauro della biblioteca Hertziana, Roma (1995).

Antonio Cruz, Antonio Ortiz

Nati a Siviglia, rispettivamente nel 1948 e nel 1947, dopo l'ottenimento della laurea alla Scuola Superiore di Architettura di Madrid (1971 e 1974), i due architetti si associano nel 1971.
Nel 1974 e 1975 insegnano progettazione alla Scuola di Architettura di Siviglia. Diventano in seguito *visiting*

professor a Zurigo, alla Harvard University, alla Cornell University, a Losanna, alla Columbia University.
Dal 1995 Ortiz è professore di progettazione all'Universidad de Navarra, Pamplona.
Sostenitori di un metodo progettuale basato su una precisa interpretazione del programma, che sfruttava al massimo il lotto di terreno disponibile e utilizzava mattoni lasciati a vista, Cruz e Ortiz realizzano l'edificio residenziale in calle Doña Marìa Coronel, Siviglia (1974-1976).
Tra le loro opere si ricordano inoltre l'adattamento del tribunale di Siviglia ad Archivio Storico di Stato e Archivi Municipali (1985); i complessi residenziali di Carabanchel, Madrid (1989) e di Tharsis, Huelva (1992). La stazione Santa Justa, Siviglia (1987-1991) è caratterizzata dall'accurato uso della luce naturale e dalla particolare attenzione riservata all'orientamento dei viaggiatori. Lo stadio sportivo per il Comune di Madrid (1992) mette chiaramente in vista gli elementi funzionali essenziali: un piano inclinato con gradoni per sedersi e una struttura che lo supporta con, all'interno, i locali necessari per le attività sportive o celebrative. Sono degli ultimi anni il padiglione della Spagna all'Esposizione Universale di Hannover e le case per abitazioni nel Parco delle Nazioni a Lisbona (2000). Realizzano, inoltre, la biblioteca di Murcia, Spagna (1990).

José Ignacio Linazasoro

Nasce nel 1947 a San Sebastiàn. Studia presso l'Escuela Tecnìca Superior de Arquitectura di Barcellona, dove si laurea nel 1972. Diventa dottore di ricerca nel 1980 e professore nel 1983. Nel 1981 insegna alla ETSAM. Nel 1989 diviene membro accademico della RABASF. È *visiting professor* a Venezia, Parigi, Londra, Miami, Chicago e in diverse scuole d'architettura in Spagna. Partecipa a numerosi concorsi, tra cui il concorso per il padiglione spagnolo dell'Expo 92 (1989, primo premio) e il concorso internazionale d'idee per l'area culturale intorno alla cattedrale di Reims (1992, primo premio).
Ha pubblicato *Permanencias y arquitectura urbana*, *El proyecto clàsico en arquitectura* e *Escritos 1976-1990*. Fra i suoi lavori spicca il restauro della chiesa di Santa Cruz, Medina de Rioseco, Valladolid (1985-1988). La sua attività è stata oggetto di numerose mostre, tra cui *Aldo Rossi y 21 arquitectos espagnoles*, New York (1986); Padiglione della Spagna COAM (1991); II Biennale di Architettura Spagnola (1993); *Muestra de diz años de arquitectura española* (1994).

Alvaro Siza Vieira

Nasce a Matosinhos (Oporto) nel 1933. Nel 1955 si laurea alla facoltà di architettura di Oporto. Del 1954 è il suo primo progetto realizzato. Fino al 1958 collabora con lo studio di Fernando Tàvora. Dal 1976 è professore di costruzioni alla facoltà di architettura di Oporto, dove insegna dal 1966 al 1969. È docente anche all'Ecole Polytechnique di Losanna, alla Pennsylvania University, all'università di Los Andes di Bogotà e alla Graduate School of Design della Harvard University. Ottiene numerosi riconoscimenti, tra i quali il premio di architettura dell'Associazione degli Architetti del Portogallo (1987) e il Pritzker Prize (1992).

Tra i suoi progetti si ricordano il quartiere per 1200 residenze alla Quinta da Malagueira, Evora (1977); il centro culturale di Sines (1982-1985); il complesso dell'università di Aveiro (1985-1994); il Centro Gallego, Santiago di Compostela (1988-1993); il quartiere di Schilderswijk Ward, L'Aia (1988 e 1993); il complesso residenziale "Bonjour tristesse", Kreuzberg, Berlino (1990); il centro meteorologico al villaggio olimpico di Barcellona (1992); la scuola per docenti di Setùbal (1992); la stazione della metropolitana Baixa-Chiado, Lisbona (1992-1998); la facoltà di architettura di Oporto (1993); il restauro e l'ampliamento dello Stedelijk Museum, Amsterdam (1997); il centro culturale Manzana del Revellìn, Ceuta (1997); il padiglione portoghese alle esposizioni di Lisbona (1997-1998) e di Hannover (1999-2000).

Paul Chemetov, Borja Huidobro

Paul Chemetov nasce a Parigi nel 1928 e lavora, dal 1961, presso l'Atelier d'Urbanisme d'Architecture (AUA), fondato da Jacques Allégret.

Realizza il complesso di case popolari di Vigneux (1962-1965); il teatro all'aria aperta del centro culturale di Hammamet, Tunisia, con Jean Deroghe (1964); la residenza per anziani di La Courneuve (1966); la sede del partito comunista di Parigi, in collaborazione con Oscar Niemeyer (1969); il quartiere Arago-Zola-Robespierre-Pasteur, Saint-Ouen (1972-1986). Nel 1983 si associa con Borja Huidobro (Santiago de Chile, 1936).

Più recenti sono i progetti realizzati per l'ambasciata di Francia, Nuova Delhi (1986); l'edificio APC, Tokyo (1999); il Palazzo di Giustizia di Fort de France, Martinica (2000). Tra gli edifici pubblici realizzati a Parigi dallo studio Chemetov+Huidobro, si ricordano la sede del Ministero dell'Economia, delle Finanze e del Bilancio di Bercy (1983-1989); l'intervento di risistemazione del piano interrato di Les Halles (1985) e la Galleria dell'Evoluzione del Museo di Storia Naturale (1994). In campo bibliotecario realizzano, inoltre, la mediateca di Evreux (1994). L'attività professionale prosegue di pari passo con la ricerca architettonica, di cui sono testimonianza i saggi scritti da Chemetov: *La fabrique des villes* (1992), *Le territoire de l'architecte* (1995), *Vingt mille mots pour la ville* (1996).

Norman Foster & Associates

Nato a Manchester nel 1935, studia alle università di Manchester e di Yale, dove si laurea nel 1963. Dopo aver lavorato con Richard Buckminster Fuller, fonda con Richard Rogers il Team 4 (il cui progetto più no-

to è la fabbrica Reliance Controls di Swindon del 1966) e, nel 1967, crea lo studio Foster & Associates. Nel 1990 riceve il titolo di Sir.

Le opere più significative dell'estesa produzione dello studio Foster sono il Salisbury Centre for Visual Arts and Crescent Wing, University of East Anglia, Norwich, Gran Bretagna (1978 e 1997); lo stabilimento Renault di Swindon, Wiltshire (1983); la sede centrale della Hongkong and Shangai Bank, Hong Kong (1986); la sede della BBC, Londra (1985); l'aeroporto londinese di Stansted, Essex e le Sackler Galleries della Royal Academy, Londra (1991); l'American Air Museum, Duxford, Gran Bretagna (1993-1997); l'ampliamento dello Joslin Art Museum, Omaha, Nebraska (1994); la facoltà di legge di Cambridge (1995); la sede della Commerzbank, Francoforte (1997); l'aeroporto di Hong Kong e la sistemazione del palazzo del Reichstag, Berlino (1999); il progetto di sistemazione del British Museum, Londra (in corso di realizzazione) e, in ambito bibliotecario, il Carré d'Art, Nîmes (1993); la biblioteca dell'università di Cranfield (1989) e la biblioteca dell'università di Oxford (1996).

Oswald Mathias Ungers

Nato nel 1926 a Kaisersesch, nella regione di Eifel in Germania, studia architettura alla Technischen Hochschule di Karlsruhe, laureandosi nel 1950. Nello stesso anno apre uno studio a Colonia. Nel 1963 è professore alla Technische Universität di Berlino. Nel 1968 si trasferisce negli Stati Uniti. Dal 1975 al 1988 è direttore del dipartimento di architettura della Cornell University di Ithaca, New York, dove nel 1970 crea uno studio.

Insegna anche alla Harvard University di Boston e alla UCLA, alla Hochschule für Angewandte Kunst di Vienna e alla Kunstakademie di Düsseldorf. Nel 1976 apre uno studio a Francoforte sul Meno. Nel 1982 è nominato membro dell'Accademia di San Luca di Roma e nel 1987 dell'Akademie der Wissenschaft di Berlino. Nel 1997 ottiene il Grosse Verdienstkreuz des Verdienstordens der Bundesrepublik Deutschland. Tra le sue principali opere si ricordano la fiera e la torre Gleisfreiek, Francoforte sul Meno (1980 e 1983); il Deutsches Architektur Museum, Francoforte sul Meno e l'istituto Alfred Wegener per le ricerche marine polari, Bremerhaven (1984); la sede dell'ambasciata tedesca, Washington (1995); la Galerie der Gegenwart Kunsthalle, Amburgo (1986-1996); il complesso dei Friedrichstadt-Passagen, Berlino (1996); gli uffici della Procura Federale, Karlsruhe (1997) e, in ambito bibliotecario, la biblioteca di Francoforte sul Meno (1982) e la biblioteca di casa Ungers, Colonia (1989).

Mario Botta

Nasce a Mendrisio, nella Svizzera italiana, nel 1943. Dopo un periodo di apprendistato nello studio dell'architetto Tita Carloni a Lugano (dove, all'età di sedici anni, progetta la sua prima casa), frequenta il liceo artistico a Milano e si laurea all'Istituto Universitario di Venezia nel 1969. Ancora studente, collabora

con Le Corbusier al progetto per il nuovo ospedale di Venezia e conosce Louis I. Kahn. Nel 1970 inizia l'attività professionale a Milano.

Insegna in numerose scuole di architettura di tutto il mondo. Attualmente è docente alla nuova Accademia di Architettura di Mendrisio, di cui è stato tra i fondatori. Numerosissime sono le opere realizzate dall'architetto svizzero. Tra le più recenti ricordiamo il centro culturale di Cambéry (1987); la galleria d'arte Watari-Um, Tokyo (1990); la chiesa del Beato Odorico, Pordenone (1992); la cattedrale di Evry (1995); il Modern Art Museum, San Francisco (1995); il Museum Jean Tinguely, Basilea, Svizzera (1993-1996); il Museo di arte contemporanea, Rovereto (in via di completamento) e, in ambito bibliotecario, la Biblioteca Luganese dei Frati, Lugano (1979-1982) e la Maison du Livre, Villeurbane (1987).

Mecanoo

Lo studio di architettura olandese, fondato nel 1984 a Delft, in Olanda, è composto da Henk Döll (Haarlem, 1956), Erick van Egeraat (Amsterdam, 1956), Francine Houben (Sittard, 1955), Roelf Steenhuis (Groningen, 1956) e Chris de Weijer (Wageningen, 1956). A partire dal progetto di esordio, il complesso residenziale nella Kruisplein, Rotterdam (1980-1985), i Mecanoo si sono specializzati soprattutto nel campo dell'edilizia abitativa. Le principali opere del gruppo sono le abitazioni Hillekop, Rotterdam (1985-1989); il complesso residenziale Corpus den Hoorn, Groningen (1986-1991); gli interventi di *urban design* e l'edificio d'abitazione nella Herdenkimgplein, Maastricht (1990-1994); il complesso residenziale e gli uffici nella Rochussenstraat, Rotterdam (1991-1995); la facoltà di economia dell'università di Utrecht (1991-1995) e, in campo di architettura bibliotecaria, il laboratorio e la biblioteca botanica dell'università di Wageningen (1986-1992) e la biblioteca pubblica di Almelo (1992-1994).

Robert Venturi, Denise Scott Brown and Associates

Robert Venturi nasce a Filadelfia nel 1925. Dopo aver studiato alla Princeton University, New Jersey, lavora negli studi di Eero Saarinen e Louis I. Kahn fino al 1958, quando apre il proprio studio a Filadelfia. Entra in società, nel 1964, con John Rauch e, nel 1967, con Denise Scott Brown, che sposa nello stesso anno. Fanno ugualmente parte dell'équipe Steven Izenour e David Vaughan. A partire dal 1989 lo studio si firma Robert Venturi, Denise Scott Brown and Associates. Impegnato tanto nel campo professionale quanto a livello teorico, Venturi insegna alla University of Pennsylvania, Filadelfia (1957-1965) e alla Yale University, New Haven, Connecticut (1966-1970) e pubblica *Complexity and contradiction in architecture* nel 1966 e *Learning from Las Vegas*, con Steven Izenour, nel 1972. Numerose e tipologicamente molto varie sono le realizzazioni che lo studio statunitense porta a termine, fra le quali si ricordano la Vanna Venturi House, Chestnut Hill, Pennsylvania (1959-1964); la casa di riposo per anziani Guild House, Filadelfia (1960-1966); la Dixwell Fire Station, New Haven, Connecticut (1967-

1974); il Franklin Court, Filadelfia (1972-1976); l'ampliamento dello Allen Art Museum, Oberlin, Ohio (1973-1977); la ristrutturazione della Western Plaza, Washington (1977-1980).

Degli anni Ottanta e Novanta sono, tra gli altri, l'ampliamento della National Gallery con la Sainsbury Wing, Londra (1985-1991), il Seattle Museum of Art di Seattle, Washington (1986-1991), il Whitehall Ferry Terminal, New York (1992-1996).

In ambito bibliotecario realizzano il restauro della Furness Library, università di Pennsylvania, Filadelfia (1981), la Special Collections in Webster Hall e la Baker/Berry Library, Dartmouth College, Hannover, Hew Hampshire (1997 e 2000).

Ricardo Legorreta Arquitectos

Nasce a Città del Messico nel 1931. Durante gli anni di studio all'università di Città del Messico (1948-1952), lavora come disegnatore nello studio dell'architetto José Villagran Garcia, dove diventa progettista e, dal 1955, socio e in cui rimane fino al 1960. Nel 1961 apre il proprio studio a Città del Messico e, nel 1985, a Los Angeles. I suoi primi lavori si ispirano all'opera di Louis I. Kahn e Luis Barragán. Con l'hotel Camino Real, Città del Messico (1967-1968) conquista notorietà a livello internazionale. Ispirandosi alla tradizione popolare messicana, Legorreta considera l'architettura come luogo della tranquillità e spazio della socialità. Realizza alberghi, edifici residenziali, uffici, che si caratterizzano per il cromatismo appariscente.

Tra i suoi lavori si ricordano la sede della Renault, Durango (1982-1984) e il Marco Contemporary Art Museum, Paloma (1991). Realizza inoltre la Biblioteca Centrale di San Antonio, Texas (1995).

Moshe Safdie and Associates

Nato a Haifa, Israele, nel 1938 e trasferitosi in Canada nel 1955, dopo la formazione alla McGill University di Montreal e qualche anno di lavoro presso Louis I. Kahn, a Filadelfia, Safdie apre il proprio studio a Montreal nel 1964. Dal 1978 è professore alla Harvard University. La sua attività di ricerca è centrata sul ruolo disciplinare dell'architettura e sul rapporto tra architettura e società moderna e postmoderna. Il progetto per il padiglione canadese all'Esposizione universale di Montreal del 1967, noto come Habitat '67, gli procura fama internazionale. Nel 1971 apre uno studio a Gerusalemme e uno a Boston. Tra le sue più celebri realizzazioni sono il recupero del quartiere ebraico della Città Vecchia, Gerusalemme (1967-1980); l'Habitat Puerto Rico, San Juan (1968-1972); il Yeshivat Porat Joseph Rabbinical College (1971-1979) e il Yad Vashem Children's Holocaust Memorial (1976-1987), Gerusalemme; il Musée de la Civilisation, Quebec (1980-1988); la National Gallery di Ottawa (1983-1988); il Musée des Beaux-Arts, Montreal (1984-1991); lo Skirball Museum, Los Angeles (1985-1995); il Columbus Circe Development, New York (1988); il Mamilla Center, Gerusalemme (1990-1998); la Rosovsky Hall, Harvard University (1991-1994).

Michael Graves, Klipp Colussy Jenks DuBois

Nato a Indianapolis nel 1934, dopo un periodo di formazione a Roma e un esordio di attività nel New Jersey, forma il gruppo Five Architects con gli architetti Peter Eisenmann, Charles Gwathmey, John Hejduk e Richard Meier, con i quali realizza la Hanselmann House, Fort Wayne (1967), la Benacerraf House, Princeton (1969) e la Snyderman House, Fort Wayne (1972). La ricerca di Graves metterà in questione la funzione ordinatrice svolta dalla composizione in pianta. Un primo passo in tal senso è costituito dal progetto per la Crooks House, Fort Wayne (1976), perfezionato nel Fargo-Moorhead Cultural Center Bridge, Minnesota (1977). La piena maturazione di questo processo avviene con la realizzazione del Portland Building, Oregon (1980-1982). Pubblica, nel 1982, il saggio Un caso per l'architettura figurativa.

Realizza inoltre la sede dell'azienda vinicola Clos Pegase, Napa Valley, California (1984); il Crown American Building, Johnstown, Pennsylvania (1986); il complesso turistico di Walt Disney World, Florida (1986-1987); il Federal Triangle Development Site, Washington (1989) e i progetti per numerosi alberghi, come il Dolphin Hotel e lo Swan Hotel, Walt Disney World, Florida (1987), l'hotel New York, Euro Disney, Parigi (1992), l'Astridplein Hotel, Antwerp, Belgio (1992). In campo bibliotecario realizza la biblioteca di San Juan Capistrano, California (1980-1983).

Toyo Ito

Nasce a Seul, in Corea, nel 1941. Formatosi all'università di Tokyo, lavora nello studio dell'architetto giapponese Kiyonori Kikutake e Associati (1965-1969). Nel 1971 apre lo studio Urban Robot (urbot), rinominato, nel 1979, Toyo Ito e Associati. Fin dalla prima opera, la Casa d'Alluminio (1971), Ito dichiara un forte interesse per l'approccio tecnologico e la concezione astratta dello spazio di Kazuo Shinonara, come si evince dalla casa U Bianca (1976). Ispirandosi all'architettura tradizionale giapponese, nel 1984 realizza la sua casa d'abitazione, Silver Hut, Tokyo. Originali le realizzazioni sotterranee di Ito, come la trattoria per la fabbrica di birra di Sapporo (1989).

Le realizzazioni più recenti di Ito riflettono l'ambiguità delle città moderne. Tra queste si annoverano l'Hotel D Sugdaira (1977); l'edificio della PMT, Nagoya (1978); il ristorante Nomade, Tokyo (1986); la Torre dei Venti, Yokohama (1986); l'edificio T, Nakameguro, Tokyo (1990); il museo municipale di Yatsuhiro (1991); il Kindergarten comunale di Echkenheim, Francoforte (1991); il museo municipale della prefettura di Nagano (1993) e il centro di divertimenti H, Tokyo (1993). Partecipa al concorso per la biblioteca di Jussieu, Parigi (1992).

Lluís Clotet Ballus, Ignacio Paricio Ansuategui

Lluís Clotet Ballus nasce a Barcellona nel 1941. Ottiene la laurea in architettura all'Escuela Tecnica Superior de Arquitectura di Barcellona nel 1965, dove è professore dal 1977 al 1984. Ignacio Paricio Ansuategui si laurea nella stessa scuola nel 1969.

Clotet Ballus lavora dal 1964 con Pep Bonet, Cristian Cirici e Oscar Tusquets, con i quali fonda lo Studio PER. Il suo lavoro è oggetto di numerose esposizioni in Europa e negli Stati Uniti. Collabora dal 1983 con Ignacio Paricio Ansuategui con il quale realizza il Simòn Department Store, Canovelles (1986-1988) e il Banco de España, Girona (1983-1989).

Boris Podrecca

Nato a Trieste nel 1941, studia alla Technische Universität e alla Akademie der Bildenden Künste di Vienna (1960-1967), dove nel 1980 apre un proprio studio. Tra il 1978 e il 1981 è assistente alla Technische Universität di Monaco e Vienna. Dal 1988 è professore alla Technische Universität di Stoccarda.

A livello professionale debutta con allestimenti di mostre, progetti di negozi e case unifamiliari. Tra gli altri, realizza gli allestimenti delle esposizioni dedicate a Carlo Scarpa (Accademia di Venezia, 1984) e a Jože Plečnik (Centre Georges Pompidou, 1986).

Tra le sue principali realizzazioni si ricordano l'Istituto Neurofisiologico nel Palazzo Starhemberg, Vienna (1982); i magazzini a Wiener Neustadt, Salisburgo (1984-1989); la "Casa Piccola", Vienna (1985); il museo Ca' Pesaro, Venezia (1991); l'Universitätsplats, Salisburgo (1991); il piano di sviluppo per l'edilizia residenziale di Kapellenweg, Vienna (1992) e Trieste (1993); il progetto urbano di via dell'Indipendenza, Bologna (1992); la sede centrale della Basler Insurance Co., Vienna (1993); la sede viennese della banca Die Erste (1993); la chiesa del Santo Redentore, Fontanafredda (1993); l'edificio "Greif-Areal", Bolzano (1994); il piano di ristrutturazione della Rathausplatz, St. Pölten, Austria (1994); la casa per studenti "Korotan", Vienna (1995). Realizza inoltre il progetto urbano di piazza XXIV Maggio, Cormons, Italia (1989-1990) e quello per l'area della Schiffbauerdamm, Berlino (1998).

Massimo e Gabriella Carmassi

Nato a San Giuliano Terme (Pisa) nel 1943, si laurea alla facoltà di architettura dell'università di Firenze nel 1970. Nel 1974 fonda l'Ufficio progetti del Comune di Pisa, che dirige fino al 1990, per il quale elabora più di trenta interventi urbani e il rilievo completo della città storica. La ricerca di una mediazione tra il progetto contemporaneo, il rigore geometrico dei maestri del Novecento e la cultura costruttiva tradizionale è evidente nei suoi progetti per l'ampliamento del cimitero di San Piero (1985), per la costruzione dell'edificio residenziale di Cisanello (1988), per il recupero delle mura della città (1990), per il restauro del teatro Verdi (1990) e per la ricostruzione del complesso di San Michele (1991), eseguiti tutti a Siena. Realizza a Pisa l'asilo nido (1975-1980) e l'edificio della scuola media Gamerra (1981-1985). È successiva la collaborazione con Gabriella Iole, con cui firma il progetto per il centro storico di Fermo (2000).

Schede tecniche

1. Bibliothèque nationale de France, Parigi, Francia

Sito internet: www.bnf.fr.
Proprietà e amministrazione della biblioteca: Istituzione pubblica sotto tutela del Ministero della Cultura.
Presidente: Jean-Noël Jeanneney.
Direttore o persona incaricata: Agnès Saal.
Flusso annuale utenti: 882.879 (anno 2000).
Budget annuale per incremento collezioni:
FrF 82.060.000 (anno 2000) (€ 12.509.966,35).

Committente: Ministero della Cultura, della Comunicazione, dei *Grands Travaux* e del Bicentenario, Segretariato di Stato ai *Grands Travaux*, Associazione per la Biblioteca di Francia.
Concorso: febbraio 1989.
Progetto: 1990-1992.
Realizzazione: 1992-1995.
Inaugurazione: 30 marzo 1995.
Apertura "haut-de-jardin": 20 dicembre 1996.
Apertura "rez-de-jardin": 8 ottobre 1998.
Progettisti: Dominique Perrault.
Collaboratori: Aude Perrault, Gaêlle Lauriot-dit-Prévost, Daniel Allaire, Gabriel Choukron, Yves Conan, Constantin Coursaris, Maxime Gasperini, Pablo Gil, Guy Morrisseau, Luciano D'Alesio, Claude Alovisetti, Emmanuelle Andréani, Judith Barber, Philippe Berbett, Jérôme Besse, Jean-Luc Bichet, Charles Caglini, Jean-François Candeille, Hristo Chinkov, Alexander Dierendonck, Celine dos Santos, Marie-France Dussaussois, Laura Ferreira-Sheehan, Corrina Fuhrer, Catriona Gatheral, Dominique Guibert, Serge Guyon, Dominique Jauvin, Anne Kaplan, Christian Laborde, Maryvonne Lanco, Corinne Lafon, Olivier Lidon, Zhi-Jian Lin, Pierre Loritte, Patrice Marchand, Thierry Meunier, Brigitte Michaud, Franck Michigan, Rosa Precigout, René Puybonnieux, Martine Rigaud, Hildegard Ruske, Jérôme Thibault, Catherine Todaro, Louis van Ost, Inge Waes.
Collaboratori esterni: Socotec-Appave (ufficio di controllo), ODM (pilotaggio), CTFT e Bernard Parant (centro tecnico forestiero tropicale), Jean-Paul Lamoureux (progetto illuminotecnico e acustico), Setae (budget), Alain Berthaux (presidente amministrativo), Eric Jacobsen (ingegnere agronomo).
Opere di ingegneria: Perrault Associés s.a., Sechaud & Bossuyt, H.G.M. Guy Huguet s.a., Syseca, Technip Seri Construction, Sauveterre, ACV, Pieffet-Corbin-Tomasina.

Superficie complessiva intervento: 360.000 mq.
Superficie biblioteca: 166.000 mq.
Superficie *esplanade*: 58.811 mq.
Superficie giardino interno: 10.782 mq.
Superficie spazi pubblici secondo livello ("haut-de-jardin"): 26.540 mq.
Superficie spazi pubblici primo livello ("rez-de-jardin"): 28.680 mq.
Superficie sale di lettura secondo livello ("haut-de-jardin"): 11.886 mq.
Superficie sale di lettura primo livello ("rez-de-jardin"): 18.298 mq.
Superficie spazi espositivi: 1.400 mq.
Superficie amministrazione (torri, 7 piani): 16.240 mq.
Superficie magazzini (torri, 11 piani): 57.500 mq.
Altezza torri: 79 m.
Quantità acciaio inossidabile utilizzato: 5.000 t.
Principali materiali di costruzione: acciaio, cemento, vetro, legno d'Africa (arredi interni), legno di ipé (rivestimento *esplanade* esterna).
Costo intervento: FrF 7.977.100.000 (€ 1.216.101.055,40).

Numero posti a sedere secondo livello ("haut-de-jardin"): 1.693.
Numero posti a sedere primo livello ("rez-de-jardin"): 1.946.
Numero posti a sedere auditorium (n. 2): 550 (350 + 200).
Numero posti a sedere sale conferenze (n. 6): 300.

Capienza magazzini e depositi: 20.000.000 volumi.
Libri: 11.000.000 circa.
Libri in libera consultazione (sale di lettura): 250.000 circa.
Documenti sonori: 1.000.000.
Documenti multimediali: 28.000.
Video: 50.000.

2. Det Kongelige Bibliotek, Copenaghen, Danimarca

Sito internet: www.kb.dk.
Proprietà della biblioteca: Ministero della Cultura danese.
Amministrazione della biblioteca: The Royal Library.
Direttore o persona incaricata: Erland Kolding Nielsen.
Flusso quotidiano utenti: 1.750 (anno 2001).
Flusso annuale utenti: 525.000 (anno 2001).
Budget annuale per incremento collezioni:
CD 20.374.100 (anno 2001) (€ 2.741.217,63).

Committente: Ministero della Cultura danese.
Concorso: marzo 1993.
Progetto: 1993-1995.
Realizzazione: 1995-1999.
Apertura: 7 settembre 1999.

Progettisti: Schmidt, Hammer & Lassen K/S (Morten Schmidt, Bjarne Hammer, John F. Lassen, Kim Holst Jensen).
Progetto urbano e paesaggistico:
Arkitekterne MAA Schmidt, Hammer & Lassen K/S.
Consulente per la committenza:
Forskningsministeriets Byggedirektorat Harry Faulkner-Brown (GB).
Opere di ingegneria strutturale e impianti:
Moe & Brødsgaard Rådg. Ingeniører A/S.
Opere di ingegneria elettronica:
Hansen & Henneberg A/S.
Opere di ingegneria geotecnica e sicurezza:
Hostrup-Schultz & Sørensen A/S.
Acustica: Anders Chr. Gade (ingegnere civile).
Direzione lavori: Moe & Brødsgaard A/S.

Superficie complessiva intervento: 48.327 mq.
Superficie utile: 22.371 mq.
Superficie antico edificio ("Holm"): 20.000 mq.
Superficie edificio "Diamante": 18.200 mq.
Superficie edificio "Hansen": 6.250 mq.
Annessi esterni: 3.275 mq.
Superficie sale di lettura: 1.700 mq (suddivisi in due sale principali, di 850 mq l'una).
Superficie area esposizioni: 1.000 mq.
Superficie totale sale conferenze (n. 3): 246 mq.
Cubatura auditorium: 5.600 mc.
Principali materiali di costruzione: cemento armato (strutture); lastre in granito antracite (rivestimento prospetti "Diamante"); pietra (rivestimento prospetti "Pesce"); mattone (rivestimento prospetti "Holm"); pannelli in vetro (rivestimento prospetti "Hansen").
Costo complessivo intervento: CD 351.510.000 (€ 252.177.344,14).
Costo costruzione: CD 251.970.000 (€ 33.921.647,82).
Costo arredo: CD 14.850.000 (€ 1.999.192,25).
Costo impianti: CD 15.950.000 (€ 2.147.280,56).
Costo realizzazione "Diamante": CD 465.000.000 (€ 6.256.306,76).

Numero posti a sedere totale: 500.
Numero posti a sedere sala di lettura libri rari ("Diamante"): 24.
Numero posti a sedere sezione mappe e incisioni ("Diamante"): 26.
Numero posti a sedere emeroteca ("Diamante"): 131.
Numero posti a sedere sezione orientale e giudaica ("Diamante"): 17.
Numero posti a sedere musicoteca ("Diamante"): 17.
Numero posti a sedere sala di lettura e di ricerca ("Diamante"): 163.
Numero postazioni multimediali ("Diamante"): 232.
Numero posti a sedere auditorium: 600.
Numero posti a sedere sale conferenze: 156.

Capienza totale depositi: 154.671 m (scaffalature).
Capienza depositi ("Diamante"):
15.138 m (scaffalature).
Entità collezioni: 495.000 circa.
Entità collezioni in libero accesso: 200.000 circa.
Incremento entità collezioni previsto:
1.500 m circa all'anno.
Libri in consultazione ("Diamante"): 6.084.
Manoscritti e libri rari ("Diamante"): 1.442.
Mappe ("Diamante"): 5.712.
Emeroteca ("Diamante"): 1.900.

3. Nuova Bibliotheca Alexandrina, Alessandria d'Egitto, Egitto

Sito internet: www.bibalex.gov.eg.
Direttore o persona incaricata: Ismail Serageldin.
Flusso quotidiano utenti: 1.500.
Flusso annuale utenti: 46.000.
Budget annuale per incremento collezioni:
$ 1.000.000 (€ 1.138.174,37).

Committente: Ministero dell'Educazione Superiore
della Repubblica Araba di Egitto, UNESCO.
Posa della prima pietra: 26 giugno 1988.
Concorso: settembre 1989.
Progetto: 1990-1994.
Realizzazione: 1996-2002.
Inaugurazione ufficiale internazionale:
23 aprile 2002.
Apertura: 25 aprile 2002.
Apertura Planetarium: ottobre 2001.
Apertura Museo delle Scienze: aprile 2002.
Progettisti: Snøhetta Architects (Craig Dykers,
Christoph Kapeller, Kjetil Trædel Thorsen), Hamza
Associates (Mamdouh Hamza, Ahmed Rashid).
Direttori di progetto: Ismail Serageldin, Mohsen Zahran.
Pianificazione: Schumann Smith Ltd.

Superficie complessiva intervento: 85.405 mq.
Superficie sito biblioteca: 45.000 mq.
Superficie utile biblioteca: 55.400 mq.
Altezza massima edificio: 32 m.
Altezza minima edificio: 20 m.
Superficie biblioteca universale: 37.230 mq.
Superficie attività culturali: 4.210 mq.
Superficie Museo delle Scienze/Planetarium: 3.500 mq.
Superficie Museo della Calligrafia: 250 mq.
Superficie spazi pubblici: 20.000 mq.
Superficie sale di lettura: 20.000 mq.
Volumetria sale di lettura: 172.000 mc.
Superficie sala di lettura principale: 10.500 mq.
Superficie sala di lettura per bambini: 1.000 mq.
Superficie settore audiovisivi e multimediale: 2.000 mq.
Superficie sezione manoscritti e libri rari: 300 mq.
Superficie sezione mappe: 100 mq.
Superficie biblioteca musicale: 900 mq.
Superficie spazi espositivi: 6.000 mq.
Superficie sale conferenze: 150 mq, 450 mq.
Superficie galleria d'arte: 4.000 mq.
Superficie centro conferenze (esistente) e servizi
annessi: 21.840 mq.

Superficie spazi di supporto allo studio: 10.860 mq.
Superficie Scuola di Studi dell'Informazione (ISIS):
4.500 mq.
Superficie depositi: 18.000 mq.
Superficie amministrazione: 2.000 mq.
Superficie locali e installazioni tecniche: 3.000 mq.
Superficie parcheggio: 7.000 mq (180 posti
macchina).
Diametro piano terra: 160 m.
Altezza colonne sale di lettura: 6-20 m.
Principali materiali di costruzione: cemento armato
(150 mc), pannelli di vetro triangolari su struttura
metallica (lucernari di copertura), granito
(rivestimento mura esterne, 6.000 mq).
Costo intervento: $US 230.000.000 (stimato:
$US 140.000.000) (€ 261.780.104,71; stimato
€ 159.344.411,56).
Costo costruzione: $US 121.000.000
(€ 137.719.098,57).

Numero posti a sedere: 1.980.
Numero posti a sedere biblioteca per bambini: 100.
Numero carrels: 280.
Numero posti a sedere sezione manoscritti e libri rari: 30.
Numero posti a sedere sezione mappe: 20.
Numero posti a sedere sezione audiovisivi: 50.
Numero postazioni multimediali: 40.
Numero posti a sedere sale conferenze biblioteca: 200.
Numero posti a sedere auditorium biblioteca: 100.
Numero posti a sedere centro conferenze (esistente):
2.700.
Numero posti a sedere Planetarium: 105.

Entità collezioni all'apertura: 250.000.
Entità collezioni prevista: 8.000.000 entro il 2020.
Capienza depositi: 5.000.000.
Libri e periodici: 1.800.
Manoscritti e libri rari: 50.
Carte e piante: 40.
Musica e audiovisivi: 90.

4. Biblioteca Pedro Salinas, Madrid, Spagna

Sito internet: www.mcu.es/bpe/bpe.htm.
Proprietà e amministrazione della biblioteca:
Consejerìa de Las Artes. Comunidad de Madrid.
Direttore o persona incaricata: Marìa Isabel Lòpez
Cerezo.
Flusso quotidiano utenti: 2.000.
Flusso annuale utenti: 57.600.
Budget annuale per incremento collezioni: € 60.000.

Committente: Comune di Madrid, Capo del Servicio
de Bibliotecas y del Libro (Emma Cadahia
Fernàndez), Capo del Servicio de Infraestructura
Cultural (Miguel Angel Garcìa Esteban).
Concorso: 1982 (concorso di pianificazione urbana).
Progetto e realizzazione: 1990-1994.
Inaugurazione: 4 maggio 1994.
Apertura: 5 maggio 1994.
Progettisti: Juan Navarro Baldeweg.
Collaboratori: Fernando Antòn Cabornero, Joaquìn

Lizasoain Urcola, Franz Bucher, José Maria Gutierrez
de Churtichaga, Enrique Pujana Bambò, Pau Soler
Serratosa, Lucrecia Enseñat Benlliure, Rolf
Brülisauer, Javier Serna Garrido, Cleto Barreiro
Sorrivas, Silvia Schmutz.
Architetto capo: Fernando Antòn Cabornero, Franz
Bucher, José Maria Gutìerrez, Joaquin Lizasoain.
Strutture: Julio Martìnez Calzòn.
Altri consulenti esterni: Eduardo Gonzàlez Velayos
(apparecchiature), Pablo Dìaz Bucero (budget).
Direzione lavori: Juan Navarro Baldeweg con Joaquìn
Lizasoain Urcola e José Maria Gutierrez de Churtichaga.
Imprese costruttrici: Fersa, Orive S.A.

Superficie biblioteca: 2.764 mq.
Superficie centro sociale: 3.100 mq.
Superficie spazi pubblici e servizi tecnici: 2.000 mq.
Superficie sale di lettura e magazzini: 1.150 mq.
Superficie sala di lettura generale: 696 mq.
Superficie biblioteca per bambini: 408 mq.
Superficie videoteca: 8 mq.
Superficie audiovisivi: 105 mq.
Superficie emeroteca: 90 mq.
Altre collezioni: 516 mq.
Superficie sale conferenze e auditorium: 83 mq.
Superficie depositi: 160 mq.
Principali materiali di costruzione: cemento armato;
granito grigio e pietra naturale bianca (rivestimenti
esterni).

Numero posti a sedere sala di lettura generale: 128.
Numero posti a sedere sala quota strada: 70.
Numero posti a sedere biblioteca per bambini: 70.
Numero posti attrezzati per attività diverse
(biblioteca per bambini): 20.
Numero posti a sedere audiovisivi: 10.
Numero postazioni attrezzate video: 18.
Numero postazioni attrezzate audio: 14.
Numero posti a sedere emeroteca: 24.
Numero posti a sedere sala conferenze/auditorium: 40.
Numero postazioni multimediali: 4.

Entità collezioni all'apertura: 32.000.
Entità collezioni prevista: 100.000.
Entità collezioni in libero accesso: 54.000 circa.
Entità collezioni in libero accesso biblioteca per
bambini: 13.400.
Libri: 42.578.
Periodici: 85.
Cd-Rom: 312.
Documenti audiovisivi: 2.400.

5. Biblioteca pubblica provinciale Infanta Elena, Siviglia, Spagna

Sito internet: www.bpsevilla.sistelnet.es.
Proprietà della biblioteca: Ministerio de Educación,
Cultura y Deportes.
Amministrazione della biblioteca: Conssejeria
de Cultura de la Junta de Andalucia.
Direttore o persona incaricata: Juana Munoz Choclàn.
Flusso quotidiano utenti: 1.227.

Flusso annuale utenti: 447.702.
Budget annuale per incremento collezioni:
€ 60.101,21.

Committente: Ministero della Cultura spagnolo.
Progetto: 1995.
Realizzazione: 1996-1998.
Inaugurazione: 29 settembre 1999.
Apertura: 4 ottobre 1999.
Progettisti: Antonio Cruz, Antonio Ortiz.
Collaboratori: Blanca Sànchez, Miguel Velasco
(architetti).
Collaboratori esterni: Miguel Delgado, J. Antonio
Molina (supervisori).
Consulenti: Bet Figueras (progetto giardino interno);
Enrique Cabrera (strutture); Tomàs Ruiz
(installazioni).
Impianti d'isolamento: Polispray.
Coperture: Jolara.
Impresa di costruzione: Dragados y Construcciones.

Superficie costruita: 5.516 mq.
Superficie spazi pubblici: 4.509 mq.
Superficie sale di lettura: 1.752 mq.
Principali materiali di costruzione: cemento
armato; mattone rosso (rivestimento prospetti
esterni), pannelli di zinco (rivestimento prospetti
esterni e copertura, infissi).
Costo realizzazione: € 7.813.157,36.
Costo costruzione: Ptas 767.000.000 (€ 4.609.762,84).
Costo forniture complementari: Ptas 131.000.000
(€ 787.325,86).

Numero posti a sedere: 400.
Numero posti a sedere sala di lettura generale: 160.
Numero posti a sedere fondo locale: 28.
Numero posti a sedere biblioteca per bambini: 86.
Numero posti cineteca: 5.
Numero posti a sedere discoteca: 5.
Numero posti a sedere emeroteca: 60.
Numero posti a sedere audiovisivi: 19.
Numero postazioni multimediali: 18.
Numero posti a sedere auditorium: 58.

Capienza depositi: 200.000.
Entità collezioni all'apertura: 150.000.
Entità collezioni prevista: 400.000.
Entità collezioni biblioteca di consultazione: 2.700.
Entità collezioni fondo locale: 6.000+.
Entità collezioni di cinema e arti sceniche: 1.500.
Entità collezioni prestito: 30.000.
Dischi e Cd-Rom: 1.500.
Periodici: 350+.
Video e DVD: 1.100.

6. Biblioteca della Universidad nacional de educación a distancia, Madrid, Spagna

Sito internet: www.uned.es/biblioteca/biblio.htm.
Proprietà e amministrazione della biblioteca:
Universidad Nacional de Educación a Distancia.
Direttore o persona incaricata: Isabel Belmonte.

Flusso quotidiano utenti: 1.000.
Flusso annuale utenti: 289.000.
Budget annuale per incremento collezioni:
€ 1.500.000.

Committente: Universidad Nacional de Educación
a Distancia (Uned), Madrid.
Progetto e realizzazione: 1989-1994 (incarico diretto).
Apertura: giugno 1994.
Inaugurazione: novembre 1994.
Progettisti: José Ignacio Linazasoro.
Collaboratori: Javier Puldain (architetto).
Altri consulenti esterni: Santiago Hernan,
Juan Carlos Corona.
Direzione lavori: FOCSA.

Superficie complessiva biblioteca: 9.250 mq.
Superficie spazi pubblici (informazioni, postazioni
multimediali, periodici) e tecnici: 200 mq.
Superficie sale di lettura: 4.638 mq.
Superficie sezione manoscritti e libri rari: 73 mq.
Superficie emeroteca: 598 mq.
Superficie sezione audiovisivi: 200 mq.
Superficie altre collezioni: 75 mq.
Superficie depositi: 260 mq.
Superficie amministrazione: 68 mq.
Superficie sale conferenze: 75 mq.
Superficie spazi di servizio e annessi alle sale
di lettura: 326 mq.
Superficie locali e installazioni tecniche: 506 mq.
Principali materiali di costruzione: cemento armato;
mattone (rivestimenti esterni); legno (arredi interni).
Costo intervento: PTS 800.000.000 (€ 4.808.096,84).

Numero posti a sedere totale: 512.
Numero posti a sedere sala di lettura principale: 445.
Numero posti a sedere sezione audiovisivi: 16.
Numero posti a sedere sezione manoscritti e libri rari: 6.
Numero posti a sedere emeroteca: 20.
Numero carrels: 16.
Numero postazioni multimediali: 24.
Numero posti a sedere sala conferenze: 25.

Entità collezioni: 275.000.
Entità collezioni all'apertura: 120.000.
Entità collezioni prevista: 500.000 volumi.
Capienza depositi: 9.000 m.
Libri: 250.000.
Emeroteca: 4.600 titoli.
Manoscritti e libri rari: 1.380.
Mappe: 125.
Cd-Rom: 410.
Documenti audiovisivi: 4.160.
Documenti e supporti multimediali: 6.200 titoli
(microformato).

7. Biblioteca universitaria di Aveiro, Aveiro, Portogallo

Sito internet: www.doc.ua.pt.
Proprietà e amministrazione della biblioteca:
Università di Aveiro.

Direttore o persona incaricata: Laura Oliva Correia
Lemos.
Flusso quotidiano utenti: 1.155.
Flusso annuale utenti: 260.000.
Budget annuale per incremento collezioni: € 110.000.

Committente: Università di Aveiro.
Progetto: 1988-1994.
Realizzazione: 1990-1995.
Inaugurazione e apertura: 2 giugno 1995.
Progetto urbano e paesaggistico: 1995-1996.
Realizzazione attraversamenti pedonali: 1997.
Progettisti: Alvaro Siza Vieira.
Architetto capo: Jorge Nuno Monteiro, Edite Rosa.
Collaboratori: André Braga, Anton Graf, Jorge Nuno
Monteiro, Alessandro D'Amico, Ashton Richards,
Chiara Porcu, Cristina Ferreirinha, Maria Clara Bastai
(prima fase); André Braga, Edite Rosa, Jorge Nuno
Monteiro, Clemente Menéres Sernide, Matthew
Becker (seconda fase).
Progetto urbano: Edite Rosa, Jorge Nuno Monteiro,
Paul Scott, Matthew Becker, Peter Tesle.
Arredo fisso e sistemazioni esterne: Alvaro Siza Vieira.
Strutture: GOP (Gabinete de Organização e Projectos).
Opere di ingegneria meccanica: Matos Campos.
Arredo: Edite Rosa, Clemente Menéres Sernide.
Direzione lavori prima fase: OBRECOL (strutture
in cemento).
Direzione lavori seconda fase: Construções Campo
Alegre.
Direzione lavori attraversamenti pedonali: A. Mesquita.

Superficie complessiva biblioteca: 6.500 mq.
Superficie spazi pubblici: 2.728 mq.
Superficie sale di lettura: 1.959 mq.
Superficie sala di lettura generale (comprensiva
di mappe ed emeroteca): 1.665 mq.
Superficie sezione libri rari: 121 mq.
Superficie sezione audiovisivi: 175 mq.
Superficie area esposizioni: 282.54 mq.
Superficie sala conferenze: 114 mq.
Superficie depositi: 468,75 mq.
Superficie amministrazione: 123.53 mq.
Superficie supporti allo studio: 372,45 mq.
Superficie locali e installazioni tecniche: 508 mq.
Principali materiali di costruzione: cemento armato,
marmo e legno (rivestimenti interni).
Costo intervento: € 4.690.215.

Numero posti a sedere: 1.000.
Numero posti a sedere sala di lettura generale
(comprensivi di sezione mappe ed emeroteca): 809.
Numero postazioni di lavoro multimediali e
audiovisivi: 50 (+25 attrezzati con computer).
Numero posti a sedere sezione libri rari: 22.
Numero posti a sedere sala conferenze: 56.
Numero carrels o studioli individuali: 38.

Entità collezioni all'apertura: 100.000 libri,
5.000 periodici.
Libri: 165.000.
Libri rari: 4.000.
Emeroteca: 5.200.
Mappe: 1.500.

Documenti e supporti sonori e audiovisivi: 2.000.
Documenti e supporti multimediali: 50.
Cd-Rom: 500.

8. Biblioteca municipale a vocazione regionale, Montpellier, Francia

Sito internet: www.ville-montpellier.fr.
Committente: Città di Montpellier, Société
d'équipement de la région Montpelliéraine (SERM).
Concorso: giugno-luglio 1996.
Progetto: 1997.
Consultazione imprese: secondo trimestre 1997.
Realizzazione: 1997-1999.
Apertura: ottobre 2000.
Programma: studio ABCD.
Progettisti: Paul Chemetov e Borja Huidobro, C+H+.
Capoprogetto: Laurent Boudrillet.
Collaboratori: Antoine Weygand, Erik Giudice,
Silvie Mauduit, Bruno Knopp, Anne Pezzoni.
Consulenti tecnici: OTH Méditerranée, Bureau van
Dijk, R. Labeyrie.

Superficie utile edificio: 15.000 mq.
Superficie sala esposizioni e conferenze: 350 mq.
Principali materiali di costruzione: cemento armato,
acciaio, vetro (struttura e prospetto nord, ascensori);
metallo galvanizzato spazzolato (rivestimenti
struttura); pannelli in calcestruzzo (rivestimento
prospetto sud, magazzini); legno di iroko e acero,
marmi, acciaio (elementi di separazione e
arredamento interno); pietra grigia di Spagna,
caucciù, bambù massiccio (pavimenti).
Costo intervento: FrF 110.000.000 (tasse escluse,
valore al 1996) (€ 16.769.391,90).

Numero posti a sedere: 1.665.
Numero posti a sedere sala di documentazione
regionale e di ricerca: 118.
Numero posti a sedere settore di ricerca: 50.
Numero postazioni di lavoro multimediali: 75 (di cui 6
nel settore attualità, 12 nella biblioteca per bambini).
Numero posti a sedere auditorium: 30.
Numero cabine di lavoro per non-vedenti: 4.
Numero cabine per lo studio delle lingue: 12.

Entità collezioni: 200.400 volumi.
Entità collezioni settori "Occitanie et recherche"
e "Patrimoine": 400.000 circa.
Libri: 172.000.
Dischi: 18.000.
Periodici/quotidiani: 400.
Video: 7.000.
Cd-Rom: 3.000.

9. Squire Law Library, Cambridge, Gran Bretagna

Sito internet: www.law.cam.ac.uk/faculty/squire.htm.
Proprietà e amministrazione della biblioteca:
Università di Cambridge.

Direttore o persona incaricata: D.F. Willis.
Flusso totale utenti (previsto): 1.000.
Budget annuale per incremento collezioni: £ 300,000
(€ 489.795,92).

Committente: Università di Cambridge.
Concorso: maggio 1990 (concorso a inviti,
organizzato dall'università per la nuova facoltà
di legge e dall'istituto di criminologia).
Progetto: 1990-1995.
Realizzazione: 1993-1995.
Inaugurazione: estate 1995.
Apertura: 8 marzo 1996.
Progettisti: Foster & Associates.
Capo progetto: Norman Foster e Spencer de Grey.
Collaboratori: John Silver, Chris Connell, Michael
Jones, Mouzhan Majidi, Giuseppe Boscherini, Angus
Campbell, Glenis Fan, Jason Flanagan, Lucy
Highton, Ben Marshall, Divya Patel, Kate Peake,
Victoria Pike, Austin Relton, Giles Robinson, John
Small, Ken Wai, Cindy Walters, Ricarda Zimmerer.
Direzione progetto: Servizio di costruzione
e gestione degli immobili dell'università
di Cambridge.
Progetto paesaggistico: Cambridge Landscape
Architects.
Opere di ingegneria meccanica ed elettronica:
YRM Engineers.
Opere di ingegneria strutturale: Anthony Hunt
Associates.
Progetto illuminotecnico: ERCO Ltd.
Impianti antincendio: Ove Arup and Partners.
Supervisore delle quantità: Davis Langdon and
Everest.
Altri consulenti esterni: Sandy Brown Associates
(acustica); Emmer Pfenniger Partner AG (coperture);
Halcrow Fox (flussi pedonali).
Direzione lavori: Taylor Woodrow Construction
Southern Ltd.

Superficie occupata dall'edificio: 9.000 mq.
Lunghezza edificio: 82 m.
Larghezza edificio: 32,7 m.
Altezza edificio: 19 m.
Diametro volta: 39 m.
Altezza atrio: 22,6 m.
Principali materiali di costruzione: cemento, acciaio,
vetro (strutture, tetto, elementi di rifinitura interni);
pietra di Portland, granito scozzese (rivestimenti
interni ed esterni, pavimenti, scale).
Costo intervento: £ 12.400.000 (£ 1.377/mq)
(€ 20.054.989,49; € 851,40/mq).

Numero posti a sedere: 900.
Numero posti a sedere sala di lettura generale: 430.
Numero posti a sedere Maitland Legal History Room: 5.
Numero carrels: 10.
Numero postazioni multimediali (con computer): 40.
Numero postazioni multimediali Freshfields Legal
Centre: 24.

Capienza depositi: 150.000 volumi.
Entità collezioni all'apertura: 19.048 volumi.
Entità collezioni prevista: 200.000 volumi.

10. Badische Landesbibliothek, Karlsruhe, Germania

Sito internet: www.blb.karlsruhe.de.
Proprietà e amministrazione della biblioteca:
Regione del Baden-Württenberg.
Direttore o persona incaricata: Peter Michael Ehrle.
Flusso annuale utenti (in possesso di titolo di
iscrizione): 36.594 (anno 2001).
Budget annuale per incremento collezioni: DM
2.357.594 (anno 2001) (€ 1.205.418,67).

Committente: Regione Baden-Württenberg,
rappresentata dalla Staatliche Hochbaumamt Karlsruhe.
Concorso: 1979.
Progetto: 1979-1982 (primo settore); 1987
(secondo settore).
Realizzazione: 1984-1992.
Inaugurazione: 17 gennaio 1992.
Apertura: 9 settembre 1991.
Progettazione, pianificazione e controllo:
Oswald Mathias Ungers.
Collaboratori al concorso: Karl Lothar Dietzsch,
Jürgen Leitner, Moritz Müller, Geoffrey Wooding.
Direzione progetto: StaatlicheHochbauamt Karlsruhe.
Direttore dell'ufficio fino a ottobre 1990: Roland Schmitt.
Direttore dell'ufficio da novembre 1990: Klaus
Schyrkmann.
Direttore del progetto fino a gennaio 1986: Frank Röder.
Direttore del progetto da febbraio 1986: Wolfgang
Grether.
Collaboratori di progetto ed esecuzione: Buckhard
Meyer, Jan Anstett, Andreas Breithaupt, Hildegard
Dengler-Oesterle, Beate Frey, Heinrich Haas, Wolfram
Kolder, Joachim Kopfer, Peter Manrrer, Christian
Mussler, Melanie Nebe, Barbara Polzer, Karin
Rauscher, Peter Schidt, Karl-Heinz Schmitz, Thomas
Schwarzranber.
Impianti: Oswald Mathias Ungers, Köln; Hauenstein
& Partner, Filderstadt.
Realizzazione impianti: Ulrich Wohlleb.
Impianti di riscaldamento, aria condizionata e
apparati sanitari: Schmidt Renter Partner, Stuttgart.
Tecnica del suono e dell'immagine: Dirk
Klostermann, Baden-Baden.
Acustica: Müller BBM, München; Karllbans Weisse,
Frankfurt.
Illuminotecnica: Lichtdesign, Società d'Ingegneri,
Köln; Kramer, Andreas Schulz.
Addetto alle tecniche elettriche e all'illuminazione:
Herbert Joss.
Misurazione: Studio ingegneri Egle, Köln.
Struttura portante: Studio ingegneri Schwarzwälder,
Karlsruhe.
Realizzazione struttura portante: Conrad Scholz,
Stefan Polóny e Partner, Köln.
Controllo statica delle strutture: Gruppe Bauten,
Karlsruhe; Klaus Stiglat.
Altri consulenti esterni: Badische Landesbibliothek
Karlsruhe (biblioteconomia: Gerhard Bömer, Heinz
Altmann, Hans Jörg Hauser).
Addetto alla costruzione: Elisabeth Roser.
Addetto HLW, GWA e trasporti: Gottfried Röder.
Preparazione meccanica del terreno: Istituto per le

fondamenta e per gli scavi, Karlheinz Schweiekert, Karlsruhe.
Preparazione fisica della costruzione: Schmidt Renter Partner, Köln.

Superficie edificio: 24.700 mq.
Superficie utile edificio: 13.800 mq.
Volumetria complessiva edificio: 91.700 mc.
Superficie sale di lettura: 2.000 mq.
Superficie manoscritti e libri rari: 220 mq.
Superficie esposizioni: 100 mq.
Superficie auditorium: 180 mq.
Superficie sala conferenze: 50 mq.
Posti auto parcheggio interrato: 737.
Principali materiali di costruzione: cemento armato (struttura); porfido rosso (rivestimento esterno bracci perimetrali del complesso); tegole in ardesia (copertura bracci perimetrali del complesso); intonaco (rivestimento esterno corpo principale); lastre di basalto (rivestimento basamento corte interna corpo principale); lastre di rame (copertura corpo principale).
Costo intervento: DM 67.000.000 (€ 34.256.556).

Numero posti a sedere sala di lettura generale: 150.
Numero posti a sedere audiovisivi: 10.
Numero posti a sedere manoscritti e libri rari: 8.
Numero posti a sedere altre collezioni: 82.
Numero posti a sedere auditorium: 165.
Numero posti a sedere sala conferenze: 20.

Capienza depositi: 1.700.000 volumi.
Entità collezioni all'apertura (31 dicembre 1991): 1.245.660 (libri, periodici, giornali, dissertazioni).
Libri (al 31 dicembre 2001): 1.654.477.
Periodici (al 31 dicembre 2001): 11.283 titoli.
Manoscritti (al 31 dicembre 2001): 9.699.
Autografi (al 31 dicembre 1990): 72.265.
Mappe (al 31 dicembre 2001): 42.947.
Spartiti (al 31 dicembre 1990): 40.243.
Cd-Rom (al 31 dicembre 2001): 1.255.
Documenti sonori (al 31 dicembre 2001): 27.490.
Documenti audiovisivi (al 31 dicembre 2001): 4.847.
Microfilm (al 31 dicembre 1990): 106.733.

11. Biblioteca statale e regionale, Dortmund, Germania

Sito internet: v2.www.dortmund.de/inhalt_externe/bibliotheken.
Committente: Città di Dortmund, tramite la Odeum Grundstücksverwaltungsgesellschaft GmbH&Co., Deutsche-Anlage-Leasing GmbH, Mainz.
Progetto: 1995 (progetto di concorso).
Realizzazione: 1997-1999.
Inaugurazione: maggio 2000.
Progettisti: Mario Botta.
Collaboratori: Davide Macullo, Giuditta Botta, Carlo Falconi, Daniel Pacoud.
Collaboratori esterni: Gerd Vette, Colonia (architetto partner).
Opere di ingegneria statica: Klemens Pelle, Dortmund.

Lavori in pietra naturale: Graminho Granit GmbH, Karbach.
Facciate in vetro: Helmut Fischer GmbH, konstruktiver Glasbau, Talheim.
Serramenti: Heinz Nienkemper Metallbau GmbH&Co., Ennigerloch.
Imprese costruttrici: Wiemer+Trachte AG, Dortmund.

Superficie terreno: 7.000 mq.
Superficie utile dell'edificio: 14.130 mq.
Volumetria dell'edificio: 53.740 mc.
Raggio del volume troncoconico alla base: 25,9 m.
Raggio del volume troncoconico in sommità: 29,5 m.
Altezza edificio biblioteca: 15,8 m.
Altezza edificio uffici: 18,9 m; 27,3 m.
Principali materiali di costruzione: cemento armato, acciaio (struttura portante e struttura tralicci); vetro (facciata troncoconica, con lamelle brise-soleil incorporate tra le lastre); quarzite svedese (pietra naturale rossa di rivestimento della facciata ventilata). Finiture interne: intonaco bianco; pietra (pavimenti); legno (pavimenti, elementi di arredo, soffitti ribassati, pannelli fonoassorbenti); alluminio termolaccato nero (serramenti).
Costo intervento: US$ 40.000.000 (€ 45.766.590,39).

Numero posti a sedere sala conferenze: 100.

Entità collezioni: 1.200.000 volumi.

12. Biblioteca della Technische Universiteit, Delft, Olanda

Sito internet: www.library.tudelft.nl.
Direttore o persona incaricata: Maria A.M. Heijne.
Flusso annuale utenti: 42.000.
Budget annuale per incremento collezioni: € 4.980.000.

Committente: ING Vastgoed Ontwikkeling, L'Aia; Technical University (TU), Delft.
Progetto: 1993-1995.
Realizzazione: 1996-1998.
Apertura: 15 maggio 1998.
Progettisti: Mecanoo architekten (Henk Döll, Francine Houben, Chris de Weijer, Erick van Egeraat).
Collaboratori: Aart Fransen, Carlo Bevers, Monica Adams, Marjolijn Adriaansche, Henk Bouwer, Gerrit Bras, Ard Buijsen, Katja van Dalen, Annemiek Diekman, Alfa Hügelmann, Axel Koschany, Theo Kupers, Maartje Lammers, Paul Martin Lied, Bas Streppel, Astrid van Vliet.
Opere di ingegneria strutturale: ABT Adviesbureau voor bouwtechniek, Delft.
Opere di ingegneria meccanica: Ketel Raadgevende Ingenieurs, Delft.
Opere di ingegneria elettronica: Deerns Raadgevende Ingenieurs, Rijswijk.
Altri collaboratori esterni: Scheldebouw Architectural Components, Middelburg (facciata).
Superficie complessiva intervento: 15.000 mq circa.

Principali materiali di costruzione: cemento armato (struttura); pannelli in vetro (prospetto est); acciaio (struttura esterna cono di copertura, passerelle interne, librerie).
Costo intervento: circa Dfl. 60.000.000 (€ 27.226.812,97).

Numero posti a sedere: 1.000.
Numero posti a sedere sale di studio: 440.
Numero postazioni di lavoro multimediali: 520.

Entità collezioni all'apertura: 950.000 volumi.
Capienza depositi: 1.250.000 volumi, 47.000 m.
Entità collezioni in libero accesso: 80.000 volumi.
Libri: 950.000.
Manoscritti e libri rari: 50.000.
Emeroteca (periodici, quotidiani e riviste): 9.000, 4.000 abbonamenti.
Audiovisivi: 70 (basi di dati).
Cd-Rom: 70.
Microfiches: 1.200.000.
Riviste elettroniche: 1.200.

13. Charles P. Stevenson Jr. Library, Annandale-on-Hudson, Stati Uniti

Sito internet: www.bard.edu/library.
Committente: Bard College, Annandale-on-Hudson, New York (incarico diretto).
Progetto e realizzazione: 1989-1994.
Apertura: 1993 (nuova costruzione); 1994 (restauro).
Progettisti: Robert Venturi, Denise Scott Brown and Associates, Inc.
Collaboratori: Ann Trowbridge.
Capoprogetto: Edward Barnhart, Thomas Purdy.
Collaboratori esterni: Timothy Kearney, Nancy Rogo Trainer, Ronald Evitts, John Forney.
Consulenti: Keast & Hood, Inc. (strutture); Marvin Waxman Consulting Engineers; Morris Associates (civile); Jules Fisher & Paul Marantz, Inc. (illuminotecnica); Chapman Ducibella Associates, Inc. (budget); Ostergaard Acoustical Associates (acustica); George Thomas (storico); Noble Preservation Services.
Direzione lavori: Barry, Bette and Led Duke, Inc.

Superficie dell'edificio: 2.600 mq.
Principali materiali di costruzione: cemento armato; pannelli policromatici (rivestimento prospetti esterni).
Costo intervento: $ 5.990.000 (€ 6.853.546,91).

Numero posti a sedere: 400.

Entità collezioni: 230.000.
Periodici: 1.500+ (2.350 titoli disponibili on line).

14. Biblioteca universitaria Raúl Rangel Frías, Monterrey, Messico

Sito internet: www.bmu.uanl.mx.
Proprietà e amministrazione della biblioteca: Universidad Autònoma de Nuevo Léon.

Direttore o persona incaricata: Porfirio Tamez Solis.
Flusso quotidiano utenti: 1.250 (su 280 giorni).
Flusso annuale utenti: 350.000.

Committente: Universidad Autònoma de Nuevo
Léon, Monterrey, Messico.
Progetto: 1993 (incarico diretto).
Realizzazione: 1993-1994.
Inaugurazione: 30 novembre 1994.
Apertura al pubblico: 25 settembre 1995.
Progettisti: Legorreta + Legorreta (Ricardo Legorreta,
Victor Legorreta, Noé Castro, Hector Cavazos).
Architetti associati: Chavez & Vigil.
Progetto interni: Legorreta + Legorreta, Chavez Vigil
Arqs. Asociados.
Opere di ingegneria strutturale: DYS s.c.
Progetto illuminotecnico: Legorreta + Legorreta, Starco.
Altri consulenti esterni: Tecno Proyectos s.c.
Direzione lavori: CB Consultores Asociados s.a. de c.v.

Superficie complessiva intervento: 20.000 mq
(di cui 7.000 ricavati nel parco "Niños Héroes").
Superficie spazi pubblici: 1.033 mq.
Superficie sala di lettura generale: 1.244 mq.
Superficie sala di lettura per bambini: 180 mq.
Superficie sezione audiovisivi: 278 mq.
Superficie biblioteca multimediale: 1.083 mq.
Superficie sezione manoscritti e libri rari: 1.314 mq.
Superficie sezione mappe: 182 mq.
Superficie emeroteca: 2.406 mq.
Superficie altre collezioni: 1.547 mq.
Superficie area esposizioni: 537 mq.
Superficie sala conferenze: 954 mq.
Superficie depositi: 990 mq.
Superficie amministrazione: 615 mq.
Superficie spazi di supporto allo studio: 2.009 mq.
Superficie locali e installazioni tecniche: 559 mq.
Altro: 3.936 mq (uffici amministrativi
dell'Universidad Autònoma de Nuevo Léon).
Principali materiali di costruzione: cemento armato,
mattoni a vista.
Costo intervento: $ 15.000.000 (€ 17.162.471,40).

Numero posti a sedere sala di lettura generale: 49.
Numero posti a sedere biblioteca per bambini: 22.
Numero posti a sedere sezione audiovisivi: 25.
Numero postazioni multimediali: 140 (con computer).
Numero posti a sedere sezione manoscritti e libri rari: 44.
Numero posti a sedere sezione mappe: 35.
Numero posti a sedere emeroteca: 178.
Numero posti a sedere sala conferenze: 931.
Numero posti a sedere sale multiuso (n. 3): 500.
Numero posti a sedere altre collezioni: 642.
Numero *carrels*: 464.

Entità collezioni: 260.000 volumi (90.000 titoli).
Capienza depositi: 1.100.000 documenti.
Libri: 102.500.
Emeroteca: 146.000.
Manoscritti e libri rari: 31.659.
Mappe: 6.939.
Documenti sonori: 602.
Documenti audiovisivi: 550.
Cd-Rom: 460.

15. Vancouver Public Library, Vancouver, Canada

Sito internet: www.vpl.vancouver.bc.ca.
Committente: Città di Vancouver.
Concorso e progetto: 1991 (concorso internazionale).
Realizzazione: 1992-1995.
Apertura: 1995.
Progettisti: Moshe Safdie and Associates, Downs
Archambault & Partners, Joint Venture.
Collaboratori: David Galpin, Philip Matthews,
Ron Beaton, Michael McKee.
Progetto urbano e paesaggistico: Cornelia Hahn
Oberlander.
Opere di ingegneria strutturale: Ove Arup and
Partners, Read Jones Christoffersen.
Opere di ingegneria meccanica: Ove Arup and
Partners, Keen Engineering Company Ltd.
Opere di ingegneria elettronica: Schenke-Bawol
Engineering Ltd.
Acustica: Brown Strachan Associates.
Consulenti per l'illuminotecnica: Fisher Marantz
Renfro Stone.
Altri consulenti esterni: Cook Pickering & Doyle Ltd
(progetto geotecnico), Hanscomb Consultants Inc.
(budget), J Findlay & Associates e ND Lea
Consultants Ltd. (specifiche di progetto e traffico),
RBO Architecture Inc. (accessibilità), Tech cord
Consulting Group Ltd. (sicurezza), Gage Babcock
& Associates.
Direzione lavori: PCL Constructors Pacific, Inc.

Superficie complessiva intervento: 60.400 mq.
Superficie uffici federali: 27.900 mq.
Superficie edificio e servizi annessi: 32.500 mq.
Superficie sale di lettura: 3.645 mq.
Superficie altri spazi di studio: 160 mq.
Superficie referenze e periodici: 1.200 mq.
Superficie postazioni multimediali: 440 mq.
Superficie magazzini: 5.280 mq.
Superficie sala conferenze: 570 mq.
Superficie servizi pubblici: 675 mq.
Superficie servizi tecnici: 2.640 mq.
Principali materiali di costruzione: cemento armato
(strutture); pannelli in vetro su struttura metallica
(delimitazioni magazzini e depositi, copertura *promenade*
interna); pannelli prefabbricati in conglomerato
di granito rosso (rivestimento prospetti esterni).
Costo intervento: $CAN 109.000.000 (€ 78.102.608,20).

Capienza magazzini e depositi: 2.000.000.
Entità collezioni: 1.000.000 di volumi.

*16. Central/Downtown Denver Public Library,
Denver, Stati Uniti*

Sito internet: www.denver.lib.co.us.
Flusso annuale utenti (in possesso di titolo
di iscrizione): 400.421 (anno 2001).
Budget annuale per incremento collezioni (biblioteca
popolare): $ 600.000 (€ 682.904,62).

Committente: Città e Contea di Denver, Dipartimento

dei Lavori Pubblici, Denver Public Library.
Concorso: 1990-1991 (concorso nazionale a inviti).
Realizzazione: 1993-1996.
Completamento prima fase (estensione):
25 marzo 1995.
Completamento seconda fase (restauro antico
edificio): 9 dicembre 1995.
Inaugurazione: 1996.
Progettisti: Michael Graves, Tom Rowe, Mary Yun.
Architetti associati: Klipp Colussy Jenks DuBois,
Brian R. Klipp, Cornelius R. DuBois.
Consulenti: Engel/Kieding Design Associates
(arredo interno); Badgett and Coover-Clark
Architects (progetto urbano e paesaggistico); Clanton
Engineering (progetto illuminotecnico); Weber
design Partners (progetto grafico); David L. Adams
and Associates (progetto acustico); Lerch. Bates &
Associates (ascensori); Associated Construction
Consultants (stima dei costi); Thomas Ricca
Associates (cucine); Aguirre Engineering (studio
terreno); Kelly Surveying (supervisore).
Opere di ingegneria civile e strutturale: S.A. Miro.
Opere di ingegneria meccanica: The Ballard Group.
Opere di ingegneria elettrica: Gambrell Engineering.
Altri consulenti esterni: John L. Altieri Consulting
Engineer (opere di ingegneria meccanica).
Direzione lavori: Hyman/Etkin Construction.

Superficie coperta intervento di restauro: 15.000 mq
circa.
Superficie coperta nuovo ampliamento: 38.000 mq circa.
Superficie coperta totale: 53.000 mq circa.
Superficie utile totale: 37.665 mq.
Principali materiali di costruzione: cemento armato
(strutture); pietra calcarea di Bavaria – marmo dello
Jura (rivestimento prospetti e porticato esterno);
dolomite blu – Anröchter tedesca (rivestimento
prospetti esterni, prospetti e copertura torre Ovest);
granito americano rosa, grigio, rosso – Stony Creek
(basamento pilastri porticato esterno); legno d'acero
(rifiniture interne).
Costo costruzione: $ 46.500.000 (€ 53.203.661,33).
Costo arredi e complementi: $ 2.500.000
(€ 2.860.411,90).
Costo totale intervento: $ 76.000.000
(€ 86.956.521,74).

Numero posti a sedere: 1.300.
Numero posti a sedere sale di studio: 705.
Numero posti a sedere spazi pubblici: 254.
Numero postazioni di lavoro multimediali: 348.
Numero posti a sedere sale conferenze (n. 7): 600.

Capienza magazzini e depositi: 73.700 m circa.
Capienza depositi edificio esistente: 46.500 m circa.
Capienza depositi nuovo edificio: 27.000 m circa.
Libri: 1.500.000.
Pubblicazioni del Governo: 1.900.000.
Biblioteca per bambini: 20.000.
Biblioteca popolare: 86.000.
Emeroteca (abbonamenti): 2.500.
Audiovisivi: 8.000.
Cd: 3.000.
Nastri: 4.000.

17. Mediateca di Sendai, Sendai, Giappone

Sito internet: www.smt.city.sendai.jp.
Proprietà e amministrazione della biblioteca:
Città di Sendai.
Direttore o persona incaricata: S.M.T. Emiko
Okuyama, Koji Itagaki (Sendai Shimin Library).
Flusso quotidiano utenti: 3.340.
Flusso annuale utenti: 930.000.
Budget annuale incremento collezioni: $ 560.000
(€ 637.377,65).

Committente: Città di Sendai.
Concorso e progetto: 1995.
Realizzazione: 1997-2000.
Apertura: 26 gennaio 2001.
Progettisti: Toyo Ito associates.
Collaboratori per l'arredo: Karim Rashid, Kazuyo
Sejima, K.T. Architecture, Ross Lovegrove.
Strutture: Sasaki Structural Consultants.
Ingegneri della costruzione: Sogo Consultants,
Ohtaki E&M Consulting Office.
Opere di ingegneria meccanica: ES Associates.
Illuminotecnica: Kaoru Mende, Lighting Planners
Associates.
Acustica: Nagata Acoustic, Nittobo Acoustic
Engineering Co., Ltd.
Controllo antisismico: Ataka Fire Safety Design
Office, Akeno Sanitary Engineering Consultants Inc.
Progetto grafico: 000Studio.

Superficie totale intervento: 21.682 mq.
Superficie totale biblioteca: 11.050 mq.
Superficie piano terra: 2.933 mq.
Volumetria dell'edificio: 90.650 mc circa.
Superficie atrio piano terra: 400 mq.
Superficie solai: 2.450 mq.
Superficie spazi pubblici: 2.420 mq.
Superficie totale sale di lettura: 1.850 mq.
Superficie sezione bambini: 240 mq.
Superficie audiovisivi: 300 mq.
Superficie sezione multimediale: 1.048 mq.
Superficie collezioni diverse: 66 mq.
Superficie spazi espositivi: 2.530 mq.
Superficie auditorium/sala conferenze: 716 mq.
Superficie depositi: 600 mq.
Superficie amministrazione: 1.160 mq.
Superficie annessi tecnici e di servizio: 120 mq.
Principali materiali di costruzione: cemento armato,
acciaio, vetro (doppia parete, tipo Profilit), alluminio.
Struttura tubi in acciaio: 1.500 t.
Struttura in acciaio dei solai: 4.000 t.
Costo intervento: Yen 12.700.000.000
(€ 108.121.913,84).

Numero posti a sedere totale sale di lettura: 114.
Numero posti a sedere sezione audiovisivi: 54.
Numero postazioni di lavoro multimediali: 180
(di cui attrezzati con computer: 14).
Numero posti a sedere cinema-auditorium: 180.

Entità collezioni all'apertura: 385.000.
Entità collezioni prevista: 530.000.
Libri: 160.000 (+ 340.000 in magazzino).

Libri in libera consultazione: 40.000.
Periodici: 10.000.
Audiovisivi: 20.000.
Cd-Rom: 130.

*18. Biblioteca dell'università Pompeu Fabra,
Barcellona, Spagna*

*Dati tecnici relativi alla biblioteca principale
dell'università Pompeu Fabra, che si compone di due
sezioni: il basamento dell'edificio Jaume I e il Deposito
delle Acque (progetto di Clotet-Paricio), di cui solo un
terzo dell'edificio è attualmente utilizzato. I dati qui di
seguito illustrati si riferiscono a entrambe le sezioni.*

Sito internet: www.upf.es/biblioteca.
Proprietà e amministrazione della biblioteca:
Università Pompeu Fabra.
Direttore o persona incaricata: Mercè Cabo i Rigol.
Flusso quotidiano utenti: 4.703.
Flusso annuale utenti: 1.693.366 (anno accademico
2000-2001).
Budget annuale per incremento collezioni: € 110.000.

Committente: Università Pompeu Fabra.
Concorso e progetto: 1992-1994.
Realizzazione: 1994-1999.
Inaugurazione e apertura: Prima fase: settembre
1996; seconda fase: luglio 1999.
Progettisti: Lluís Clotet Ballùs, Ignacio Paricio
Ansuàtegui.
Capoprogetto: Jordi Julian Gené.
Collaboratori: Javier Baquerò Rodrìguez.
Architetto tecnico e studio di sicurezza: Santiago
Loperena Jené.
Installazioni tecniche: OIT (Miquel Camps e Josep
Martì Estelles).
Strutture: NB-35 (Jesùs Jiménez).
Imprese costruttrici: Fomento de Construcciones
y Contratas.

Superficie totale biblioteca: 5.439 mq.
Principali materiali di costruzione: mattoni a vista
(struttura esistente); cemento armato (nuove strutture
interne).
Costo intervento: Ptas 884.865.130 (stimato)
(€ 5.318.146,54).

Numero posti a sedere sala di lettura generale: 1.005.
Numero posti a sedere sezione audiovisivi: 6.
Numero postazioni di lavoro multimediali: 102.
Altre postazioni di lavoro attrezzate con computer: 10.

Entità collezioni: 246.601 (al 31 dicembre 2001).

19. Stadtbücherei Biberach, Biberach, Germania

Sito internet: www.stadtbucherei.bc.bib-bw.de.
Proprietà e amministrazione della biblioteca: Stadt
Biberach (Comune di Biberach) an der Riss.

Direttore o persona incaricata: Frank Raumel.
Flusso quotidiano utenti: 750.
Flusso annuale utenti: 176.976 (anno 2001).
Numero lettori 2001: 8585.
Budget annuale per incremento collezioni: € 96.756.

Committente: Hospital zum Hl. Geist Biberach
(ospedale del Santo Spirito, Biberach), Stadt
Biberach (Comune di Biberach).
Progetto: 1992-1993 (incarico diretto).
Realizzazione: 1994-1995.
Inaugurazione: dicembre 1995.
Apertura: gennaio 1996.
Progettisti: Boris Podrecca.
Capoprogetto: Staedtisches Hochbauamt Biberach
(ufficio tecnico del Comune di Biberach: Rudolf
Reiser, Winfried Zweil).
Collaboratori: Gerhard Luckner.
Direzione progetto: ufficio tecnico del Comune di
Biberach, Rudolf Reiser, Winfried Zweil.
Consulenti esterni: Bartenbach Lichtlabor
(illuminotecnica); Ingenieurbuero Korner (installazioni
tecniche e impiantistica); Ingenieurbuero Kessler +
Hurrle (strutture e calcoli strutturali); Architekturbuero
Held – Valga – Grieser (direzioni lavori).

Superficie complessiva biblioteca: 1.560 mq.
Volumetria dell'edificio: 7.152 mc.
Superficie spazi pubblici: 1.037 mq.
Superficie sale di lettura (sala polivalente): 99 mq.
Superficie biblioteca per bambini: 145 mq.
Superficie emeroteca: 30 mq.
Superficie sezione mappe: 2 mq.
Superficie area esposizioni (sala polivalente): 99 mq.
Superficie sala conferenze (sala polivalente): 99 mq.
Superficie amministrazione: 241 mq.
Principali materiali di costruzione: mattone
(costruzione preesistente), legno (interni), acciaio
e vetro (avancorpo), cemento a vista.
Costo intervento: Lit. 7.000.000.000 circa
(€ 3.615.198,29).

Numero posti a sedere sale di lettura: 80.
Numero posti a sedere biblioteca per bambini: 30.
Numero posti a sedere sezione audiovisivi: 16.
Numero posti a sedere emeroteca: 20.
Numero posti a sedere biblioteca multimediale: 14.
Numero posti a sedere sala conferenze: 80.

*20. Biblioteca comunale e archivio storico,
Senigallia, Italia*

Proprietà e amministrazione della biblioteca:
Comune di Senigallia.
Direttore o persona incaricata: Mario Gambelli.
Flusso quotidiano utenti: 150.
Flusso annuale utenti: 8.000.
Committente: Comune di Senigallia (incarico diretto).
Progetto: 1995-1996.
Realizzazione: 1997-1999.
Inaugurazione: 1998.
Apertura: 1999.

Progettisti: Massimo Carmassi e Gabriella Carmassi.
Capoprogetto: Massimo Carmassi.
Collaboratori: David Mount, Alessandra Ansuini,
Paola Pajalunga.
Impianti: Andrea Gaggiotti.
Strutture: Massimo Spadoni.
Direzione lavori: Massimo Carmassi, Andrea Gaggiotti.
Imprese costruttrici: EDRA Costruzioni.

Superficie complessiva della biblioteca: 2.915 mq.
Superficie spazi pubblici: 204 mq.
Superficie sale di lettura: 1040 mq.
Superficie sala di lettura generale: 550 mq.
Superficie settore bambini: 90 mq.
Superficie settore audiovisivi: 68 mq.
Superficie settore multimediale: 188 mq.
Superficie sezione manoscritti e libri rari: 40 mq.
Superficie emeroteca: 104 mq.

Superficie spazi espositivi: 138 mq.
Superficie sala conferenze e auditorium: 290 mq.
Superficie depositi e magazzini: 830 mq.
Superficie supporti allo studio: 68 mq.
Superficie settore amministrativo: 112 mq.
Superficie servizi tecnici: 233 mq.
Principali materiali di costruzione: struttura in pietra, con copertura in tegole sorretta da capriate lignee (edifici esistenti); cemento armato (depositi struttura esterna); pannelli e *séparés* in vetro e legno (divisioni interne); legno (arredi interni); acciaio (ballatoi e passerelle di collegamento).
Costo intervento: arrotondato £ 70.000.000.000 (3.615.200 € circa).

Numero posti a sedere sala di lettura generale: 120.
Numero posti a sedere sezione manoscritti e libri rari: 20.
Numero posti a sedere sezione carte e piante: 20.

Numero posti a sedere emeroteca: 30.
Numero posti a sedere auditorium e sala conferenze: 120.
Numero postazioni di lavoro multimediali (attrezzate di computer): 18.
Numero *carrels*: 3.

Entità collezioni: 110.000 volumi.
Entità collezioni all'apertura: 70.000.
Capienza magazzini e depositi: 120.000 volumi.
Libri: 80.000.
Libri in libera consultazione: 5.000.
Emeroteca/periodici: 80.
Manoscritti e libri rari: 821.
Carte e piante: 250.
Audiovisivi: 250.
Cd-Rom: 200.
Documenti sonori: 150.
Documenti/supporti multimediali: 120.

Finito di stampare
nel mese di settembre 2002
da Arti Grafiche Motta, Milano